MAISONS

DE

L'ORDRE DES CHARTREUX

MAISONS

DE

RE DES CHARTREUX

UES ET NOTICES

TOME QUATRIEME

ERIE ET PHOTOTYPIE NOTRE-DAME DES PRÉS
IARTREUSE DE SAINT-HUGUES
PARKMINSTER. SUSSEX
1919

Pour se conformer aux décrets du pape Urbain VIII, du 13 mars 1625 et du 5 juillet 16
que si, dans le cours de ce livre, ils ont appliqué aux personnages dont ils racontent l:
saint, ils n'ont employé ce terme que pour exprimer l'excellence de leurs vertus.

MAISONS

DE

L'ORDRE DES CHARTREUX

VUES ET NOTICES

TOME QUATRIEME

IMPRIMERIE ET PHOTOTYPIE NOTRE-DAME DES PRÉS
CHARTREUSE DE SAINT-HUGUES
PARKMINSTER. SUSSEX
1919

IMPRIMI POTEST

In domo Lucæ, 4 Maii 1919.

Fr. Jacobus-Maria, Prior Cartusiæ.

NIHIL OBSTAT

Southwarci, 22 Julii 1919.

F. Thomas Bergh, O. S. B., Censor deputatus.

IMPRIMATUR

Southwarci, 23 Julii 1919.

† Petrus, Episcopus Southwarcensis.

TABLE
DES CHARTREUSES PAR PROVINCES
(TOME IV)

PROVINCE D'ANGLETERRE

Chartreuse de Witham 1	Chartreuse de Coventry 7
Chartreuse de Hinton 2	Chartreuse de Mountgrace 8
Chartreuse de Kinalekin 3	Chartreuse d'Axholme 9
Chartreuse de Beauvale 4	Chartreuse de Sheen 10
Chartreuse de Londres 5	Chartreuse de Perth 11
Chartreuse de Hull 6	Chartreuse de Parkminster . . . 12

PROVINCE DU RHIN

Chartreuse de Mayence 13	Chartreuse de Bâle 22
Chartreuse de Coblentz 14	Chartreuse de Wesel 23
Chartreuse de Cologne 15	Chartreuse de Xanten 24
Chartreuse de Strasbourg 16	Chartreuse de Dulmen 25
Chartreuse de Trèves 17	Chartreuse de Rettel 26
Chartreuse de Fribourg 18	Chartreuse de Cantave 27
» » 19	Chartreuse de Molsheim 28
Chartreuse de Ruremonde 20	Chartreuse de Hain 29
Chartreuse de Berne 21	

PROVINCE DE L'ALLEMAGNE SUPERIEURE

Chartreuse de Seiz 30	Chartreuse de Prague 39
Chartreuse de Geirach 31	Chartreuse de Leweld 40
Chartreuse de Freudenthal 32	Chartreuse de Brünn 41
Chartreuse de Lethenkow 33	Chartreuse d'Olmütz 42
Chartreuse de Lechnitz 34	Chartreuse d'Aggsbach 43
Chartreuse de Mauerbach 35	Chartreuse de Plétriach 44
Chartreuse de Gaming 36	» » 45
Chartreuse de Tarkan	Chartreuse de Warasdin . . . .
Chartreuse de Béréza 37	Chartreuse de Walditz 46
» » 38	Chartreuse de Gidle 47

PROVINCE DE L'ALLEMAGNE INFERIEURE

Chartreuse de Schnals 48	Chartreuse d'Astheim 58
Chartreuse de Grunaw 49	Chartreuse de Liegnitz 59
» » 50	Chartreuse de Guterstein 60
Chartreuse de Wurtzbourg 51	Chartreuse d'Eppenberg 61
Chartreuse de Tuckelhausen . . . 52	Chartreuse d'Ilmbach 62
Chartreuse d'Erfurt 53	Chartreuse d'Ittingen 63
Chartreuse d'Eisenach 54	Chartreuse de Crimmitschau . . . 64
Chartreuse de Nuremberg 55	Chartreuse de Conradsbourg . . . 65
Chartreuse de Nordlingen 56	Chartreuse de Ratisbonne 66
Chartreuse de Buxheim 57	

PROVINCE DE SAXE

Chartreuse de Stettin	67	Chartreuse de Rugenwald	
Chartreuse de Dantzig	68	Chartreuse de Rostock	72
Chartreuse d'Hildesheim	69	Chartreuse de Schiwelbein	73
Chartreuse de Francfort-sur-l'Oder	70	Chartreuse de Lunden	
Chartreuse de Lübeck	71	Chartreuse de Gripsholm	74

PROVINCE
D'ANGLETERRE

WITHAM	9	COVENTRY	33
HINTON	13	AXHOLME	37
KINALEKIN	17	MOUNTGRACE	41
BEAUVALE	21	SHEEN	45
LONDRES	25	PERTH	49
HULL	29	PARKMINSTER	53

WITHAM

Witham, connu aussi sous le nom de Witham-Charterhouse, est aujourd'hui un village de 600 âmes, situé dans le comté de Somerset, sur la ligne du chemin de fer qui va de Londres (Paddington) à Plymouth. Du temps d'Henri II, la population était loin d'atteindre ce chiffre et se composait presque exclusivement de tenanciers du roi, qui avaient affermé les terres relevant de la Couronne et les faisaient valoir. C'était un pays boisé et très salubre; aussi, le monarque anglais jugea-t-il le site tout à fait propice pour l'érection d'un des trois monastères qu'il avait promis de construire en expiation du meurtre de S. Thomas Becket. Comme il lui fallait pour cela dépouiller en quelque sorte les habitants du pays, il leur proposa de les affranchir ou de leur donner du terrain à cultiver ailleurs; mais cette offre souleva beaucoup d'objections parmi les intéressés. Le roi n'en appela pas moins les Chartreux, ainsi qu'il en avait formé le projet, leur laissant le soin d'arranger les choses.

C'est dans ces conjonctures qu'arriva de la Grande Chartreuse une colonie conduite par D. Norbert : elle se composait de quelques religieux de chœur et de deux Convers dont on a conservé les noms, le Frère Gérard et le Frère Aynard. Ce dernier appartenait à l'illustre famille de Monteynard qui existe encore aujourd'hui et dont le chef habite le château de Tencin (Isère). Les auteurs ne sont pas d'accord sur la date de la fondation; mais, ainsi que nous l'avons expliqué au long au Ier volume de cet ouvrage, dans la notice sur la Chartreuse du Liget, la date de 1178 est la seule vraisemblable.

L'accueil de la population fut assez froid, pour ne pas dire hostile, et bientôt le premier Recteur découragé demanda à rentrer en France. Son successeur étant mort quelques mois après son arrivée, le roi craignit de voir péricliter son œuvre et envoya à la Grande Chartreuse l'évêque de Bath, pour obtenir qu'on nommât comme prieur de Witham, D. Hughes d'Avalon dont la réputation avait déjà traversé les mers. La résistance opposée par ce dernier, ainsi que par le R. P. Général, fut d'abord un obstacle. Enfin, les difficultés aplanies, notre saint se hâta de se rendre à son poste, et, par d'habiles négociations, parvint à calmer les gens du pays et s'en fit même des amis (1180).

Il y avait à Witham une chapelle qui était desservie par les Augustiniens du village de Bruton. Henri la donna à nos Pères, et ceux qu'ils remplaçaient reçurent une compensation dans un autre lieu. Cet édifice devint ensuite la « chapelle de famille ». Les Chartreux se mirent alors à construire leur monastère, et, bien que le fondateur ait plusieurs fois mis peu d'empressement à accomplir ses promesses, ils réussirent enfin, grâce au tact et à l'habileté de leur prieur, à se faire payer tout ce qui leur était dû. La charte de fondation, qui existe encore, nous montre que les moines étaient exemptés de tout impôt envers l'Etat, et quiconque les molesterait devait encourir la malédiction divine. S. Hugues resta environ onze ans à Witham ; après quoi, il fut nommé évêque du diocèse de Lincoln, et y pratiqua les vertus héroïques qui ont fait de lui une des gloires de l'Eglise d'Angleterre († 1200).

Pendant plus de trois siècles, nos Pères jouirent d'une paix profonde et se virent entourés de la protection des rois, qui leur confirmèrent leurs privilèges et leur firent de nombreuses donations. La Chartreuse de Tous-les-Saints était construite sur une propriété d'environ 5500 acres. Elle possédait aussi une cellule à Mendip et des terres dans les comtés de Berks, de Dorset, de Wilts et de Warwick. Outre les souverains d'Angleterre, le comte de Cornwall et Sir Thomas Erpingham, ainsi que le prêtre John Hughes et beaucoup d'autres, méritent d'être comptés parmi les bienfaiteurs de cette Maison qui, au moment de la *Dissolution* (1539), disposait de 2589 livres sterling (65.000 francs environ) de revenu.

Tant de richesses furent-elles cause de l'énervement des caractères et firent-elles oublier aux fils spirituels du « Marteau des Rois » (surnom donné à S. Hugues) les exemples de leur père? Quoi qu'il en soit, on est péniblement impressionné de voir qu'ils n'opposèrent que peu ou point de résistance à se soumettre au nouveau chef de l'Eglise anglicane, le roi Henri VIII. Le prieur, D. Jean Michel, suivi de treize religieux, signa le *Deed of Surrender* et reçut une pension annuelle de 33 livres (825 francs), et les autres de 6 à 8 livres (environ 200 francs). Il est juste de constater toutefois que D. Michel et trois de ses moines rentrèrent ensuite à Sheen avec D. Maurice Chauncy, et y menèrent, au témoignage du cardinal Pole, une vie édifiante. Leurs pensions furent confisquées quand ils se retirèrent à l'étranger.

En 1544, Ralf Hopton fut gratifié, pour une période de 21 ans, de presque toutes les terres ayant appartenu à la Chartreuse, moyennant une rente dérisoire de 80 livres (environ 2000 francs). Ces domaines passèrent ensuite aux Wyndham, puis aux Beckford et enfin aux ducs de Somerset.

La chapelle qu'on a déjà mentionnée et qui existait avant l'arrivée des Chartreux, subsiste encore aujourd'hui. En 1458, l'évêque de Bath avait autorisé le prieur, D. Jean Pester, à y ériger des fonts baptismaux pour l'usage de ceux qui travaillaient sur la propriété, et cet état de choses s'est perpétué jusqu'à nos jours. Cet édifice vénérable est devenu un temple protestant, mais a conservé son ancien caractère. En 1830 et en 1876, on y fit plusieurs embellissements; on y ajouta entre autres un beffroi qui ne manque pas de cachet. On admire aussi un vitrail commémoratif où apparaissent, autour du Christ, S. Jean-Baptiste, S. Hugues de Lincoln et quelques emblèmes cartusiens. Il peut se faire que la salle de lecture de la paroisse ait fait jadis partie de l'hôtellerie; tout le reste a été démoli.

Chartreuse de Witham, Ch^{se} de Tous-les-Saints. (C. Assumptionis Beatæ Mariæ de Witham)
Dioc. de Bath. Somerset. Angleterre.

HINTON

La seconde fondation cartusienne en Angleterre est due à William, dit « Longue-Epée », comte de Salisbury. Ce fut, en grande partie, afin d'honorer la mémoire de S. Hugues de Lincoln, pour lequel il avait toujours eu une vénération particulière, que ce seigneur appela, en 1222, les fils de S. Bruno à Hegthorp, comté de Gloucester, dans le but d'y établir une Maison de leur Ordre. Les religieux, venus soit de Witham, soit du Continent, furent installés provisoirement dans le propre manoir du comte, qui leur donna une part suffisante de ses revenus pour assurer le succès de l'entreprise; malheureusement, il mourut empoisonné, dit-on, laissant à sa veuve, Ela, le soin d'achever son œuvre (1226).

Comme l'emplacement choisi n'était guère favorable, la comtesse jugea à propos de transporter la fondation en Somerset, dans un lieu appelé Hinton, à 4 1/2 milles au sud-est de Bath et non loin de Witham. Le nouveau monastère, appelé communément *Locus Dei,* fut commencé en 1227 et terminé en 1232; puis, on le dédia à la Bienheureuse Vierge Marie, à S. Jean-Baptiste et à tous les Saints. Parmi les signataires de la charte, on voit figurer Maître Edmond, natif d'Abington, trésorier de la cathédrale de Salisbury, qui n'est autre que le grand S. Edmond, futur archevêque de Cantorbéry, mort en 1240 et canonisé sept ans après par le pape Innocent IV. Sous de pareils auspices, cette Maison ne pouvait manquer de prospérer; en effet, la pieuse Ela fit aux moines de nouvelles largesses en leur conférant la propriété des manoirs de Hinton et de Norton et le droit de patronage sur les églises de ces localités. Le roi Henri III voulut aussi montrer son bon vouloir envers les Pères en les exemptant d'impôts et en permettant, en 1254, qu'on tînt aux abords du monastère deux foires annuelles, qui devaient être lucratives pour eux ; mais le bruit occasionné étant un obstacle à la vie solitaire, on transporta ces marchés plus loin. Edouard III, en homme pratique, donna aux Chartreux, en 1363, une barrique de vin de messe, présent qu'il renouvela chaque année, et ses successeurs firent de même jusqu'à la *Dissolution*.

En 1368, nos deux Maisons anglaises ayant pris de l'importance furent constituées en Province, et D. Jean Lucoste, prieur de Hinton, fut nommé Visiteur. C'était un religieux d'une grande piété; devenu recteur en 1370, puis, prieur de la fondation naissante de Londres, il mourut plein de mérites en 1398. Au siècle suivant, il semble que *Locus Dei* n'était plus aussi prospère, au moins pécuniairement parlant, car nous voyons Henri VI transférer à ce monastère la rente de 50 marks qui, depuis Henri II, avait été payée chaque année à notre Maison-mère. Celle-ci, d'ailleurs, renonça de plein gré à cette somme pour venir en aide à sa fille d'outre-mer (1444).

D. Le Vasseur mentionne, parmi les profès de Hinton, un religieux nommé D. Etienne de Flandre, vivant à la fin du xve siècle, et si dévot à Ste Madeleine que cette sainte daigna lui apparaître et, dans un long entretien qu'ils eurent ensemble, elle lui dit qu'une de ses principales attributions dans le ciel était de prier pour les pécheurs. Les auteurs contemporains nous parlent aussi très au long de D. Nicolas Hopkins, Vicaire de *Locus Dei*, qui fut le confident et le directeur de conscience d'Edmond Stafford, duc de Buckingham. Ce dernier, injustement soupçonné par Henri VIII, fut condamné à la peine capitale, sous l'inculpation ridicule d'astrologie; cette condamnation fut si pénible à notre Chartreux qu'il en mourut de chagrin. Vers la même époque vivait D. Thomas Spencer, Procureur, puis Vicaire d'Hinton; il est l'auteur de plusieurs ouvrages ascétiques et de controverse († 1528). Le prieur était alors D. Jean Batmanson, écrivain lui aussi, et soutien zélé de l'observance. Il est fâcheux que son successeur, D. Edmond Horde, n'ait pas marché sur ses traces jusqu'au bout. Ce religieux n'était cependant pas un esprit vulgaire; il jouissait au contraire de l'estime générale. Mais, après avoir résisté énergiquement aux injonctions du roi et avoir engagé les autres à faire de même, on eut le regret de le voir fléchir avec toute sa communauté et de signer l'acte de *Surrender*. Le prieur reçut 44 livres de pension annuelle, les religieux de 6 à 8 livres, et les Convers 2.

La Chartreuse fut bientôt pillée et vendue : elle passa aux mains de divers acquéreurs dont l'un arracha le plomb des toitures pour le revendre; un autre se servit des pierres du monastère pour s'ériger une magnifique résidence qui subsiste encore aujourd'hui et est connue sous le nom de *Hinton Abbey*. Le propriétaire actuel fait tous ses efforts pour préserver d'une ruine complète les quelques constructions qui restent; la plus importante est une sorte de bâtiment de forme irrégulière, au rez-de-chaussée duquel se trouve une vaste salle qui était vraisemblablement le chapitre des Pères; elle est éclairée par une grande fenêtre à trois baies et on y voit une belle piscine. Au premier étage est une autre pièce voûtée qu'on croit avoir été la bibliothèque; puis, au-dessus, un grenier ou un colombier. On remarque çà et là quelques portes artistiques, quelques chapiteaux et culs-de-lampe, etc., qui ont échappé à la destruction. Enfin, on aperçoit les vestiges de l'ancien réfectoire.

CHARTREUSE D'HENTON, CH^{se} DU LIEU-DE-DIEU. (C. LOCI DEI)
Dioc. de Bath. Somerset. Angleterre.

KINALEKIN

Presque jusqu'à ce jour, on ne possédait que des notions confuses sur notre Chartreuse d'Irlande; mais, après les recherches faites par Mr. Gratham Flood, membre de l'académie royale, et par Mr. J. Dalton, collaborateur distingué du journal archéologique de Galway, il est maintenant hors de doute qu'une fondation cartusienne a été faite en 1279 ou 1280 à Kinalekin, diocèse de Clonfert, par Richard de Burgo, comte d'Ulster, appelé vulgairement *the Red Earl* (le comte rouge). Il descendait du fameux William de Burgo, qui vint en Irlande à la suite du roi Henri II, vers 1185. Cette famille, dont le nom s'est écrit successivement, Burgo, Burgh, Burke et Bourke, a, pendant plusieurs siècles, joué un rôle prépondérant dans la contrée et plusieurs de ses membres existent encore : la branche aînée est représentée par le marquis de Clanricarde, au château de Portumna; une autre habite le château de Marble Hill, à peu de distance des ruines de la Chartreuse.

Pour entrer dans plus de détails sur l'emplacement du vieux monastère, disons qu'il était situé sur les confins des comtés de Galway et de Clare, à l'extrémité des pentes des *Slieve Aughty Mountains,* au sud de la petite ville de Duniry, en un lieu nommé jadis Cinel-Fechin ou Kinel-Fechin, dont on a fait Kinalekin, etc., et enfin Kilnalahan. Ces transformations bizarres n'étonnent pas ceux qui sont familiarisés avec les variations de la langue irlandaise à travers les âges.

La nouvelle fondation fut appelée *Domus Dei,* nom qui ressemble beaucoup à celui de notre Maison de Hinton (Locus Dei), de laquelle fut tirée la petite colonie envoyée en Irlande : ce qui se conçoit aisément, étant donnés les liens de parenté qui unissaient les Burgo et les Longue-Epée.

Le 27 juillet 1282, le roi Edouard Ier prit sous sa protection la communauté de Kinalekin. Celle-ci trouva aussi de puissants auxiliaires en la personne de Jean d'Alatri, évêque de Clonfert de 1281 à 1295, et de son successeur, Robert, moine bénédictin de Cantorbery. Nommons encore parmi les bienfaiteurs de nos Pères, Etienne de Fulburn et William Bermingham, tous deux archevêques de Tuam.

Malgré ces hauts patronages, la Chartreuse ne prospéra guère; soit que ses ressources fussent trop restreintes, ainsi qu'on peut le constater sur les rôles de l'Echiquier où le revenu annuel de cette Maison est évalué seulement à 6 livres 13 schellings 4 deniers; soit que le ministère paroissial, imposé au prieur, fût une source d'embarras pour lui; soit enfin que les communications avec les supérieurs majeurs ne pussent se faire régulièrement. Aussi voyons-nous, dès 1306, des pourparlers engagés avec les Chevaliers Hospitaliers, pour leur céder notre monastère. Le Couteulx mentionne un acte de vente passé, à cet effet, le 27 juillet de la même année; mais, pour des raisons ignorées, le contrat ne fut jamais exécuté ; les Chevaliers s'installèrent néanmoins à côté de nous à Kinalekin et y fondèrent une Préceptorerie assez célèbre.

En 1310, nous trouvons les moines de « Domus Dei » aux prises avec leurs voisins, à propos de revendications territoriales. D'après Dalton, le prieur était alors un nommé D. Jean ... qui eut deux successeurs du même nom : Jean de Blohely et Jean ... C'est tout ce que nous savons de ces personnages dont l'identité est d'ailleurs contestable.

En 1321, la situation ne s'était pas améliorée, puisque le Chapitre général ordonna l'évacuation définitive du monastère que l'on devait remettre entre les mains de l'Ordinaire, après en avoir enlevé tout ce qui pouvait s'emporter. La Chartreuse demeura déserte pendant 50 ans; mais, en 1371, le pape Grégoire XI la donna aux Franciscains du diocèse d'Elphin qui y vécurent longtemps en paix, grâce à la protection des Burgh, devenus plus tard marquis de Clanricarde. Saccagée en 1608, cette Maison fut très bien réparée en 1616 et ce n'est qu'en 1740 qu'elle fut enfin supprimée. Dès lors elle ne tarda pas à tomber en ruine.

Des restes importants subsistent encore. Le voyageur qui voudrait les visiter doit se rendre à Portumna; de là, prenant la route de Gort, il arrive, après 7 milles, dans un petit village nommé Abbey, qui est une dépendance de la paroisse de Ballynakill. Il ne tarde pas à apercevoir sur sa gauche de vieux murs recouverts de lierre et des terrains vagues renfermant les tombeaux des Burgh. Un œil un peu exercé reconnaitra facilement l'ancien cloître cartusien, l'église et les autres bâtiments, bien qu'ils aient été totalement transformés pour être adaptés aux usages franciscains, et ensuite défigurés par le temps.

Avant de quitter l'Irlande, citons pour mémoire les noms de trois fondations destinées à nos Moniales, qui n'ont très probablement existé que sur le papier. C'est Montemole (1229), Bellevallée (1230) et Tharnut (1237). (Voir Molin et Tromby.) Ces auteurs s'appuient sur la Carte du Chapitre général de 1321 où, parait-il, ces noms se trouvaient inscrits distinctement. Ceci est tout à fait invraisemblable ; car, si ces Maisons avaient existé depuis 1230 environ jusqu'en 1321, il en aurait été question dans ce qui reste des Cartes capitulaires. En outre, envoyer à cette époque des religieuses de Prébayon ou de Bertaud en Irlande eût été bien téméraire, car cette contrée était alors à peine pacifiée. D. Le Couteulx dit que ces Maisons n'ont jamais existé. Il est vrai qu'il dit n'avoir eu entre les mains qu'un fragment de la Carte de 1321. La question demeure donc fort obscure.

Chartreuse de Kinalekin (Kilnalahan).
Diocèse de Clonfert, comté de Galway, Irlande.

BEAUVALE

Nicolas de Canteloupe, seigneur d'Ilkeston, ayant formé le projet d'établir un monastère cartusien dans son parc de Greysleya (ou Greasley ou encore Grysely), près de Newthorpe, comté de Nottingham, demanda d'abord le consentement du roi Edouard III. Celui-ci l'accorda volontiers et donna de son plein gré, en faveur des fils de S. Bruno, une terre d'un rapport annuel de 10 livres; il abandonna, dans le même but, certains revenus qu'il percevait sur Greasley et Ilkeston, en sa qualité de premier suzerain, ainsi que le droit de patronage des églises de ces deux localités, ayant eu soin d'assurer aux nouveaux titulaires le libre exercice de leurs privilèges, sans qu'ils eussent rien à redouter des officiers royaux. La bienveillance du monarque ainsi manifestée, Nicolas fit construire la Chartreuse au milieu du parc de Greasley, en un lieu appelé *Vallis pulchra*, dont on a fait Beauvale (1343). Il y ajouta le don de 300 acres de terre, ainsi que beaucoup d'autres faveurs qui assurèrent le succès de la fondation.

Plusieurs bienfaiteurs vinrent compléter l'œuvre commencée. Le pape Clément VI, par bulle du 30 avril 1352, accorda à cette communauté tous les privilèges, grâces et autres immunités dont jouissaient les autres Maisons de l'Ordre. Nommons ensuite Jean, duc de Lancastre, Edouard de Baliol, roi d'Ecosse, et Guillaume d'Aldeburgh. Ce dernier donna aux Chartreux sa ferme de Willow avec dix livres de revenu annuel (1362). Ses deux sœurs, Sibylle et Elisabeth, mariées, la première au chevalier de Ryther, la seconde à Sir Brian Stapleton, offrirent aux moines une grosse somme d'argent à prendre sur les manoirs de Kirkeby, Orblanges et Kereby, afin qu'ils acquittassent chaque jour deux messes à l'intention des donatrices. Ce ne fut pas sans peine qu'on put satisfaire à cette demande, à cause du petit nombre de prêtres qui se trouvaient alors dans la communauté. Le roi Richard II, en montant sur le trône, confirma les privilèges des Chartreux. Leur prieur, à son tour, s'engagea à remplir les diverses obligations imposées par les donateurs.

Citons encore dame Elisabeth Mandesbey qui, avant de se consacrer à Dieu chez les Bénédictines, fit de grandes largesses à notre Maison (1457). Jean Stanhope, William Mering et son épouse, Jean de Have (1515) furent aussi de puissants soutiens de Beauvale.

Quant à l'histoire intime du monastère, nous ne connaissons que peu de détails; à peine nous reste-t-il les noms de quelques prieurs : D. Thomas Metheley (1399), D. Thomas Compestor († 1422), D. Thomas Veater, prieur et Visiteur de la province anglaise († 1453). Nommons aussi D. Thomas Medeley, profès de cette Maison et prieur de plusieurs autres Chartreuses, qui obtint à sa mort un plein monachat avec psautiers (1480); D. Richard Benets, profès de Sheen et prieur de Beauvale, qui a vécu *laudabiliter* 50 ans dans l'Ordre (1518). Mais la gloire la plus pure de cette Maison est d'avoir été gouvernée par le Bienheureux Jean Houghton et par le Bienheureux Robert Lawrence, tous deux martyrs de la foi, comme on le verra dans la notice suivante. Disons seulement que D. Robert était profès de Londres et passait pour un homme plein de piété et de savoir. Il avait remplacé D. Jean Houghton dans la charge de prieur de Beauvale et s'efforçait de maintenir son troupeau dans les voies du Seigneur. Comme les temps étaient de plus en plus troublés et qu'il était souvent difficile de connaître la vérité, il résolut de quitter sa solitude pour quelques jours afin d'aller conférer avec le prieur de la Salutation sur la situation actuelle. Il y trouva D. Augustin Webster, prieur d'Axholme, venu pour le même motif. C'est alors qu'ils furent arrêtés avec D. Jean Houghton et conduits à la Tour (avril 1535).

Le dernier prieur de Beauvale, D. Thomas Woodcock, eut le malheur d'apposer son nom à l'acte de *Surrender*, le 15 juillet 1540; le sceau qui était attaché à ce document se voit encore à *Augmentation Office* : il représente un Christ nimbé, assis de face sur un banc gothique, bénissant de la main droite et tenant de la main gauche un globe crucigère; au-dessous se trouve un moine dans une niche.

Henri VIII loua la Chartreuse ainsi que la plupart des terres attenantes à Sir William Hussy, moyennant une rente annuelle de 21 livres 18 schellings 9 deniers; mais sous Edouard VI, toutes ces propriétés passèrent à Richard Monson, dont la seule héritière épousa Lord Capel qui entra ainsi en possession de tous ces biens et les transmit à ses héritiers.

De nos jours, les bâtiments monastiques ont été transformés en ferme. On a utilisé les vieux murs pour y adapter des constructions modernes assez disparates. De nombreuses colonnes, des chapiteaux, gisent un peu partout sur le sol, rappelant au voyageur les souvenirs du passé. Un des nôtres, ayant eu l'occasion à la fin du siècle dernier de visiter ces ruines augustes, a trouvé dans le prêtre qui gouvernait alors la paroisse d'Ilkeston un hôte très généreux, un précieux guide et un sincère ami des Chartreux.

Il existe au British Museum un *Registrum* du Priorat de Beauvale. Ce manuscrit, sur vélin, large in-4°, est très bien conservé; il a été écrit par D. Nicolas Wartre, prieur de cette Maison en 1446.

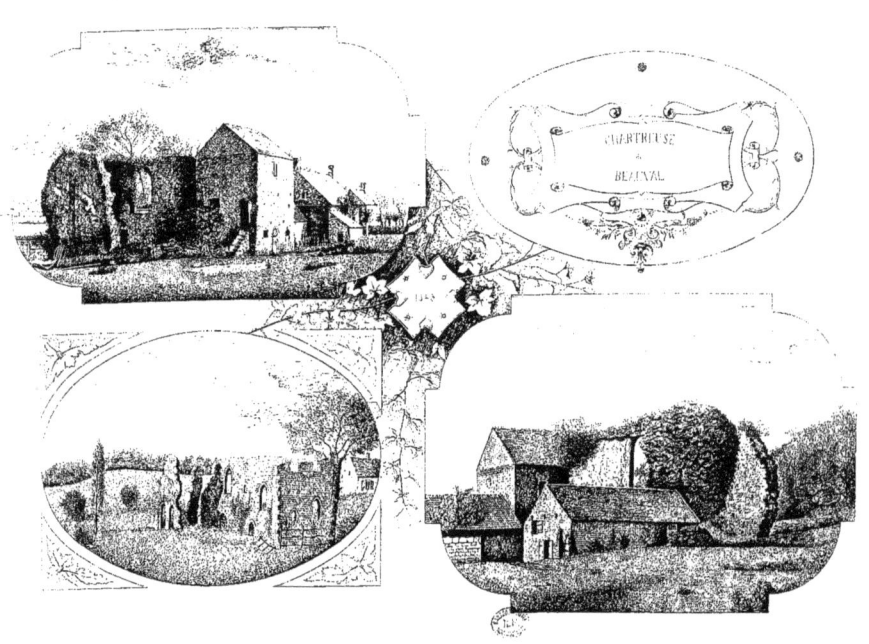

Chartreuse de Beauval. Ch^{se} de Nottingham. (C. Bellæ Vallis)
Dioc. d'York. Nottinghamshire. Angleterre.

LONDRES

La fondation de la Chartreuse de la Salutation-de-la-Bienheureuse-Vierge-Marie éveille des souvenirs assez lugubres. La peste noire, après avoir dévasté une grande partie de l'Angleterre, s'était abattue sur la capitale et y faisait d'affreux ravages, tellement que, les cimetières étant combles, on fut obligé d'enterrer les morts comme on put, en rase campagne (1348-49). Ralph Stratford, qui occupait le siège épiscopal, voulant au moins procurer à ses ouailles une sépulture plus convenable, acquit à cet effet un terrain vague en dehors des murs de la ville, à West Smithfield. Or, l'emplacement devint bientôt insuffisant, ce qui obligea le prélat à avoir recours à la charité d'autrui pour continuer son œuvre. Docile à cet appel, un noble chevalier, originaire de Valenciennes, Walter de Manny, qui s'était distingué au service d'Edouard III et avait gagné sa confiance, s'empressa d'acheter 13 acres de terre pour agrandir le cimetière créé par Ralph, y construisit une chapelle à ses frais avec l'autorisation du nouvel évêque, Michel de Northburgh, et y entretint des chapelains. Dès que le fléau eut cessé, Walter s'entendit avec l'évêque pour transformer ce lieu en une Chartreuse, afin qu'on priât pour les défunts qui y étaient ensevelis au nombre de plus de 50.000. Ce sont ces deux derniers personnages qui ont toujours été considérés comme les fondateurs de notre Maison de Londres, mais le chevalier de Manny occupe le premier rang.

Nos Pères n'entrèrent en possession du local qu'en 1370, bien que Michel de Northburgh eût rendu son âme à Dieu depuis l'année 1361, leur laissant par testament 2000 livres sterling, ainsi que des vases sacrés, un bénitier et une clochette d'argent, en vue de leur futur établissement. La première pierre fut posée par le chevalier lui-même en 1371, et, la même année, il acheta le clos de Hervey pour arrondir le domaine des moines, de sorte que ceux-ci se trouvèrent maîtres de 20 acres d'étendue. Manny mourut le 13 janvier 1372 et fut en grande pompe enterré dans notre église. Sa fille, Anne, avait épousé le comte de Pembroke, futur bienfaiteur de la Chartreuse; William Walworth, Adam Fraunceys, tous deux maires de la cité, Sir Robert Knollys, etc., firent aussi des dons à cette Maison qui devint très opulente. D. Jean Lucoste fut le premier prieur de la Salutation, après en avoir été quelque temps Recteur, et la gouverna 27 ans et demi.

Nous n'entreprendrons pas de faire le récit des événements qui se déroulèrent sous ses successeurs. Disons seulement que la ferveur régna toujours dans ce monastère. C'était un dicton parmi la population londonienne que, pour s'édifier, il fallait aller assister aux offices de la Chartreuse. Au début du xvie siècle, nous trouvons à la tête de la communauté un homme éminent, D. William Tynbygh, irlandais de naissance qui, durant sa longue administration de 29 ans (1500-29), s'efforça d'implanter dans le cœur de ses religieux les mâles vertus qu'ils auraient bientôt à mettre en pratique.

Nous arrivons, en effet, à la période néfaste du règne d'Henri VIII, où dix-huit fils de S. Bruno donnèrent leur vie pour la cause de la justice et la défense des droits du Souverain Pontificat.

Le prieur de la Salutation, D. Jean Houghton, ouvre ce sentier ensanglanté, le 4 mai 1535, conjointement avec D. Robert Lawrence, prieur de Beauvale et D. Augustin Webster, prieur d'Axholme, qui se trouvaient tous deux de passage à Londres. Puis, viennent D. William Exmew, Vicaire, D. Humphrey Middlemore, Procureur, et D. Sébastien Newdigate que son amitié avec le tyran ne sauvera pas du supplice. Après un intervalle de répit, deux nouvelles victimes, D. Jean Rochester et D. Jacques Walworth, sont arrachées de la communauté et, deux ans après, condamnées au châtiment des « traîtres » (à Hull, 11 mai 1537). Enfin, dix religieux, dont six Frères Convers, sont enfermés dans la prison de Newgate et, malgré le dévoûment de Marguerite Clément, périssent de faim et de misère à l'exception d'un seul, devenu quand même la proie du bourreau trois ans plus tard.

Que dire de ceux qui refusèrent de s'adjoindre à cette phalange sacrée en signant le serment de « Suprématie »? L'ignorance, une certaine bonne foi, l'espoir de sauver leur monastère pourront peut-être les excuser; en tout cas, ils furent bien déçus dans leur attente quand, le 15 novembre 1538, on vint leur ordonner d'évacuer la place. Chacun reçut alors une modeste pension annuelle de 8 livres, excepté le prieur, D. Guillaume Trafford, qui en eut 20. Parmi ces infortunés se trouvaient néanmoins de bonnes âmes; mieux dirigées elles n'auraient probablement pas fait naufrage. De ce nombre était D. Maurice Chauncy, qui préféra s'exiler en Flandre plutôt que de vivre au milieu de l'hérésie. Le Frère Taylor et D. Jean Fox, venus d'autres Chartreuses, imitèrent son exemple, et tous trois attendirent dans notre Maison de Bruges des jours meilleurs.

Quant au monastère de la Salutation, il fut livré aux pires dilapidations, et Henri VIII ne craignit pas de prendre sa part des dépouilles. En 1545, il échut à Edouard North, courtisan du roi; puis, après avoir été occupé momentanément par le duc de Northumberland, il fit retour à North, qui le garda avec l'approbation de la reine Marie; enfin, vendu au duc de Norfolk, il fut alors transformé et embelli considérablement. Finalement, en 1611, Thomas Sutton l'acheta et y créa un hôpital pour quatre-vingts vieillards et quarante enfants. Ceux-ci formèrent le noyau de la fameuse école connue sous le nom de *Charterhouse School*, qui est aujourd'hui installée à Godalming. Les vieillards, réduits maintenant au nombre de soixante-cinq, occupent toujours l'ancien local, et l'église dont ils se servent est en partie la même que celle des Chartreux. En outre, on reconnaît aisément le petit cloître, quelques guichets de cellules, la cour des obédiences, etc., et la porte d'entrée où, suivant la tradition, a été suspendu le bras ensanglanté du Bienheureux Jean Houghton.

Quelques grands personnages ont séjourné à la Chartreuse de Londres, entre autres le Bienheureux Thomas More, la reine Elisabeth plusieurs fois et le roi Jacques VI avant son couronnement.

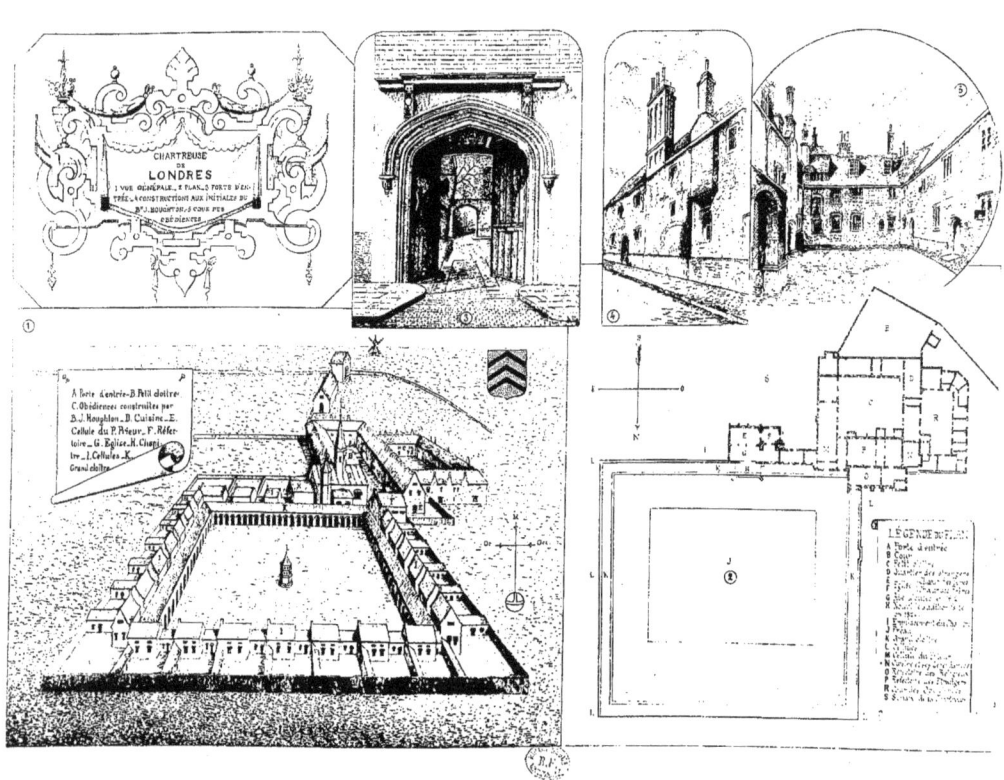

CHARTREUSE DE LONDRES, Ch^{se} DE LA SALUTATION DE LA VIERGE-MARIE. (C. SALUTATIONIS BEATÆ MARIÆ)
Dioc. de Londres. Midlesex. Angleterre.

HULL

C'est au chevalier Michel de la Pole, plus tard comte de Suffolk et chancelier d'Angleterre, que nous sommes principalement redevables de la fondation de la Chartreuse de Kingston-sur-Hull. Son père, William, homme considérable par ses richesses et sa valeur personnelle, avait déjà commencé à bâtir, à Myton, à 500 pas au nord de la ville, un hôpital auquel il comptait adjoindre un couvent de moniales Clarisses, lorsque la mort l'arrêta; mais Michel eut à cœur de continuer l'œuvre entreprise. Il jugea toutefois préférable d'établir en ce lieu des fils de S. Bruno plutôt que des religieuses de l'Ordre séraphique.

La Charte est datée de l'année 1378. Outre le nom du fondateur, on y voit figurer celui de Catherine, son épouse, celui d'Edmond son frère, et celui de son fils, appelé aussi Michel. Il fut stipulé que les moines auraient le droit de patronage sur l'hôpital qui était destiné à recevoir treize mendiants dont l'un serait le président, et treize femmes, l'une d'elles faisant pareillement fonction de *Mistress*.

Cet établissement, nommé d'abord « Maison-Dieu », finit bientôt par n'être plus connu que sous le vocable de « Chartreuse de Saint-Michel ».

Le premier prieur, D. Walter de Kelee ou Keleby, fut alors mis en possession du terrain, d'une contenance de 7 acres, sur lequel on construisit une chapelle et d'autres bâtiments en briques qui ne manquaient pas de style. On y adjoignit quelques biensfonds, entre autres le manoir de Sculcotes, les fermes de Foston et de North Cave, etc. De son côté, le pape Grégoire XI avait permis à l'archevêque d'York d'unir à la Chartreuse l'église paroissiale de Foston; plus tard, on ajouta aussi celle d'Hoggesthorpe. Malheureusement, le fondateur, comblé des bienfaits du roi, excita l'envie de ses rivaux et dut prendre le chemin de l'exil où il mourut en 1389. Son corps fut rapporté à la Chartreuse où reposent aussi ceux de son épouse et de son fils. Son petit-fils, l'illustre William de la Pole, duc de Suffolk et comte de Pembroke, après avoir goûté des grandeurs, tomba, à son tour, en disgrâce, et, obligé de fuir vers la France, fut arrêté en mer par ses ennemis et décapité (1450). Zélé défenseur des Chartreux, il manifesta, dans son testament, la volonté d'être enterré chez eux; mais on ne sait si ce désir a été réalisé.

En dépit des infortunes de leurs protecteurs, les moines ne laissèrent pas que de prospérer pendant 150 ans. Un de leurs prieurs les plus remarquables fut un nommé D. Jean X..., qui gouverna cette Maison pendant 40 ans et fut aussi Convisiteur et Visiteur de la Province. Nos Éphémérides le qualifient de *Vir laudatissimæ vitæ et conversationis admodum religiosæ* († 1460). L'histoire intime de la communauté nous est peu connue; mais nous pouvons juger de l'estime qu'on avait d'elle dans le pays, par le mécontentement que souleva sa suppression en 1536. Aussi, pour calmer l'opinion, le roi Henri VIII inscrivit la Chartreuse de Kingston parmi les trente monastères qu'il permit de rétablir. Nos Pères, hélas! ne devaient trouver en rentrant chez eux qu'une demeure dévastée et leur église n'ayant plus que les murs nus. Ce n'était d'ailleurs qu'une feinte de la part du monarque qui était bien décidé à fermer toutes les Maisons religieuses de son royaume. En effet, le 9 novembre 1539, le prieur et les moines de Saint-Michel durent quitter leur solitude pour toujours. Les bâtiments ne tardèrent pas à être démolis pour la plupart. Ceux qui restaient furent renversés, en 1642, par les ordres de Sir Jean Hotham, pour empêcher les royalistes qui attaquaient la ville d'y trouver un abri. Enfin, au siècle suivant, les derniers vestiges disparaissaient et l'emplacement était vendu comme terrain à bâtir. En creusant les nouvelles fondations, on trouva des murs d'une grande épaisseur et de nombreux ossements.

Quant à l'hôpital, il avait éprouvé, en 1642, le même sort que les constructions cartusiennes, au moment où l'on faisait le siège de la cité; mais il se releva de ses ruines, ayant été reconstruit en 1673. On le transforma de nouveau en 1780, puis en 1803; et il porte encore le nom de *Charterhouse*. Il se trouve aujourd'hui englobé dans la ville. Seul, un écusson aux armes des la Pole rappelle le souvenir des illustres fondateurs. Cette famille eut le privilège de conserver longtemps le don précieux de la foi, malgré les persécutions de la Réforme. Réginald de la Pole, plus connu sous le nom de cardinal Pole, fut exilé sous Henri VIII; mais, revenu en Angleterre à l'avènement de la reine Marie, il devint archevêque de Cantorbéry. Sa mère, Marguerite de la Pole, comtesse de Salisbury, eut l'honneur de partager la gloire du martyre avec Fisher et Thomas More. Cette famille n'est point éteinte. Un de ses membres, malheureusement protestant, habite Todenham House, dans le comté de Gloucester.

La gravure ci-contre contient, outre les vues de Hull, une esquisse des ruines d'Axholme, une photographie de Totness et le sceau de Perth.

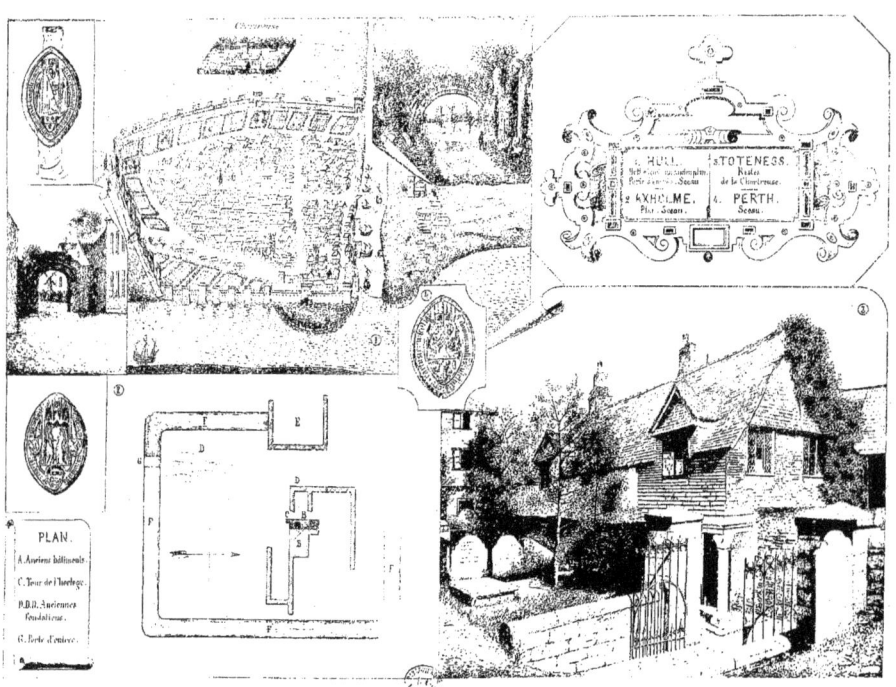

CHARTREUSE DE SAINT-MICHEL, d'Hull. (C. SANCTI MICHAELIS.) Dioc. d'York. Yorkshire. Angleterre.
Ch^{se} DE LA VISITATION DE N.-D., d'Axholme. Dioc. de Lincoln. Lincolnshire. — Ch^{se} DE Ste-MARIE, de Totness. Dioc. d'Exeter. Devonshire. Angleterre.
CHARTREUSE DU VAL-DES-VERTUS, de Perth. (C. PERTHENANA.) Diocèse de Saint-André. Comté de Perth. Ecosse.

COVENTRY

Un saint prêtre, un riche seigneur, un roi : tels furent les instruments dont la Providence se servit pour promouvoir la fondation de la Maison de Sainte-Anne de Coventry. Le premier de ces personnages, nommé Robert Palmer, était curé d'un village voisin de la cité susdite. Or, s'étant rendu en Terre-Sainte, il forma le projet de s'y fixer, nous dit une vieille légende; mais une voix intérieure lui fit comprendre qu'il devait retourner dans son pays et se consacrer à Dieu dans l'Ordre des Chartreux. A peine rentré dans son presbytère, le pieux pèlerin entendit derechef la même voix mystérieuse lui enjoignant de bâtir, sur sa propre paroisse, une Chartreuse dont il serait un jour prieur. En même temps, il vit en esprit, au sud de la ville, le lieu où devait s'élever le nouveau monastère. Se transportant aussitôt sur l'emplacement indiqué, il se mit, dans sa simplicité, à tracer les premières lignes de démarcation de l'établissement projeté, comme si le terrain lui appartenait. Le propriétaire, quoique peu satisfait de cette manière d'agir, ne voulut cependant pas résister par la force à son pasteur qu'il savait être un homme vertueux, et se contenta de déférer la cause au roi.

Sur ces entrefaites, l'affaire parvint à la connaissance de Lord de la Zouche, de Haringworth, qui était un grand admirateur des fils de S. Bruno. Aussi, s'empressa-t-il d'embrasser le parti de Palmer, disant qu'il voulait être lui-même le fondateur de la nouvelle Maison. A cet effet, il obtint de Baudouin de Fréville, maître du champ contesté, qu'il abandonnât les 14 acres dont on avait besoin pour l'installation des Pères. Lord de la Zouche s'engagea aussi à fournir les ressources nécessaires à l'entreprise (1381).

De son côté, Palmer, au comble de la joie, avait depuis quelque temps gagné la Chartreuse de Londres pour y revêtir l'habit cartusien. Les délais du noviciat expirés, il fut nommé Procureur : ce qui lui donnait des facilités pour surveiller de loin l'œuvre qu'il avait tant à cœur. Enfin, les supérieurs ne crurent pouvoir mieux faire que de l'envoyer en personne en compagnie de deux autres religieux de sa Maison de profession, pour prendre possession du nouveau local, et on leur adjoignit quelques moines de Beauvale. La petite colonie ainsi constituée demeura sept années dans un ermitage dédié à Ste Anne, en attendant que l'on terminât les constructions. Malheureusement, Lord de la Zouche était mort inopinément laissant la fondation en péril, faute de ressources. C'est probablement à cette occasion que furent affectés à la Maison de Coventry les revenus du prieuré de Totness en Devonshire.

C'est sans doute ce qui a fait croire à plusieurs qu'il y avait eu là un essai de fondation cartusienne de 1383 à 1386 ; mais ce ne fut qu'un projet, qui n'a jamais reçu d'exécution, attendu que l'on possède la liste ininterrompue des prieurs bénédictins depuis 1259 jusqu'à 1535. On objecte qu'il existe des documents relatifs à Totness, munis du sceau des Chartreux ; mais ceci s'explique par la raison donnée plus haut, à savoir que nos Pères ont eu, pendant un certain temps, l'usufruit d'une partie ou de la totalité de ce prieuré.

Quoi qu'il en soit, Richard II se déclara le protecteur de Sainte-Anne. En 1385, il vint, eu égard aux pieuses instances de la reine, poser la première pierre de l'église et se plut dans la suite à combler les Pères de toutes sortes de faveurs. Trop longue serait la liste des bénéfices qu'il leur donna. Il est vrai que ces largesses n'étaient guère onéreuses pour le souverain, car elles consistaient, presque toutes, en biens ecclésiastiques étrangers et confisqués par suite de la guerre qui sévissait avec la France. Un certain nombre de ces biens furent d'ailleurs retirés aux Chartreux par Henri IV.

D. Robert Palmer occupa le siège prioral 28 ans et eut la satisfaction de voir sa Maison terminée sans trop de retard, grâce au bon vouloir des habitants, soit de Coventry, soit des pays avoisinants. Richard Luff et Jean Botoner donnèrent 400 marcs pour l'église, le cloître et les étangs ; puis, sollicitant le concours d'autres citoyens, ils parvinrent à bâtir trois nouvelles cellules. Jean Holmeton donna 40 livres pour l'achèvement du chœur et fit aussi élever une cellule avec l'argent d'un legs pieux qui lui avait été confié. D'autres cellules furent construites par dames Marguerite Byri et Marguerite Tilney, par Jean Bokington, évêque de Lincoln, par Thomas de Beauchamp, comte de Warwick, etc. Il y en eut douze en tout. Une d'elles s'ouvrit un jour pour recevoir un pénitent notoire, le célèbre Nicolas Hereford, docteur en théologie de l'Université d'Oxford ; il avait embrassé les erreurs de Wiclef, mais, revenu à lui-même, il abjura l'hérésie et se fit Chartreux à Coventry. Rappelons aussi le souvenir d'un profès de cette Maison, D. Richard Croftes, qui, sous l'empire du désespoir, s'était jeté dans un des étangs pour en finir avec la vie et fut miraculeusement maintenu sur l'eau, grâce à l'assistance de deux de nos néo-martyrs de la Chartreuse de Londres. Ces Bienheureux inspirèrent ensuite au coupable le repentir de son crime et le délivrèrent pour jamais de cette horrible tentation (1535).

Après la *Dissolution*, les biens de ce monastère furent assignés à différentes personnes. Aujourd'hui, les édifices conventuels ont complètement disparu et ont fait place à une maison bourgeoise assez simple. On reconnaît cependant un vieux mur d'enceinte, une cuisine, une cellule, qui était peut-être la cellule priorale, et un escalier communiquant entre les deux.

Le propriétaire a découvert en 1909, derrière une boiserie, une vieille fresque représentant le Christ en croix avec la Très Sainte Vierge et Ste Anne à ses côtés ; malheureusement, le bas de la fresque est détruit.

Chartreuse de Coventry. Ch^{se} de Sainte-Anne. (C. Sanctæ Annæ)
Dioc. de Coventry. Warwickshire. Angleterre.

AXHOLME

Au sud d'Eppworth et à proximité de Low Melwood, localités situées dans la partie du Lincolnshire qu'on appelle « l'Ile d'Axholme », s'élevait jadis un célèbre monastère cartusien. Il avait été fondé en 1397, sous le règne de Richard II, par Thomas Mowbray, comte de Nottingham, maréchal d'Angleterre et plus tard duc de Norfolk. Cette Maison, placée au pied d'une colline dominant la vallée du Trent, était dédiée à la Bienheureuse Vierge Marie, à S. Jean l'Evangéliste et à S. Edouard le Confesseur; elle portait le nom de Prieuré-au-bois ou Chartreuse de la Visitation de Notre-Dame.

Nous apprenons en outre par la charte royale autorisant la fondation que, dès le début, les Pères furent gratifiés de 100 acres de terre autour de leur demeure ainsi que de plusieurs manoirs dans le comté de Warwick : Newbold-upon-Avon, Melbroke, Wappenburg, Sharnford et Walton. L'abbé de Saint-Nicolas d'Angers, grâce aux instances de Mowbray, leur céda aussi son prieuré de Kirkby, qui périclitait et lui était, du reste, inutile, puisqu'il ne pouvait en percevoir les revenus par suite de l'état de guerre existant depuis longtemps entre la France et l'Angleterre. De son côté, le pape Boniface IX manifestait sa bienveillance envers les Chartreux en leur accordant un précieux avantage spirituel : en vertu d'une Bulle datée de l'année 1398, tous ceux qui visiteraient leur église conventuelle le 2 juillet, après s'être dûment repentis et confessés de leurs péchés, gagneraient la même indulgence que celle attachée, pour le 2 août, au sanctuaire de Notre-Dame des Anges, à Assise. Sans doute, les fils de S. Bruno auraient préféré jouir en paix de ce privilège, mais ils ne purent empêcher les foules d'accourir à leur monastère qui devint, ce jour-là, un lieu de pèlerinage pour toute la contrée.

Un événement bien fâcheux arrêta, pour un temps, des commencements si prospères : Mowbray ayant eu le malheur de se quereller avec Hereford, duc de Clarence (le futur roi Henri IV), fut, ainsi que son adversaire, condamné au bannissement par Richard II. Les moines d'Axholme devaient forcément ressentir le contre-coup de l'exil de leur fondateur. Mais quelle ne fut pas leur douleur d'apprendre que cet infortuné seigneur, après un voyage en Terre Sainte, était venu mourir à Venise! Plusieurs croient qu'il mourut sous le poids de sa disgrâce, mais d'autres pensent, avec non moins de raison, qu'il fut emporté par la peste (1400). Sa dépouille mortelle fut ramenée en Angleterre par son fils et déposée à la Chartreuse dans un tombeau d'albâtre rapporté aussi d'Italie.

Les descendants des Mowbray continuèrent à se montrer favorables aux Chartreux;

et quand, faute d'héritier mâle, leurs titres et leurs dignités passèrent aux Howard, ceux-ci ne laissèrent pas d'imiter leurs devanciers. L'histoire nous a conservé, entre autres, le nom de Catherine Howard, duchesse de Norfolk, qui se montra si généreuse envers nos Pères qu'elle mérita le titre de seconde fondatrice de la Maison de la Visitation († 1489). Son assistance fut des plus utiles, car, jusque-là, ce monastère n'avait fait que végéter, faute de ressources. En effet, le Prieuré de Kirkby, qui était une des principales possessions des Chartreux, leur avait été enlevé en 1401 par le roi Henri IV avec l'assentiment du Pape, et ne leur fut rendu que longtemps après. Aussi les bâtiments, bien que commencés en 1397, n'avaient été terminés qu'en 1432, et c'est alors seulement que la Chartreuse avait été incorporée à l'Ordre. Les constructions s'étaient sans doute ressenties de la pénurie des propriétaires, car nous voyons qu'en 1441 il avait déjà fallu entreprendre des réparations. Ce fut D. Richard Burton, ex-prieur de Hinton, homme très entendu en cette matière, qui fut chargé de ce soin. Il mourut en 1444, et son successeur, quoique accablé d'années, continua son œuvre jusqu'à ce qu'il obtînt miséricorde après 60 ans de vie religieuse.

Le Cartulaire de cette Maison nous a gardé le souvenir d'un de ses profès, D. Ricus ou Franciscus, qui vécut jusqu'à 103 ans, après avoir exercé successivement les fonctions de Sacristain, de Procureur et de Vicaire. D. Augustin Webster était prieur d'Axholme en 1535 quand il reçut la palme du martyre, ainsi qu'il a déjà été dit dans d'autres notices; D. Michel Makeness le remplaça et, le 6 juin 1538, se rendit avec ses religieux, au nombre de huit, aux commissaires de Henri VIII qui dressèrent l'état des revenus du monastère, accusant un total de 237 livres, 15 schellings et 2 deniers.

La propriété échut à John Candish, qui transforma les bâtiments en une vaste résidence bourgeoise, laquelle, faute d'entretien, tomba bientôt en ruines. On la démolit alors et on en éleva une autre plus petite qui est devenue depuis une ferme. Aujourd'hui, on distingue encore le fossé d'enceinte, quelques vieilles fondations et un bout de mur ayant appartenu à l'ancienne Chartreuse. Ce lieu jadis fréquenté par de nombreux pèlerins, comme nous l'avons dit plus haut, est devenu désert. C'est à peine si l'on y compte quelques catholiques.

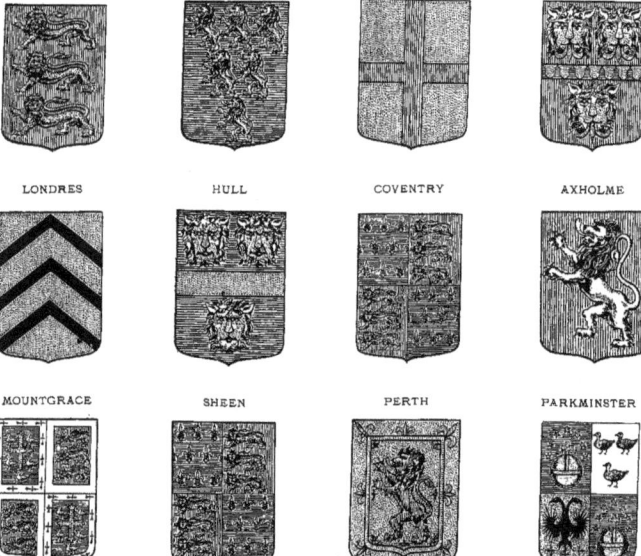

Armoiries des Chartreuses d'Angleterre.

MOUNTGRACE

De toutes nos Maisons d'Angleterre Mountgrace est celle qui a le moins souffert des injures du temps et du vandalisme. Elle est située sur la paroisse de East-Harlsey, à environ 6 milles au nord-est de Northallerton et à 229 milles au nord de Londres. Adossé à des collines boisées *(Arncliff woods)*, le vieux monastère ne reçoit qu'à une heure assez avancée les rayons de l'astre du jour, ce qui ne contribue pas peu à rehausser l'aspect sévère du lieu; mais on sait que les Chartreux ont toujours recherché ces sortes d'emplacements.

Mountgrace, jusqu'à l'époque de sa fondation, s'appelait Bordelby, nom très ancien, qui figure déjà sur le *Doomsday-book* (registre cadastral d'Angleterre, fait par ordre de Guillaume le Conquérant). Le roi donna d'abord cette terre, à tenir en fief, à Malgrin, seigneur d'Ingelby et d'Arncliff; puis elle échut à Robert de Bruce, futur roi d'Ecosse; de là, elle passa en différentes mains et, à la fin du xive siècle, elle se trouvait, on ne sait trop comment, en la possession de Thomas de Holand, comte de Kent, plus tard duc de Surrey et maréchal d'Angleterre. Ce dernier était un personnage considérable soit par ses richesses, soit par suite de sa parenté avec Richard II. Il fit d'ailleurs assez bon usage de son prestige et, grâce à la faveur royale, établit les fils de S. Bruno dans son manoir de Bordelby (1397-8), afin qu'ils y construisissent une Maison de leur Ordre qui devrait s'appeler Mountgrace d'Ingelby et être dédiée à l'Assomption de la Bienheureuse Vierge Marie et à S. Nicolas (ce dernier nom tomba peu à peu en désuétude). On se mit à l'œuvre de suite et on installa, avec l'autorisation du R. P. Général, D. Robert Tredewy comme premier prieur, à condition qu'il prierait assidûment, ainsi que sa communauté, pour les intérêts du roi Richard et de la reine Isabelle, pour le fondateur et son épouse, pour Jean de Holand, duc d'Exeter, pour Jean d'Ingelby et sa femme Hélène et pour beaucoup d'autres personnes.

Les Chartreux virent bientôt leurs biens s'accroître par de nouvelles donations et tout semblait prospérer pour eux quand les événements politiques changèrent pour un temps l'état de leurs affaires. Richard venait d'être détrôné par Henri IV : aussitôt le duc de Surrey, embrassant avec ardeur le parti de son oncle, entra avec plusieurs nobles dans une conspiration contre le nouveau roi; mais le complot fut découvert et Holand se retira précipitamment à Cirencester où une flèche lancée durant une émeute populaire l'atteignit mortellement (1400). Sa tête fut exposée sur le Pont de Londres, et ce n'est que longtemps après que sa veuve obtint de la faire enlever. Elle fit transporter à la Chartreuse les restes de son époux (1412), mais on ne sait où ils reposent. Quant à nos Pères, ils trouvèrent, heureusement, un protecteur en la personne de

Jean d'Ingelby, dont il a été déjà fait mention ; son zèle lui mérita, de la part du Chapitre général de 1409, le titre de fondateur.

La nouvelle dynastie se montra d'ailleurs assez bienveillante envers les moines de Mountgrace et leur accorda même plusieurs faveurs. La plus importante fut la confirmation que leur fit Henri VI, en 1440, par acte du Parlement, de toutes les donations faites par le duc de Surrey ; cette clause mit fin à un état de malaise qui régnait depuis longtemps, par suite des revendications incessantes de voisins importuns. Nos solitaires eurent d'ailleurs soin, ainsi que le recommande leur Statut, de rester étrangers à la lutte qui divisait les maisons d'York et de Lancastre ; aussi, en montant sur le trône, Edouard IV n'hésita pas à demander à nos Pères de dire trois messes chaque jour à ses intentions et, à cet effet, leur donna la jouissance du prieuré de Begger ou Begare (1471). Un des derniers bienfaiteurs de Mountgrace fut le baron Henri de Clifford, qui fit bâtir ou réparer quatre ou cinq cellules ; il mourut en 1524 et obtint dans tout l'Ordre un monachat avec psautiers.

L'époque fatale de la persécution approchait. Plusieurs religieux de cette Maison résistèrent d'abord énergiquement et deux d'entre eux tentèrent de s'enfuir en Ecosse pour se soustraire au serment ; mais on les arrêta en route. Le prieur, D. Jean Wilson, fut longtemps perplexe sur le parti à prendre, certaines révélations particulières qu'il avait eues lui enjoignant de demeurer ferme dans sa foi ; mais enfin vaincu, il signa l'acte de *Surrender* avec seize de ses prêtres, trois novices, six Convers et un Donné : en somme vingt-sept personnes qui eurent toutes une pension. Au moment de la restauration de l'Ordre, sous la reine Marie, D. Jean se rendit à Sheen pour reprendre la vie claustrale ; puis se retira en Flandre où il mourut saintement.

Mountgrace fut attribué à Sir James Strangeways qui le légua à ses héritiers. En 1653, cet immeuble fut acheté pour 1900 livres, par Thomas Lascelles qui transforma une partie des bâtiments monastiques en maison de maître. Le propriétaire actuel (1917) est Sir Hughes Bell, Bart. Continuant des travaux déjà commencés avant lui, ce gentleman a réussi à rendre, en partie, à Mountgrace son ancienne physionomie. On peut voir maintenant dégagés de leurs décombres la presque totalité de l'église, du Chapitre, du réfectoire et bon nombre de cellules. Dans l'une d'elles on a tâché de reconstituer le mobilier cartusien ; l'on y remarque, entre autres, un mannequin revêtu de l'habit blanc, se tenant à l'oratoire dans l'attitude de la prière.

Sur le sommet de la colline se trouvent les ruines d'une ancienne chapelle dédiée à Notre-Dame-du-Mont. Construit en 1515, avec une cellule adjacente pour le chapelain, cet oratoire devint un rendez-vous célèbre de pèlerinages, et, même au plus fort de la persécution, les dévots serviteurs de Marie s'y rendaient pour prier. De nombreux miracles s'y produisirent.

Chartreuse de Mount-Grace, Ch⁻ᵉ de l'Assomption de la B.-V.-Marie, Ch⁻ᵉ d'Ingelby. (C. Assumptionis B. M.)
Dioc. d'York. Yorkshire. Angleterre.

SHEEN

Henri V avait fait bâtir trois Maisons religieuses autour de sa résidence de Richmond : à savoir, une de Célestins, contiguë au palais; une de Chartreux, à l'extrémité de son parc *(Old Deer Park)* et une troisième de Brigittins (le fameux couvent de Syon), de l'autre côté de la Tamise. Ces trois édifices avaient été construits, dit D. Le Couteulx, « cum miro operis apparatu », mais il n'en reste aujourd'hui presque aucun vestige. On a même de la peine à fixer l'emplacement exact de la Chartreuse; on sait seulement que l'observatoire de Kew couvre une portion du terrain occupé jadis par ce monastère dont l'enclos, d'après Aubrey, embrassait un espace de 3125 pieds de longueur sur 1305 pieds de largeur. On pouvait y loger quarante Pères, et, plus tard, on bâtit aussi un ermitage pour un reclus avec une dotation annuelle de 20 marcs.

C'était pour obéir aux volontés de son père que Henri V avait fait en 1414 cette fondation de Sheen, ainsi nommée à cause de la proximité du village de Sheen, qui s'est ensuite appelé Richmond. La Maison fut dédiée à Jésus de Bethléem (1415).

Comme le roi était impatient d'y voir inaugurer le service divin, on fit venir des Chartreux de Flandre, vu l'impossibilité d'en trouver suffisamment sur le sol britannique, et on leur donna pour prieur un anglais, D. Jean Wydrington. Outre le droit de pêche et l'affranchissement de tout impôt, Henri fit don à nos Pères de plusieurs prieurés et d'autres biens ecclésiastiques soi-disant vacants, et, en mourant, il leur laissa encore 1000 livres, de sorte que leurs revenus nets ne tardèrent pas à s'élever à 777 livres, somme considérable pour l'époque.

Cette Maison connut plusieurs religieux de marque. Nous ne compterons pas le pieux Walter Hilton († 1433), auteur de nombreux ouvrages ascétiques, entre autres du traité *De Scala perfectionis,* etc., quoique certains écrivains le reconnaissent comme Chartreux. Mentionnons D. Jean d'Ingelby, prieur et Visiteur, devenu ensuite évêque de Llandaff († 1499); D. Rodolphe Tracy, qui donna asile et protection au fameux prétendant Perkin Warbeck ; cette faveur fut du reste inutile par suite de la récidive du conspirateur. Saluons enfin le Bienheureux Augustin Webster, profès de Sheen, dont on a déjà parlé plusieurs fois dans ces notices.

Au moment le plus critique, cette Chartreuse eut la mauvaise fortune d'avoir pour chef un pasteur peu digne de ce nom, D. Henri Man (1535-38) qui entraîna toute sa communauté dans l'erreur. En qualité de Visiteur, il exerça aussi une influence néfaste sur les religieux de la Salutation; lui-même devint, après la *Dissolution,* évêque protestant de l'île de Man.

Sheen fut donné par le roi à Edouard, comte d'Hertford, puis, au duc de Suffolk, père de Jeanne Grey; c'est ce qui explique comment celle-ci a pu y résider accidentellement. Le cardinal Wolsey avait aussi, du temps des moines, habité ce monastère, ou plutôt une villa attenante qui avait été donnée aux Chartreux par Jean Colet, doyen de la cathédrale Saint-Paul de Londres. Lors de la fermeture de leur Maison, les religieux s'étaient dispersés un peu de tous côtés; mais, à l'avènement de Marie Tudor (1553), ils conçurent l'espoir de rentrer dans leurs droits. En effet, en 1555, grâce à l'influence du cardinal Pole, on leur permit de se réunir dans une partie retirée de l'hôpital Savoy (aujourd'hui un des plus beaux hôtels de la capitale). Parmi eux étaient le saint Frère Taylor, D. Jean Fox et D. Maurice Chauncy de retour de Belgique. Ce dernier fut, l'année suivante, nommé prieur de Sheen que la reine venait de rendre aux fils de S. Bruno, et, grâce à plusieurs bienfaiteurs, Edouard Walgrave, Thomas Englefield, Jeanne Dormer, sœur du Bienheureux Sébastien Newdigate, la Chartreuse recouvra promptement son ancienne splendeur. Malheureusement, cette restauration fut de courte durée. Elisabeth étant montée sur le trône en 1558, les Pères durent, six mois après (1er juillet 1559), reprendre le chemin de l'exil, et leur monastère fut réuni de nouveau à la Couronne. On le loua successivement à diverses personnes, entre autres à Sir William Temple qui lui fit subir de nombreuses transformations, jusqu'à ce que enfin le dernier vestige, c'est-à-dire le *Gateway,* disparût vers 1770, quand George III construisit son observatoire pour étudier le passage de « Vénus ». Dugdale nous apprend qu'il est possible encore de reconnaître l'emplacement de la Chartreuse à quelques ondulations de terrain et quelques arbres qui se trouvent dans la partie basse de *Old Deer Park.*

Quant aux proscrits, ils s'étaient réfugiés dans notre Maison de Bruges (1559), où ils restèrent jusqu'en 1568. Ils furent alors autorisés à acheter un immeuble dans la rue Sainte-Claire de la même ville, et, pour affirmer leur nationalité, ils donnèrent à leur petit monastère le nom de *Sheen Anglorum.* Leur existence fut assez précaire ; en outre, en 1578, les soldats du prince d'Orange firent irruption dans leur Maison et s'y installèrent jusqu'à ce qu'ils en fussent chassés de vive force. Sur ces entrefaites, les magistrats de Bruges, craignant le retour de pareils excès, ordonnèrent aux pauvres moines d'avoir à quitter promptement la place. Au nombre de dix-huit Pères et de deux Frères (1578), ils se dirigèrent d'abord sur Lille, puis sur Douai et sur Cambrai, sans qu'on voulût les recevoir, sans doute à cause de leur grande pauvreté. En passant à Saint-Quentin, ils espérèrent trouver un asile à la Chartreuse de Noyon et s'empressèrent de s'y rendre. Mais, après quelque temps, craignant d'abuser de la charité de leurs confrères, ils se transportèrent à notre monastère de Louvain, qui ne manquait pas de cellules vides, et y demeurèrent jusqu'en 1595. Nous les voyons alors, afin de se rapprocher de la côte où ils comptaient pouvoir plus facilement communiquer avec leur patrie, faire route sur Anvers, puis sur Malines où ils firent un long séjour. Ce fut leur dernière étape avant d'arriver à Nieuport (1626), comme il a été dit dans la notice sur cette Chartreuse (II vol.).

Deux reliques de Jésus de Bethléem et de Sheen Anglorum subsistent encore. Ce sont les sceaux matrices de ces deux Maisons; le premier est la possession de Thomas Finch, Esq., de Clifton Lodge; l'autre appartient à la Chartreuse de Parkminster et lui a été donné par Mr. Berrington, petit-neveu du dernier prieur de Nieuport.

CHARTREUSE DE SHEEN OU SHENE, CH^{SE} DE JÉSUS DE BETHLÉEM.
(Vue d'ensemble.)

The Gateway, dernier vestige démoli en 1770.
(d'après une aquarelle qui se trouve au *British Museum*.)

PERTH

La Chartreuse de Perth, qui fut la dernière fondation d'outre-mer avant la Réforme, doit son origine à Jacques Stuart Ier. Ce prince, un des meilleurs qui aient gouverné l'Ecosse, avait été, à l'âge de 14 ans, fait prisonnier par un croiseur anglais (1405) au moment où il se rendait en France pour y achever son éducation et avait été retenu longtemps comme otage, soit à la Tour de Londres, soit au château de Pevensey (Sussex). C'est alors sans doute qu'il entendit parler des Chartreux, et de retour dans sa patrie en 1422, il voulut en avoir près de lui. L'entreprise était difficile, car la rançon royale n'avait pas encore été payée à l'Angleterre; néanmoins, le pieux monarque, aussitôt après son couronnement (1424), s'adressa au R. P. D. Guillaume de la Motte, alors Général de notre Ordre, pour lui exposer sa requête qui reçut un accueil favorable, et la ville de Perth, au diocèse de Saint-André, fut choisie pour le nouvel établissement.

Il y avait en dehors des remparts, à l'ouest de « Southgate », un terrain propice; c'est là que l'on commença de suite à jeter les fondements de l'édifice. Le souverain eut à cœur de faire les choses grandement et, à cet effet, il fit venir de France et d'Italie des ouvriers expérimentés, si bien que la Chartreuse passait pour être un des beaux monuments du royaume. On l'appela le Val-des-Vertus. Des moines de Mountgrace avaient été mandés afin de veiller à ce que tout fût bien disposé suivant nos usages, et on leur avait adjoint en outre un religieux cistercien du pays, Jean de Bute, dont la famille est bien connue.

Les bâtiments étant achevés, la charte de fondation fut publiée le 31 mars 1429 et confirmée par le Chapitre général suivant (1430). Le premier prieur, D. Oswald de Corda, anglais de naissance, était, disent les chroniqueurs, un homme « potens in sermone et calamo ». Ayant étudié à l'Université de Paris, il s'était lié d'amitié avec le chancelier Gerson dont les exemples et les enseignements avaient beaucoup contribué à lui inspirer le désir d'une vie plus parfaite; il était donc entré à la Chartreuse de Nordlingen et de là avait été envoyé, comme Vicaire, à la Maison-mère, et enfin au Val-des-Vertus qu'il gouverna pendant 4 ans († 1434).

Jacques Ier s'était plu à combler les Pères de faveurs : non content de les avoir exemptés d'impôts, il avait poussé la sollicitude jusqu'à entrer dans des détails infimes pour assurer le bien-être de ses protégés, tel le privilège qu'il leur accorda d'acheter, les premiers, au marché, le poisson et les œufs, afin qu'ils ne fussent pas exposés à en manquer. En même temps, il s'occupait de faire des réformes utiles dans ses Etats, quand il fut traîtreusement assassiné le 2 février 1437 dans le monastère des Dominicains où il avait séjourné quelques semaines. La noble victime fut inhumée dans l'église des Chartreux, près de l'autel, et plus tard le corps de la reine Jeanne fut déposé à côté de celui de son époux (1446). Tous deux eurent une part abondante aux suffrages de l'Ordre.

Les successeurs du roi défunt se montrèrent dévoués envers la Chartreuse et ne manquèrent pas de la visiter de temps en temps. Jacques IV, entre autres, s'y rendit en 1490, après la mort tragique de son père et fit dire des messes pour le repos de son âme. Jacques V y vint aussi pour assister aux funérailles de sa mère, Marguerite Tudor (1541), qui fut la dernière à être enterrée dans le caveau royal, à côté du fondateur.

Nous arrivons maintenant à la période douloureuse qui précéda la dispersion des Chartreux d'Ecosse. Durant la minorité de Marie Stuart, la religion protestante avait jeté de profondes racines dans le pays malgré les efforts de la Régente, si bien qu'en l'année 1559, le 11 mai, la foule excitée par les prédications du fameux Knox se précipita sur les monastères des Frères-prêcheurs, des Franciscains et des Carmes. La Chartreuse fut épargnée momentanément ; mais le prieur, D. Adam Forman, pressentant le danger, s'empressa de faire venir d'une grange voisine des tenanciers armés : malheureusement, cette troupe se mutina et ne fut d'aucun secours quand on attaqua le monastère. Nos Pères se retirèrent alors dans leur ferme d'Errol et y vécurent dans la pauvreté durant quelques années. On raconte que l'un d'entre eux, D. Daniel, ayant voulu haranguer la populace, un crucifix à la main, et faire entendre la voix de la vérité, fut jeté dans un brasier ardent dont il sortit indemne par miracle; outrés de colère, les forcenés le percèrent de coups de lances (décembre 1559).

En 1567, Marie Stuart abdiqua par force. Les Chartreux perdant alors l'espoir de se maintenir se dispersèrent et leurs propriétés devinrent la proie des spéculateurs.

Plus tard, on construisit, pour la classe pauvre et sur l'emplacement du monastère, un hôpital qui existe encore, bien qu'il ait été désaffecté en partie et serve présentement à des logements d'ouvriers et à d'autres œuvres charitables. La seule relique de quelque importance qui ait été épargnée est une large plaque de marbre où est gravée l'effigie de Jacques Ier et de la reine Jeanne; elle a été transportée à East Church. Dans ces dernières années, on a érigé, dans les jardins de l'hôpital, une colonne commémorative rappelant le séjour des Chartreux en ce lieu.

L'Ecosse a donné à notre Ordre un religieux de marque en la personne de Guillaume Chisholme. Il fut d'abord évêque de Dunblane et c'est lui qui baptisa Jacques VI. Or, durant la cérémonie l'enfant royal, bien qu'âgé d'un an seulement, arracha au prélat l'anneau épiscopal qu'il avait au doigt; ce qui fut regardé comme un présage de mauvais augure. En effet, Chisholme était peu après chassé de son siège et se réfugiait à la Grande Chartreuse, où, après diverses péripéties, il fit profession, devint coadjuteur du R. P. Général, puis, prieur de Lyon et de Rome († 1593).

Il ne sera pas hors de propos de citer ici les noms de trois monastères écossais, Pluscardine, Ardchatton et Beauly, qu'on a improprement qualifiés de cartusiens : ils appartenaient à la congrégation du Val-des-Choux, laquelle, il est vrai, est issue de notre Maison de Lugny (*voir* IIe vol.), mais qui n'a jamais été considérée comme faisant partie intégrante de l'Ordre, quoiqu'elle ait été soumise pendant quelque temps au contrôle du prieur de Lugny.

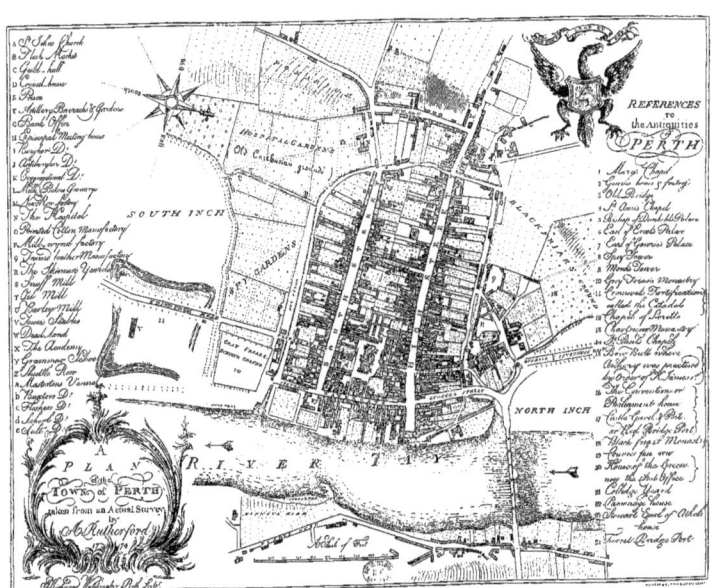

Plan de la Ville de Perth avec l'Emplacement de la Chartreuse.

PARKMINSTER

C'est à l'année 1863 que remontent les premières négociations entreprises en vue de rétablir l'Ordre des Chartreux en Angleterre. Cet événement inattendu avait cependant été annoncé d'une manière en quelque sorte prophétique, plus de trois siècles à l'avance, par un Convers de la Chartreuse de Londres, le saint Frère Taylor, qui, partant en exil en compagnie de D. Maurice Chauncy, s'écria, en quittant le sol britannique : « Nos Pères reviendront un jour fonder dans ce pays un nouvel établissement. »

Les premières ouvertures furent faites par Mgr Clifford, évêque de Clifton, qui s'adressa au R. P. D. Charles-Marie Saisson. Celui-ci envoya deux commissaires pour visiter les propriétés que le prélat avait signalées; mais cette tentative n'eut pas de suite. Ce fut seulement après la guerre franco-allemande, et en présence des progrès menaçants de la persécution religieuse, que les Chartreux sentirent plus que jamais le besoin de se préparer une Maison de refuge au delà du détroit.

L'entreprise paraissait hasardeuse à plusieurs, car, à cette époque, l'Angleterre conservait encore tous ses préjugés contre l'Eglise catholique et en particulier contre les moines. Aussi usa-t-on d'une grande prudence. Un digne prêtre français, qui s'était fixé dans le Sussex et avait le gouvernement de la Mission de West Grinstead, l'abbé Denys, nous servit d'intermédiaire. Il y avait près de chez lui une propriété appelée Picknowle, qui était à vendre ainsi que le château attenant. Le R. P. Général en fut aussitôt informé et n'hésita pas à envoyer trois religieux : D. Marcel Grézier, D. Jean-Louis de Nicolaï, D. Ildefonse Roguet, pour examiner l'affaire. Mais, comme le vendeur, Mr. P. Boxall, très respectable, du reste, était un zélé protestant, les voyageurs jugèrent à propos de ne pas se faire connaître. L'abbé Denys les présenta comme des amis et dit au propriétaire que parmi eux se trouvait un seigneur russe qui serait désireux d'acheter l'immeuble en question. Il ne mentait pas en parlant ainsi, puisque D. Jean-Louis était, comme on le sait, russe d'origine et baron de l'empire. Le marché fut rapidement conclu ; cependant, au moment de signer le contrat de vente (21 janvier 1873), la petite ruse qu'on avait employée fut forcément démasquée lorsque le signataire dut donner son adresse et affirmer qu'il résidait à la Grande Chartreuse. Mr. Boxall, en homme d'esprit, ne s'offusqua pas de cette innocente supercherie, et lui et sa famille sont restés les amis des moines.

En attendant que le château fut prêt à les recevoir, les Pères, qui avaient d'abord résidé à Londres, se retirèrent dans le voisinage, chez les RR. PP. Capucins de Crawley, jusqu'au 6 février suivant. C'est à cette date qu'ils prirent possession de Picknowle, qui ne tarda pas à changer son nom en celui de Parkminster. On s'occupa de suite de dresser le plan du nouveau monastère dont la construction fut confiée à M. [...]mand, l'architecte de notre Maison de Montreuil.

Les débuts furent parfois pénibles à cause des dispositions peu favorabl[es...] gens du pays, si peu habitués à notre genre de vie. Aussi n'osait-on pas [...] sortir avec l'habit blanc. Mais déjà, au moment de la pose de la première pie[rre...] 16 octobre 1877, la glace était rompue, et cette magnifique cérémonie, rehauss[ée...] la présence de plusieurs prélats et d'autres notabilités des environs, prometta[it...] jours prospères à la nouvelle Chartreuse.

Le monastère est de style roman; il est construit en pierre de Slinfold et de [...] ce qui lui donne un aspect grandiose. La flèche de 180 pieds, surmontée de la [...] domine toute la contrée, et l'ensemble des bâtiments groupés autour de l'église p[résente] de loin l'aspect d'un petit village. L'intérieur de l'édifice est aussi soigné que l'ext[érieur] soit qu'on examine les boiseries, les sculptures des autels ou les nombreux ta[bleaux] qui s'y trouvent. Ces derniers sont l'œuvre du peintre Sublet, de Lyon.

On s'occupa, en même temps, de créer des routes, de chercher de l'eau pot[able] de mettre les terres en rapport. Nous ne possédions d'abord que 110 acres, ma[is peu] à peu, leur nombre s'accrut jusqu'à 622. Ces acquisitions successives avaient é[té ju]gées nécessaires afin d'assurer la solitude du monastère.

La consécration de l'église eut lieu le 10 mai 1883, sous le priorat de D. [...] Marie Doreau, qui fut le premier à occuper cette charge et la conserva 14 a[ns. La] clôture ayant été proclamée par Mgr Coffin, évêque de Southwark, on comme[nça en]suite la pratique de la vie régulière qui ne s'est jamais démentie depuis. A pa[rtir de] ce moment, Parkminster devint, comme la Grande Chartreuse, un centre de pèl[erinage] ou d'excursion pour les touristes ayant le goût religieux et artistique. Sans c[ompter] la visite de plusieurs sommités de l'épiscopat d'Angleterre, d'Irlande, du Ca[nada,] de la Belgique, nous reçûmes en outre celle du duc de Norfolk, du duc d'Aberc[orn,] l'amiral de Cuverville, du prince Louis de Monaco et même celle du Lord M[aire de] Londres, un juif, Sir Henry Aaron Isaac, qui, muni d'une lettre d'introduct[ion du] cardinal Manning, eut la curiosité de venir voir de près « ces hommes dont le[s lèvres] sont scellées », excepté pour la louange divine.

Lorsque furent promulguées les lois contre les Congrégations, la Maison de [Saint] Hugues eut l'honneur de donner l'hospitalité à un grand nombre de nos Chart[reux de] France. Près de cent religieux se trouvèrent ainsi réunis sous le même toit.

A l'ouverture du Congrès marial de 1904, la communauté s'adonna avec [zèle,] sous la direction du prieur, D. Marie-Bernard Neyrand, aux recherches histori[ques de] toute sorte qui devaient contribuer à la gloire de Marie Immaculée. Cette ét[ude fut] rendue aisée grâce aux ressources qu'offrait notre bibliothèque, réputée u[ne des] premières de l'Ordre par le choix des livres et des manuscrits qui la compose[nt. Ces] travaux furent mentionnés quatre fois avec éloge dans le compte rendu off[iciel du] Congrès et on leur accorda une médaille d'argent (29 mai 1905).

En 1913, le Chapitre général ordonna la translation de l'imprimerie de T[ournai à] Parkminster. C'est grâce à cette heureuse inspiration que fut sauvée notre ré[serve de] livres liturgiques. En effet, la guerre éclatait peu après, détruisant tout sur s[on pas]sage et arrachant du sein de notre communauté huit de ses membres. Cette [Maison] est aujourd'hui (1917) gouvernée par le V. P. D. Pierre-Marie Pépin.

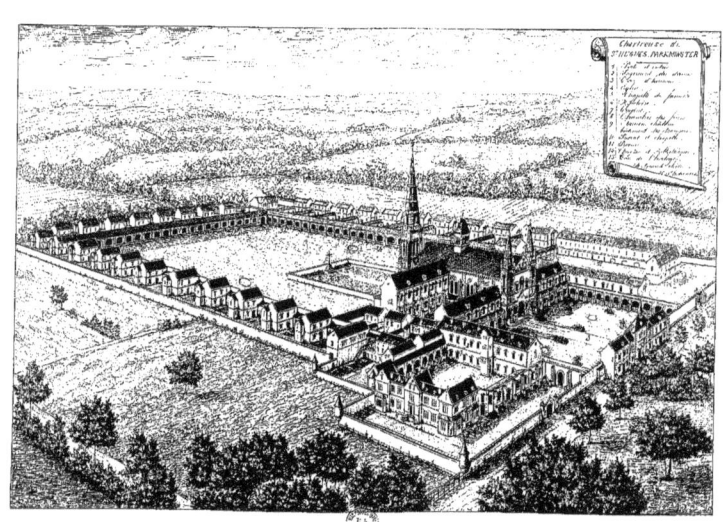

Chartreuse de Parkminster, Ch^{se} de Saint-Hugues-de-Lincoln. (C. Parkmonasterii)
Dioc. de Southwark. Sussex. Angleterre.

PROVINCE
DU RHIN

MAYENCE	61	BALE	95
TRÈVES	65	WESEL	99
COBLENTZ	69	XANTEN	100
COLOGNE	73	DULMEN	103
STRASBOURG	77	RETTEL	107
FRIBOURG	81	CANTAVE	111
RUREMONDE	87	MOLSHEIM	115
BERNE	91	HAIN	119

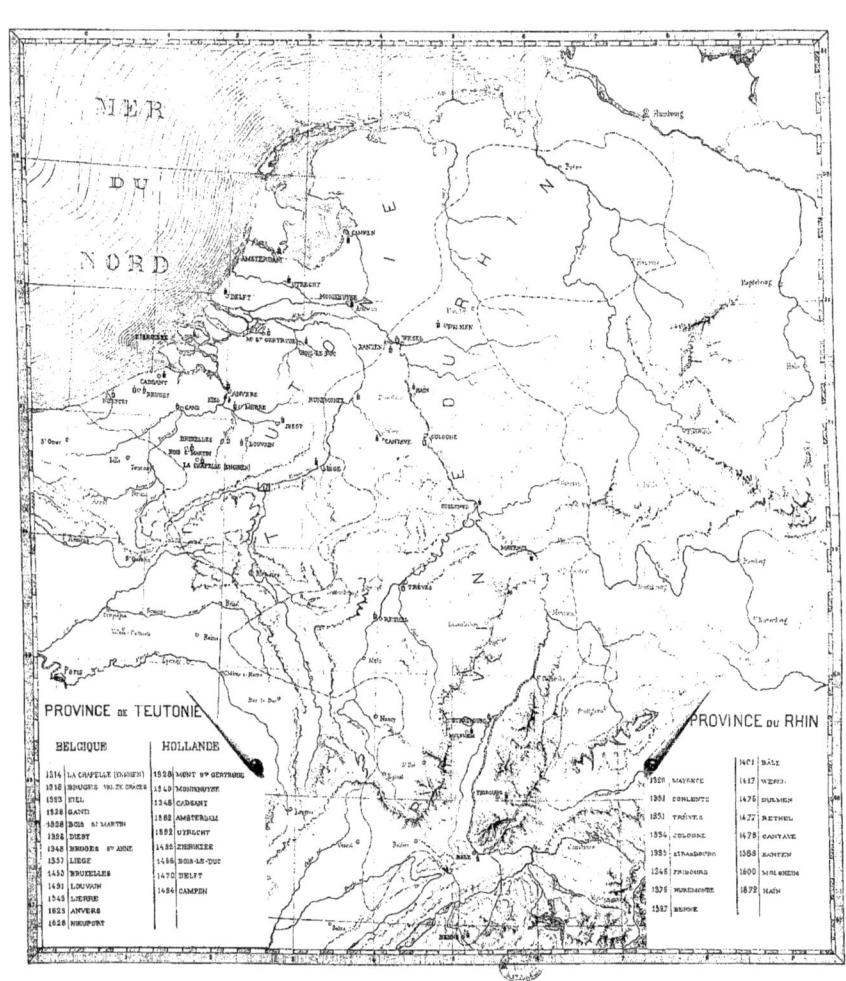

MAYENCE

Cette Chartreuse reçut d'abord le nom de Val-Saint-Pierre, et ensuite, lors de sa translation dans un autre lieu, fut placée sous le vocable de l'archange S. Michel. Le Val-Saint-Pierre était situé sur la rive droite du Rhin, entre le château de Scharpfenstein et le village de Kidderich, à 15 kilomètres environ au nord-ouest de Mayence. Son fondateur, l'archevêque Pierre d'Achtzpalt, était un homme plein de science et de générosité, qui parvint, d'une manière assez singulière, à la dignité métropolitaine. Etant médecin de Henri, comte de Luxembourg et futur empereur d'Allemagne, il fut chargé d'aller auprès du pape Clément V, solliciter la promotion de Baudouin, frère de ce prince, au siège alors vacant de Mayence. Mais le Souverain Pontife avait d'autres vues : il réservait l'archevêché de Trèves à Baudouin. N'ayant donc aucun candidat pour Mayence, il ne crut pouvoir mieux faire que de nommer à ce poste d'Achtzpalt lui-même dont il avait expérimenté la vertu et le savoir. Le nouvel élu alla aussitôt prendre possession de son diocèse et y fut reçu honorablement; il le gouverna avec une grande sagesse qu'il manifesta en particulier par la fondation d'une Chartreuse.

D. Jean « le Polonais » († 1350) fut nommé Recteur du nouveau monastère dont l'origine peut remonter jusqu'à 1308. Il s'acquitta si bien de ses fonctions, qu'un semblable rôle lui fut assigné dans les Chartreuses qu'on établit ensuite à Trèves, à Coblentz, à Cologne et à Wurtzbourg.

C'est en 1320 seulement que Pierre d'Achtzpalt rédigea sa charte de fondation où l'on remarque un bel éloge de notre Ordre. Malgré les donations de cet illustre prélat, nos Pères du Val-Saint-Pierre ne purent rester longtemps dans le séjour qu'il leur avait choisi. Parmi leurs voisins il se trouva des mécontents qui regrettaient de ne pouvoir plus chasser comme autrefois sur le territoire cédé aux Chartreux, et troublèrent la paix des solitaires à un tel point, que ceux-ci sollicitèrent la faveur de s'installer ailleurs. Mathias de Buchek, le successeur de Pierre d'Achtzpalt, accueillit cette requête avec bienveillance, et ses chanoines donnèrent aussi leur consentement officiel à la translation désirée. La Chartreuse du Mont-Saint-Michel fut construite sur un site élevé, au nord de Mayence, à quelques centaines de mètres des remparts de la ville, vis-à-vis de l'embouchure du Mein, non loin de la célèbre abbaye des Bénédictins de Saint-Alban. Catherine zum Spiegel fit don à nos Pères de toutes les vignes qu'elle possédait près du terrain où ils s'établirent, ce qui leur fut très utile, et, en 1324, l'archevêque confirma la translation de la Chartreuse. Albert de Bichlingen, chorévêque et vicaire général de l'archevêque de Mayence, consacra l'église du monastère le mardi de Pâques 1350.

Dans le même siècle, le célèbre D. Ludolphe de Saxe, auteur de la grande *Vie de N.-S. Jésus-Christ,* après avoir été prieur de Coblentz, vint habiter le Mont-Saint-Michel. A son souvenir on peut joindre, selon les indications de nos *Ephémérides,* celui d'un « clerc rendu » de la même Chartreuse qui, étant encore séculier, avait un jour entendu pendant sa messe, à la cathédrale de Mayence, une voix mystérieuse lui dire : « Hâte-toi d'entrer dans l'Ordre des Chartreux, et sache que tu mourras dans deux ans. » Le célébrant obéit à cet avertissement et montra par sa conduite très édifiante que sa vocation venait du Ciel. Il mourut, selon la prédiction, deux ans après son entrée dans notre famille religieuse. On raconte aussi qu'un novice du même monastère ayant voulu revenir dans le monde, et étant allé saluer, avant de quitter sa cellule, une statuette de la Très Sainte Vierge qui s'y trouvait, vit celle-ci lui tourner le dos. Malgré ce prodige et les exhortations de ses supérieurs, il persista dans son projet et réussit à s'évader. Aussitôt, on le fit chercher de tous côtés, mais il avait disparu pour toujours. La statuette miraculeuse fut envoyée à la Grande Chartreuse.

Au XVe siècle, Jean II, archevêque de Mayence, exempta les Chartreux du Mont-Saint-Michel des redevances imposées pour son diocèse (1410), et le pape Nicolas V mit sous la protection du Saint-Siège leurs biens, dîmes et revenus (1454). Au nombre des prieurs de la même époque nommons D. Jean Kesseler, l'un des définiteurs du Chapitre général de 1410 qui fit la célèbre Ordonnance pour l'extinction du Schisme survenu dans notre Ordre; D. Henri de Kœnigstein († 1447) dont l'administration mérita des éloges; D. Marcel Geist, qui mourut à la Chartreuse de Naples en 1469, pendant qu'il faisait la visite canonique de nos Maisons d'Italie.

Trois prieurs du XVIe siècle ont droit à une mention spéciale. D. Vite de Dulken, remarquable par sa piété et sa doctrine, eut la douleur de voir son église brûlée en 1552 par les troupes hérétiques du margrave de Brandebourg. D. Lambert Ningl fut pendant quelque temps à la fois prieur de la Chartreuse de Mayence et Recteur de celle de Dantzig qu'il réussit à faire restituer à notre Ordre, et dont il fut ensuite, en 1592, institué prieur. Son successeur à Mayence, D. Valentin, se recommanda aussi par ses vertus.

Au siècle suivant, nous saluons un confesseur de la foi, D. Pierre Idiger, profès de Mayence, hôte d'Aggsbach, que les hérétiques, en 1620, tinrent en captivité à Olmutz; et un écrivain, D. Swibert Moeden, profès du même monastère, dont le Commentaire sur les Evangiles, intitulé *Florilegium Evangelicum,* fut imprimé en 1697 à Francfort-sur-le-Mein. Cet auteur reçut, en 1705, la note *laudabiliter.* Il en fut de même pour D. Uldaric Hungheus (1710), pour D. Hugues Grabius (1718), pour D. Maurice de Landsperg (1737) et pour D. Valentin Kauffenheim (1742), qui avaient fait aussi leurs vœux de profession au Mont-Saint-Michel.

Deux archevêques-électeurs de Mayence au XVIIIe siècle, Lothaire-François de Schonborn et Philippe-Charles de Eltz, se signalèrent par leur bienveillance envers la même Chartreuse que supprima en 1781 le prince-électeur, Frédéric-Charles-Joseph, baron d'Erthal. Aujourd'hui, la Chartreuse est englobée dans les fortifications de Mayence.

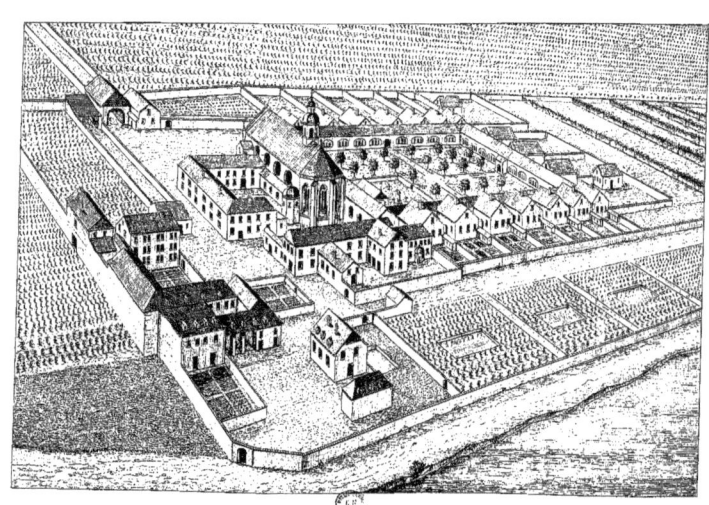

CHARTREUSE DE MAYENCE, C^{HSE} DE SAINT-MICHEL. (C. SANCTI MICHAELIS MOGUNTIÆ)
Dioc. de Mayence. Allemagne.

TRÈVES

En sortant de Trèves par la porte de Weberbach, appelée autrefois « Vieille porte », pour aller au faubourg Saint-Mathias, on arrive, après avoir fait environ 300 pas vers le sud, à l'endroit où s'étendaient jadis, sur le côté gauche de la route, les bâtiments de l'ancienne Chartreuse de Saint-Alban.

C'est à Baudouin de Luxembourg, archevêque de la ville susdite, que revient le titre de fondateur de cette Maison. En 1331, il se fit céder par Evrard Waresberg, abbé de Saint-Mathias, un terrain sur lequel se trouvait une petite chapelle dédiée à S. Alban; il y ajouta d'abord les constructions essentielles à la vie cartusienne, puis il entra en pourparler avec nos Pères de Mayence, les priant d'envoyer quelques-uns des leurs pour occuper le nouvel établissement et promettant de pourvoir à leur entretien.

L'offre fut acceptée, et, la même année, D. Jean « le Polonais », suivi de D. Jean d'Epternac et de plusieurs religieux, vint s'installer dans le lieu désigné, bien que l'église ne fût pas encore bâtie; Baudouin en posa la première pierre en 1338 et la consacra deux ans plus tard. A partir de cette époque, nous le trouvons presque toujours à la Chartreuse, quand il séjournait à Trèves. Il habitait une cellule près de l'église et suivait tous les exercices conventuels. C'est à ce digne prélat qu'on doit aussi la fondation de Coblentz, comme on le verra dans la notice suivante.

Nos annalistes racontent qu'en l'année 1363 un prieur de Trèves, nommé Jean Ryle, se trouvant à Rome pour traiter certaines affaires ecclésiastiques, fut aperçu circulant dans les rues, la tête découverte, suivant la coutume alors en vigueur chez nous. Le Souverain Pontife, informé de la chose, fit appeler le religieux et lui mit son propre chapeau sur la tête; puis il le bénit et accorda l'usage du chapeau à toute personne de l'Ordre en voyage, les Donnés exceptés. Le Chapitre général de 1370 confirma ce privilège.

En 1384, la Chartreuse de Trèves fut attaquée par des bandes armées et presque entièrement saccagée. Heureusement, les moines avaient pu se retirer dans la ville où Conon II, alors archevêque, les abrita dans son propre palais et leur donna ensuite les moyens de reconstruire leur demeure dévastée. Puis une longue période de calme suivit.

C'est pendant ce temps que vint se présenter à Saint-Alban un nouvel « enfant prodigue » connu sous le nom de Dominique de Prusse (ou de Trèves) (1410) : il répara si bien les fautes du passé, qu'on sembla les avoir totalement oubliées pour ne se rappeler que les élans de dévotion et les mâles vertus de l'homme régénéré. Il a laissé plusieurs ouvrages ascétiques. La même Chartreuse reçut aussi dans ses murs un ecclésiastique de marque, Jean de Rode, qui, ayant renoncé à de riches bénéfices, revêtit l'habit de S. Bruno (1416). Après un intervalle de trois ans, le Chapitre général le nomma prieur de sa Maison de profession, mais D. Jean dut bientôt (1421) se séparer de sa famille religieuse par ordre du pape Martin V, qui l'envoya prendre la direction de l'abbaye de Saint-Mathias alors périclitante. Notre chartreux réussit très bien dans cette mission délicate et s'attira l'estime de tous; il entreprit la réforme de plusieurs autres monastères, et mourut victime de la peste, en 1439. Le tiers des moines de Saint-Alban furent emportés par le même fléau.

Au siècle suivant, en 1522, le fameux aventurier, François de Sickingen, étant venu, avec une troupe nombreuse, assiéger la ville de Trèves, les bourgeois furent réduits à la nécessité d'incendier la Chartreuse, pour empêcher l'ennemi de s'en servir comme point d'appui pour ses fortifications. Toutefois, après la tourmente, on put la reconstruire grâce à la générosité de Richard de Greifenklaw, archevêque du lieu.

Nos Pères n'étaient pas cependant au bout de leurs épreuves, car, en 1673, le terrible Vignory se jeta sur leur monastère et le rasa jusqu'au sol. Après de longues délibérations, on prit le parti d'abandonner cet emplacement néfaste et de bâtir une nouvelle Chartreuse à proximité du village de Merzlich, à cinq quarts d'heure de marche au sud de Trèves, où nous possédions déjà une ferme. D. Martin Schue, jadis prieur d'Erfurth, prit la direction des travaux, mais les constructions ne furent achevées que par son successeur, D. Bruno Bacques. L'église, commencée en 1703 et consacrée en 1716 par l'évêque coadjuteur du diocèse, Jean d'Eyks, était fort belle, autant qu'on peut en juger par la gravure ci-contre.

Cette restauration fut de courte durée, et des malheurs, cette fois irréparables, allaient atteindre les pauvres solitaires. Les armées françaises, envahissant la contrée en 1794, portèrent la désolation autour d'elles et dépouillèrent les communautés religieuses, qui furent supprimées plus tard.

L'église des Chartreux est aujourd'hui en ruines; mais le pensionnat des Sœurs franciscaines de Nonnenwerth occupe une partie des anciens bâtiments restaurés, qui conservent encore le nom de monastère de Saint-Bruno.

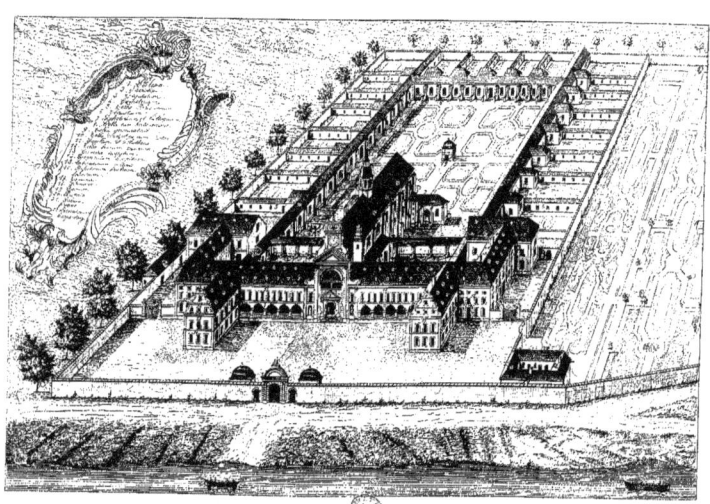

Chartreuse de Trèves, Ch.se de Saint-Alban. (C. Sancti Albani)
Dioc. de Trèves. Prusse Rhénane.

COBLENTZ

A une demi-lieue au sud de Coblentz, sur la rive gauche du Rhin, s'élève une colline nommée autrefois *mons Martis,* en l'honneur du dieu de la guerre; puis *mons martyrum,* en souvenir des martyrs qui y furent immolés, et enfin mont Saint-Béat pour perpétuer la mémoire du principal d'entre eux.

Une chapelle avait été élevée depuis longtemps en ce lieu et l'on y adjoignit dans la suite un monastère bénédictin, lequel était, au commencement du xiv° siècle, occupé par des chanoines séculiers. Ces derniers ayant dû quitter leur demeure, l'archevêque de Trèves, Baudouin, dont on a déjà parlé dans les notices précédentes, les remplaça par les fils de S. Bruno. C'est le 18 août 1331 qu'il les introduisit lui-même dans leur nouvelle résidence, après l'avoir richement dotée. Un religieux de talent, D. Jean de Neueuzell, fut chargé, avec le concours du prieur de Mayence, D. Jean d'Epternach, d'exécuter les plans de l'archevêque. Ce dernier séjournait fréquemment parmi les moines et ne craignait pas de partager leur frugal repas; il mourut en 1354, laissant après lui une haute réputation d'intégrité que tous nos annalistes exaltent à bon escient.

Au nombre des bienfaiteurs de Saint-Béat méritant une mention spéciale, il faut compter le célèbre cardinal de Cusa, légat du Pape en Allemagne, qui offrit 100 florins pour la fondation d'une cellule et donna au prieur le patronage perpétuel de l'hôpital de Cuës, sur les bords de la Moselle. Avant lui, une autre sommité ecclésiastique, Théodoric de Güls, chorévêque, président du Chapitre de Trèves, abandonna tous ses biens à la Chartreuse de Coblentz en y prenant lui-même l'habit de novice. Son exemple fut suivi par Jourdain de Wildingen, official métropolitain, par le chevalier Mursalius von der Arken et par plusieurs autres sujets de choix.

Parmi les prieurs, le plus connu est D. Ludolphe de Saxe, célèbre par sa science et la sainteté de sa vie; après cinq années de gouvernement, il obtint d'être relevé de son poste (1348) et passa le reste de son existence dans le silence et la contemplation des choses divines. D. Lambert Pascal, profès de Strasbourg et de Coblentz, devint prieur de ces deux Maisons et se distingua par son savoir aussi bien que par sa vertu († 1552). Il coopéra à la publication des œuvres de Denys-le-Chartreux. D. Jean Withim était prieur en 1591 et Visiteur de la Province. Parmi les moines, on doit mentionner D. Sévère, qui se trouvant accidentellement à Ruremonde, fut massacré avec onze de ses confrères le 23 juillet 1572. Comme il était en prière devant le maître-autel, un soldat l'accosta et lui demanda son nom et son lieu d'origine. « Je suis de Coblentz », lui dit le Père. — « Moi aussi, reprit cet homme, nous sommes donc compatriotes ; mais, si vous n'étiez pas un vaurien, vous n'auriez pas quitté votre pays » ; et, en disant cela, il lui asséna un coup violent qui fit jaillir le sang à plusieurs pieds de hauteur, puis il le traîna jusqu'à la cuisine et l'acheva en l'arrosant d'eau bouillante.

En 1632, les Suédois se présentèrent inopinément devant Coblentz et firent le siège de la Chartreuse qui résista vaillamment. Ils durent enfoncer les portes avec le canon. Une fois entrés, les ennemis tuèrent tous ceux qu'ils rencontrèrent, parmi lesquels étaient le Vicaire, le Procureur et le Sacristain. Les autres religieux s'étaient retirés dans la ville où ils possédaient, dans la rue des Carmes, un immeuble appelé *Vogelsang*, muni d'une chapelle, qui leur permettait de continuer tant bien que mal leurs exercices conventuels. C'est là qu'ils se réfugièrent encore en 1794, quand les armées françaises firent leur apparition dans le pays ; mais ce n'est qu'en 1802, lors de la suppression des Ordres religieux qu'ils durent se disperser. On leur donna huit jours pour évacuer la place. Dans leur précipitation, ils ne purent emporter le magnifique bréviaire du fondateur, si remarquable par ses vignettes : il se trouve présentement à la bibliothèque du Gymnase de Coblentz.

Le dernier profès de cette Maison se nommait D. Bruno Hoffman. Né en 1763, prêtre en 1792, il resta dans la ville après le départ des Pères et ne mourut qu'en 1843, ayant donné à la population l'exemple de toutes les vertus. Loin de profiter de la liberté dont il aurait pu jouir en raison des circonstances où il se trouvait, il observa sa règle dans toute sa rigueur jusqu'à la fin de sa vie, et ne connut d'autre promenade que le chemin de l'église ; aussi lui fit-on des funérailles magnifiques où assistèrent les confréries ecclésiastiques et les corporations séculières avec leurs drapeaux.

La Chartreuse est remplacée maintenant par des forts et d'autres constructions militaires ; à l'endroit où se trouvait l'église on a érigé une statue de S. Béat de grandeur naturelle, qui se dresse comme pour bénir ce lieu qui a été consacré à ce saint depuis huit siècles. Molin nous apprend aussi, d'après Surius, que le corps de Ste Notburge, vierge, nièce de Pépin-le-Bref, avait été transporté jadis sur cette montagne et constituait une des principales reliques de la Chartreuse. Elle disparut probablement lors de l'attaque des Suédois.

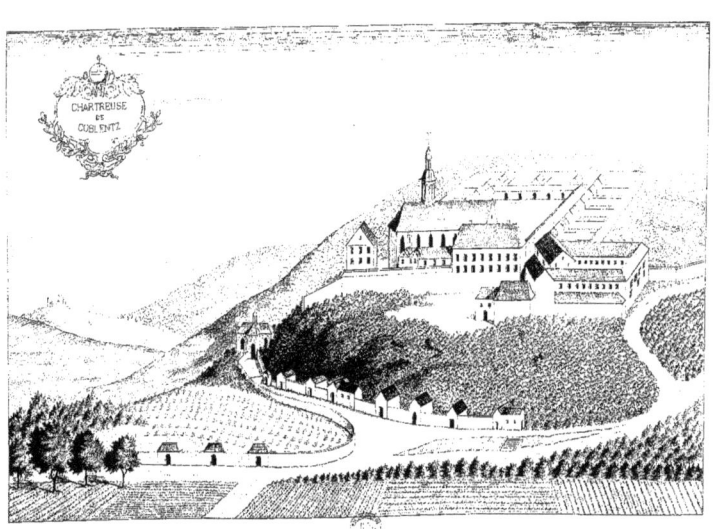

Chartreuse de Coblentz, Ch^{se} de Saint-Béat. (C. Sancti Beati)
Dioc. de Trèves. Prusse Rhénane.

COLOGNE

La Chartreuse de Sainte-Barbe, à Cologne, reconnaît pour fondateur Waleran, archevêque de cette ville. Dès 1334, ce prélat avait manifesté par un contrat solennel sa volonté d'établir dans son diocèse une Maison de notre Ordre et de la doter convenablement; mais, faute de trouver un endroit propice, il ne s'était mis à l'œuvre que plus tard. Enfin, il choisit un emplacement situé en amont du Rhin et en dedans des remparts; ce lieu jouissait déjà d'une certaine célébrité à cause d'une apparition de S. Martin au moine Sévérin, c'est pourquoi on l'appelait *Martensfeld*, c'est-à-dire, « Champ de Martin », nom qu'il conserve encore aujourd'hui. Malheureusement, les édifices étaient fort peu avancés quand l'archevêque vint à mourir en 1339, et son successeur refusa de ratifier le testament du défunt, fait en faveur des Chartreux. En conséquence, D. Jean, dit « le Polonais », dont on a déjà parlé dans les notices précédentes et qui était venu prendre possession du local avec six religieux de la Maison de Trèves, songeait à se retirer, quand la Providence suscita d'autres bienfaiteurs, les nobles familles de Lyskirchen, Scherffgin, Overstolz et Winheim, qui pourvurent aux besoins des moines. Ceux-ci, grâce à ces largesses, purent même agrandir leur enclos et achever peu à peu leurs constructions. Les annales de Sainte-Barbe nous apprennent aussi que l'église du monastère fut somptueusement ornée et la bibliothèque bien fournie, par suite de diverses donations des bourgeois de Cologne.

Nous aurions beaucoup à faire si nous voulions signaler tous les religieux de marque qui ont illustré cette Maison; nommons cependant D. Henri Egher de Kalkar († 1408) qui, après avoir pris ses grades en théologie, fut pourvu de deux riches canonicats; il n'hésita pas à les abandonner, à l'âge de 37 ans, pour revêtir l'habit de S. Bruno : plusieurs fois prieur, longtemps Visiteur, il trouva néanmoins le temps de composer de nombreux ouvrages, tout en s'adonnant avec ardeur à la vie intérieure, ce qui lui mérita d'être favorisé d'une apparition de la Mère de Dieu. On peut juger de la vénération qu'il inspira, en se rappelant que son nom fut inséré dans le martyrologe du Bienheureux Canisius. Voici maintenant D. Henri de Piro, *doctor utriusque juris*, d'abord chanoine de Saint-Paul de Liège, puis official de Cologne ; devenu Chartreux, il se distingua par sa prudence et son expérience des affaires dans le gouvernement de six Maisons († 1473). Ne faisant que mentionner les noms de D. Pierre Blomenvenna, appelé aussi « Pierre de Leyde » et de D. Werner Rolewinck, deux contemplatifs éminents, hâtons-nous d'arriver à D. Jean-Juste Lansperge, surnommé « le pieux » († 1539). Prévenu de bonne heure de la grâce de Dieu, il entra jeune chez nous; ayant été nommé prieur de Cantave, on le vit supporter la maladie avec une résignation peu commune. Il ne semblait préoccupé que des maux de l'Eglise alors ravagée par l'hérésie, et, pour combattre ce fléau, il composa plusieurs opuscules; mais il excella surtout dans le genre ascétique, et ses *Lettres,* ainsi que ses *Entretiens avec l'âme fidèle,* lui ont valu des éloges mérités. C'est à bon droit que Lansperge, à cause de sa dévotion au Sacré-Cœur, a été appelé « un précurseur de la Bienheureuse Marguerite-Marie Alacoque ».

Une mention spéciale est due à D. Gérard Kalkbranner, natif de Hamont, profès de Sainte-Barbe dont il fut prieur de 1536 à 1566. Il accueillit, en 1543, les premiers compagnons de S. Ignace à leur arrivée à Cologne, et les logea dans sa Maison. Parmi eux se trouvaient le Bienheureux Canisius et le Bienheureux Lefèvre; ce dernier donna les « exercices spirituels » à la communauté et lui laissa un exemplaire de ces célèbres méditations, qui n'étaient encore que manuscrites. L'année suivante, grâce à D. Gérard, le Chapitre général décréta « l'association » entre les fils de S. Bruno et ceux de S. Ignace. Celui-ci écrivit à cette occasion une lettre de remercîments. A la même époque on vit fleurir, comme hagiographe, D. Laurent Surius († 1578). Sa *Vie des Saints,* en 6 volumes in-folio, lui a acquis une notoriété universelle : peu s'en fallut qu'il ne fût créé cardinal par S. Pie V. Au siècle suivant, D. Théodore Petreius († 1640) se distingua comme historien. Son principal ouvrage est sa *Bibliotheca cartusiana* qui a servi à Charles Morozzo pour son *Theatrum chronologicum Ordinis cartusiensis.* C'est Petreius qui le premier a fait imprimer le *Chronicon cartusiense* de Dorland ainsi que deux volumes des œuvres de S. Bruno qu'on croyait perdus. Terminons cette nomenclature en disant que l'écrivain Hartzheim ne compte pas moins de trente-quatre auteurs chartreux de la Maison de Cologne et donne le catalogue de leurs ouvrages, sans compter de nombreux anonymes, tous appartenant à ce même monastère, qui possédait une imprimerie assez considérable.

Cette Chartreuse eut à subir bien des vicissitudes pendant les troubles suscités par les princes luthériens; cependant, grâce à la protection des archevêques du lieu, elle put subsister jusqu'en 1794. C'est alors que les armées de la République l'envahirent et en transformèrent une partie en hôpital militaire; l'autre fut affectée à un dépôt d'artillerie. Les précieuses sculptures qui s'y trouvent ont dû naturellement beaucoup souffrir de cet état de choses, et, dernièrement encore, la partie inférieure de l'église a été convertie en écurie, malgré les protestations d'un grand nombre d'amis des arts. Puissent les derniers restes échapper à une destruction totale!

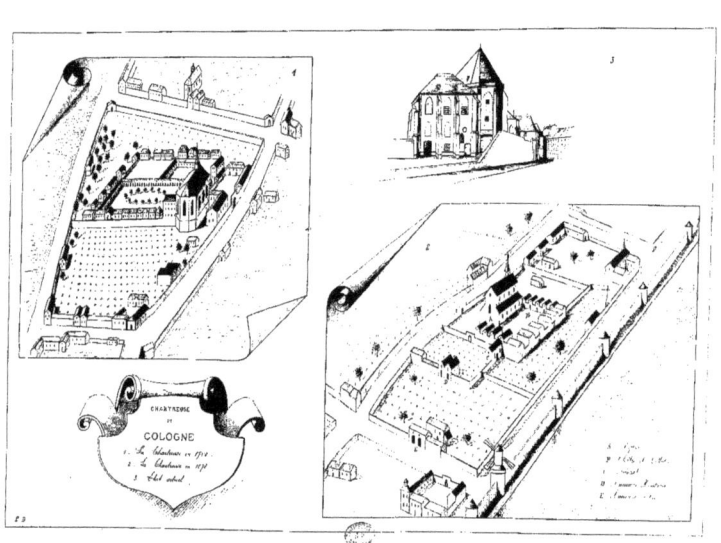

CHARTREUSE DE COLOGNE, Ch⁽ᵉ⁾ DE SAINTE-BARBE. (C. SANCTÆ BARBARÆ)
Dioc. de Cologne. Allemagne.

STRASBOURG

La fondation de la Chartreuse de Strasbourg, appelée le Mont-Sainte-Marie, paraît remonter à l'initiative d'un saint évêque de cette ville, Berthold de Bucheck, qui accueillit en 1335 avec beaucoup de bienveillance D. Jean de Missena, envoyé comme supérieur de la Maison naissante, en compagnie de D. Gérard de Saxe, religieux de chœur, et du Frère Gérard Werner, charpentier. Un emplacement assez élevé, nommé le « Camp payen », qui était situé près de Strasbourg, sur le bord de la Bruche, sembla convenir à l'établissement projeté. L'évêque Berthold en fit concession, et l'on se rappela qu'une pieuse recluse, Gilkenda ou Gitkenda, avait annoncé l'arrivée en ce lieu de saints religieux qui devaient y vivre dans une grande pauvreté.

Nos Pères eurent, en effet, à lutter d'abord contre une extrême pénurie, et ce fut seulement peu à peu que des bienfaiteurs s'unirent pour leur procurer des ressources suffisantes. Les noms de ces généreux chrétiens, particulièrement ceux des évêques de Strasbourg, dignes imitateurs de la charité de Berthold, ont été soigneusement inscrits sur les registres de la Chartreuse.

D. Jean de Gottskirchen fut le premier profès du monastère, et mourut en odeur de sainteté, après avoir passé près de 50 ans dans l'Ordre. Vers 1340, un dominicain le suivit dans le même cloître. C'était D. Ludolphe de Saxe, dont le nom est devenu célèbre. Il dut à son mérite éminent d'être élu prieur de la Chartreuse de Coblentz, et à son humilité, de retrouver l'obscurité de la simple cellule, d'abord à Mayence, et ensuite dans sa Maison de profession. Il laissa un livre destiné à traverser les siècles sans perdre de sa haute valeur. *La Grande Vie de Jésus-Christ*, propagée par de nombreuses éditions et traductions, a fait les délices de S. François de Sales et de beaucoup d'autres âmes d'élite.

En 1381, pendant le schisme d'Occident, la Chartreuse de Strasbourg eut pour prieur l'un de ses profès et bienfaiteurs, D. Jean de Brunswich, issu de la famille des ducs du même nom. Étant encore dans le monde, il avait refusé l'archevêché de Mayence. Soumis au pontife d'Avignon, à l'exemple du R. P. D. Guillaume de Raynald, il fut déposé en 1382 par le Chapitre général des Chartreuses fidèles à l'obédience de Rome. Il se réfugia alors à la Chartreuse de Fribourg-en-Brisgau, dont il devint prieur, et gouverna ensuite notre Maison de Berne. Sa sainteté, qui avait pour caractère principal une profonde humilité, se révèle avec sa science dans plusieurs ouvrages estimés. De 1382 à 1384, le Mont-Sainte-Marie eut encore pour prieur l'un de ses profès, D. Théodore Manexem, natif d'Embeke, qui avait reçu le don des larmes à un degré extraordinaire. Jour et nuit, en cellule et à l'église, mais surtout pendant la sainte messe, il pleurait abondamment par dévotion et sous l'impulsion d'un ardent désir du ciel. Déchargé de ses fonctions sur ses instances, il mourut Vicaire en 1404. Son successeur (1384-1396) fut D. Henri Egher, plus connu sous le nom de Kalkar, dont nous avons parlé dans la notice précédente. Puis vint D. Winand Steinbeck (1399-1406), auquel on doit une Chronique du monastère qui venait enfin de recevoir tous ses développements.

Au XVe siècle, cette Chartreuse fut le siège des négociations préparatoires à la fin du schisme dans notre Ordre, et l'un de ses prieurs les plus vénérés, D. Bernard de Bingen, qui gouverna plusieurs autres Maisons, assista au concile général de Constance. Après l'explosion du protestantisme au XVIe siècle, Strasbourg ne tarda pas à tomber au pouvoir des hérétiques. L'histoire locale, à cette époque, présente une série de vexations et de persécutions, comme aussi de négociations compliquées pour ou contre nos Pères, négociations qui aboutirent enfin à faire reconnaître leurs droits, mais seulement après la ruine de leur monastère. Tout d'abord, D. Martin Gallician, prieur de 1510 à 1534, ayant imploré la protection du Sénat de Strasbourg, en subit de fâcheuses conséquences. Ses successeurs ne furent pas plus heureux. Enfin, D. Jean Schustein von Ediger, prieur de 1585 à 1591, eut la douleur de voir les derniers jours de la Chartreuse, que ne put sauver une renommée bien établie de piété et d'abondante charité envers les pauvres. Il fut heureusement à la hauteur de la situation et fit preuve d'une inébranlable fermeté, en même temps que d'une imperturbable douceur. Avec lui se trouvaient D. Emeric Reisigel de Gorcheim, Vicaire, D. Antoine, sacristain, D. Gérard, et un Frère Donné. Arrachés de leur saint asile le 7 août 1591 et retenus en captivité jusqu'au mois de mars de l'année suivante, dans la maison qu'ils possédaient en ville, ces dignes Chartreux montrèrent une admirable constance. Lorsqu'ils recouvrèrent leur liberté, leur monastère était démoli en grande partie. Ils eurent la consolation de recevoir une lettre du R. P. D. Jérôme Marchant, qui les félicita de leur fidélité à leurs croyances et à leurs engagements. Une Ordonnance du Chapitre général contenait à leur adresse les mêmes éloges et prescrivait de poursuivre activement les revendications nécessaires. Dès lors, D. Jean Schustein ne songea plus qu'à obtenir justice et à rétablir sa Chartreuse. Ses instances et celles des autres supérieurs de l'Ordre arrivèrent enfin à un heureux résultat. L'empereur Rodolphe II porta un décret en faveur de nos Pères; ils bénéficièrent aussi, en guise de compensation, d'une rente annuelle de 2500 écus, accordée en 1600 par le roi de France, Henri IV, qui, ayant été aidé par les Strasbourgeois, pendant les guerres de religion (1589), s'était arrogé le droit de leur céder les biens que les Chartreux possédaient en pays protestant. Au nombre des restitutions faites par la ville, était le vase sacré où l'on gardait la sainte réserve pour les malades : on y retrouva, intacte et sans corruption, une hostie consacrée, ainsi cachée depuis près de neuf ans. En dépit de la réussite de leur procès, la situation des moines demeurait précaire. Ils avaient, du reste, prévu cette éventualité et, dès 1598, s'étaient ménagé une retraite à Molsheim, comme on le verra dans la notice de cette Chartreuse.

Quand, à la fin du dernier siècle, les RR. Pères Capucins vinrent occuper le local de nos religieux dans la capitale de l'Alsace, il restait de l'ancienne Maison du Mont-Sainte-Marie de vieux murs à petites ouvertures régulières, un étang et une table d'autel en pierre, soutenue par quatre petites colonnes.

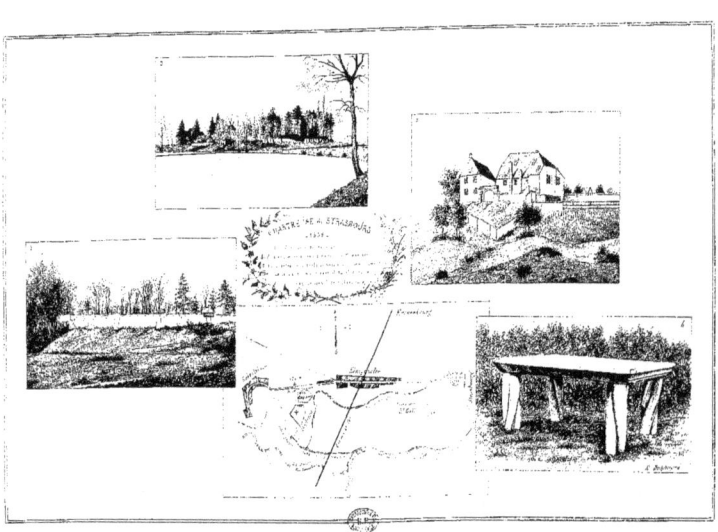

CHARTREUSE DE STRASBOURG, Ch⁂ DU MONT-SAINTE-MARIE. (C. MONTIS SANCTÆ MARIÆ ARGENTINÆ)
Dioc. de Strasbourg. Alsace.

FRIBOURG

Cette Chartreuse compte parmi celles qui, dans le courant du xiv siècle, vinrent s'échelonner les unes après les autres dans la magnifique plaine du Rhin. Elles étaient devenues assez nombreuses en 1400 pour former une Province spéciale, se composant de douze Maisons. Celle qui nous occupe présentement, appelée le Mont-Saint-Jean-Baptiste, avait été bâtie, en 1346, sur une colline située, à 4 kilomètres environ, à l'est de Fribourg-en-Brisgau, qui, à cette époque, faisait partie du diocèse de Constance. Le fondateur était le bourgmestre de la ville même, Jean Sneulin, connu aussi sous le nom de Gresser.

Sur le point de partir pour la Terre-Sainte, il avait fait vœu de construire une Chartreuse s'il revenait sain et sauf, promesse qu'il exécuta fidèlement. Plusieurs de ses concitoyens se joignirent à lui pour l'aider et la cité donna le terrain. Par testament, Sneulin laissa en outre aux moines tout ce qu'il n'avait pu leur donner de son vivant, notamment ses meubles et quelques autres biens.

Cette entreprise réussit à souhait, et, pendant près de deux siècles, la communauté demeura florissante au dedans et jouit d'une bonne réputation au dehors. Signalons en passant un de ses meilleurs prieurs, D. Jean de Brunswick, aussi remarquable par sa naissance que par sa piété († 1401). Citons aussi D. Jean Kesslin, profès de cette Maison dont il fut deux fois prieur; en 1491, il résista avec énergie aux revendications injustifiées du fisc fribourgeois et réussit à obtenir gain de cause.

Au siècle suivant, les tempêtes de la Réforme ne manquèrent pas d'assaillir nos Pères, mais ils résistèrent vaillamment, grâce au bon esprit et à la vigilance de D. Grégoire Reisch, homme renommé par sa science et son zèle pour l'orthodoxie. Luther lui-même l'appelait *Evangelio hostilissimus*, (un adversaire extrême de l'Evangile). Après avoir pris ses grades à l'université de Fribourg, où il professa la philosophie quelques années, il se retira au Mont-Saint-Jean-Baptiste. C'est à lui que l'on doit un ouvrage estimé, « la Perle philosophique ». Les étudiants se servaient de ce manuel et venaient souvent consulter l'auteur, qui en profitait pour leur faire goûter les beautés de la théologie mystique et ascétique. Parmi ces étudiants nous rencontrons Jean Eck, zélé défenseur de la croyance catholique. Les professeurs entretenaient aussi des rapports avec la Chartreuse et plusieurs d'entre eux en devinrent des bienfaiteurs; mais le plus illustre des amis de D. Grégoire était, sans contredit, l'empereur Maximilien Ier, qui voulut l'avoir près de lui à sa dernière heure pour recevoir sa dernière confession (1519).

C'est encore durant le gouvernement de ce même prieur (1525) que le Mont-

Saint-Jean-Baptiste eut à souffrir des horreurs de la guerre, dite « Guerre des Paysans ». Les bandes armées, étant venues mettre le siège devant Fribourg, se jetèrent sur le monastère et le pillèrent. Il échappa cependant à la destruction et les religieux qui s'étaient réfugiés derrière les remparts purent ensuite rentrer chez eux, sauf le prieur, qui mourut dans la ville. Les mêmes désordres se reproduisirent en 1634, quand l'armée suédoise envahit la contrée : quelques-uns de ces hérétiques se saisirent du Vicaire, D. Maximilien Shwanger, pour lui extorquer de l'argent et maltraitèrent le Procureur, D. Henri Godeck, qui ne guérit que par miracle et devint peu après prieur de cette Maison.

Sous le règne de Louis XIV, les troupes françaises vinrent prendre position sur le terrain même de la Chartreuse pour diriger leur attaque contre la ville, de sorte que les pauvres moines furent à la merci de la soldatesque : on les rançonnait tellement qu'ils étaient obligés d'acheter le propre pain dont on les avait dépouillés. Il ne leur restait plus qu'une cuillère qu'ils se passaient à tour de rôle (1644).

L'état de pauvreté qui suivit cette guerre fut encore aggravé par une maladroite administration de deux Procureurs; enfin la Providence suscita un prieur, D. Georges Hentgen, qui, par son activité intelligente, réussit à réparer les dégâts et mérita d'être appelé le second fondateur du Mont-Saint-Jean-Baptiste. Il parvint à faire rentrer les revenus en retard et, en même temps, donna une nouvelle impulsion à la ferveur de la communauté, qui vit bientôt son nombre s'accroître notablement.

Parmi les religieux qui ont illustré cette Maison par leurs vertus et leur savoir, nous devons encore citer D. Erasme, D. Jodocus Lorich et D. Mathias Tanner : tous trois ont laissé d'importants écrits. Ce dernier vécut 52 ans dans l'Ordre et mérita la mention *laudabiliter* († 1648).

La Chartreuse fut supprimée en 1782 par Joseph II et vendue à des particuliers.

L'église et les cellules ont depuis longtemps disparu ; il ne reste debout qu'un grand corps de bâtiment, qui a dû probablement servir autrefois d'hôtellerie et d'habitation pour les Frères.

C'est aujourd'hui une propriété appartenant à la ville de Fribourg et servant d'asile à des vieillards soignés par des Sœurs de Charité. Elle a conservé son nom de « Chartreuse ».

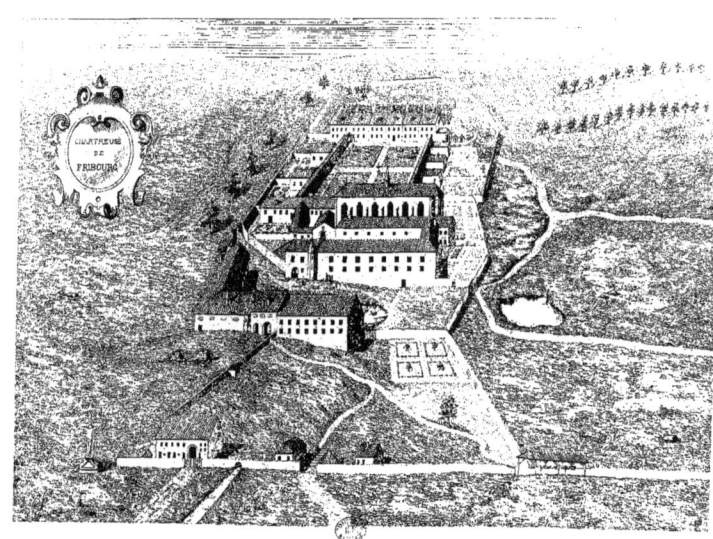

CHARTREUSE DE FRIBOURG, C^{se} DU MONT-SAINT-JEAN-BAPTISTE. (C. MONTIS S^{TI} JO. BAPT. FRIBURGII BRISGOVIÆ)
Dioc. de Constance. Grand-Duché de Bade.

CHARTREUSE DE FRIBOURG, Ch^{se} du Mont-Saint-Jean-Baptiste. (C. Montis S^{ti} Jo. Bapt. Friburgii Brisgoviæ)
Dioc. de Constance. Grand-Duché de Bade.
(État actuel.)

RUREMONDE

En l'année 1370, un chevalier du pays de Gueldre, Werner de Swalmen, voulut, à son retour de Terre Sainte, pour perpétuer le souvenir de son pèlerinage, construire une chapelle et un hôpital dans sa propriété de la Steegh, sous les murs de Ruremonde. Ce n'était pas sans hésitation qu'il avait commencé son œuvre, car l'endroit était mal famé et ne paraissait guère décent pour un établissement religieux ; mais, par des inspirations répétées et comme irrésistibles, la Mère de Dieu lui fit comprendre que la grâce se plaît à surabonder là où a régné l'iniquité et que la louange divine devait désormais retentir là où l'on avait entendu tant de chants profanes.

Le pieux fondateur résolut alors de modifier son plan primitif et d'adjoindre aux constructions existantes un monastère cartusien. De concert avec son épouse, Berthe de Geilenkirchen, il consacra, par acte du 26 juillet 1376, un revenu annuel de 500 florins d'or pour l'entretien d'un prieur et de douze moines. Cette somme devait s'accroître dans la suite par les libéralités des seigneurs d'alentour, notamment des ducs de Gueldre, Renaud et Arnaud.

Cette même année, une colonie de religieux vint peupler la nouvelle solitude et, en 1380, la Maison fut définitivement aggrégée à l'Ordre, sous le nom de Notre-Dame-de-Bethléem, quelques mois après la mort de Swalmen, qui avait pu voir l'achèvement de son entreprise.

Parmi les supérieurs de cette Maison, D. Henri de Kalkar, dont on a déjà fait mention dans les notices de Cologne et de Strasbourg, donna pendant cinq ans l'exemple de toutes les vertus, rehaussées par une science peu commune. Un de ses successeurs, D. Barthélemy de Maestricht (1442-1446), était, lui aussi, un des savants les plus distingués de son temps; après avoir enseigné la théologie à l'université de Heidelberg et obtenu le titre de « Recteur magnifique », il avait quitté le monde et fait profession à Ruremonde. Son humilité le porta à se rendre plusieurs fois à pied au Chapitre général où il était accueilli avec toute sorte d'égards. Mais la gloire la plus pure de la Maison de Bethléem est d'avoir enfanté à la vie cartusienne et abrité, de longues années, dans ses murs, D. Denys de Leuwis ou de Rickel, le docteur extatique, Denys le Chartreux (1402-1471). Ce nom seul nous dispense de tout panégyrique : dire que sa vie fut une oraison et une étude continuelles, parler de sa fécondité littéraire qu'on a comparée à celle de S. Augustin, de ses luttes contre l'esprit malin, de ses extases, ne serait que répéter ce que nos lecteurs savent déjà. Contentons-nous de rappeler qu'il a été plusieurs fois question d'introduire en cour de Rome la cause de sa béatification, et que, dans les siècles passés, il a été, dans plusieurs localités, l'objet d'un culte spontané. La récente édition de ses œuvres complètes a rappelé sur lui l'attention des érudits : elle se compose de 42 volumes in-4° avec tables, qu'on peut se procurer à Parkminster, Sussex.

Ruremonde ne vit pas mûrir dans son sein que des fruits de science et de piété : la rose sanglante du martyre s'épanouit aussi sur le froc blanc de douze fils de S. Bruno, dignes émules de leurs dix-huit confrères d'Angleterre. Après la prise de la ville, le 23 juillet 1572, les soldats du prince d'Orange, faisant irruption dans le monastère, immolèrent cruellement neuf religieux de chœur et trois Convers ; huit autres, blessés et dépouillés, purent s'enfuir à grand'peine, et eurent le bonheur, la tourmente passée, de rentrer dans leur demeure dévastée.

En 1600, D. Arnaud Havens (Havensius), ancien jésuite, homme de grand talent, et profès de Louvain, était envoyé à Ruremonde. C'est lui qui remit en ordre les archives de la Maison et réunit celles des œuvres de Denys qui n'avaient pas encore été livrées à l'impression ; lui-même composa alors son ouvrage remarquable sur les nouveaux évêchés de Hollande et l'histoire des douze martyrs dont nous venons de parler. Il mourut en 1610, après avoir été prieur de cinq Maisons et Visiteur.

De nouveaux malheurs allaient affliger la Chartreuse : un premier incendie en 1554 avait consumé entièrement l'église ; un second en 1665 réduisit tout en cendres. Les bâtiments furent reconstruits peu à peu et portent les dates de 1670-1743-59-73. Il avait donc fallu plus d'un siècle pour les remettre en état. Les Pères ne devaient pas en jouir longtemps. A peine monté sur le trône, Joseph II se mit à réformer dans son empire l'état religieux, en supprimant ce qu'il appelait les Ordres inutiles, c'est-à-dire ceux qui ne se vouent directement ni à l'enseignement ni au service du prochain. Les Chartreux étaient condamnés. Le 17 avril 1782, leurs biens furent inventoriés et, l'année suivante, confisqués. Les revenus s'élevaient à 15.980 florins, mais il y avait de lourdes charges à supporter. La communauté, treize religieux et cinq Convers, se dispersa, avec une maigre pension, qui ne fut pas longtemps payée, et la Maison fut mise en vente. C'était alors, au rapport de l'administrateur Van den Renova, une « véritable masure », menaçant ruine de tout côté, et dont l'Etat avait intérêt à se défaire au plus vite. En 1783, elle fut allouée aux Dames religieuses de Houthem-Saint-Gerlach, qui l'occupèrent jusqu'au 17 février 1797 ; alors, église et couvent furent fermés par ordre des autorités révolutionnaires. En 1841, la Chartreuse fut acquise par Mgr Paredis, évêque de Ruremonde, qui y installa son grand Séminaire. Les cellules et quelques dépendances ont disparu ; mais le cloître, l'église, la chapelle de famille, où Denys dit si longtemps la messe, la cuisine, le réfectoire, la tour de la bibliothèque, les quartiers du priorat et de la procure et les bâtiments de l'hôtellerie représentent assez bien, avec les modifications de détail exigées par leur destination nouvelle, la vieille demeure des fils de S. Bruno. Le Séminaire conserve encore avec vénération les crânes des martyrs, et un grand nombre d'ossements, parmi lesquels très probablement le corps même de Denys. Quant à la tête du docteur extatique, elle est aujourd'hui, après plusieurs péripéties, en dépôt à la cure de Notre-Dame de Ruremonde.

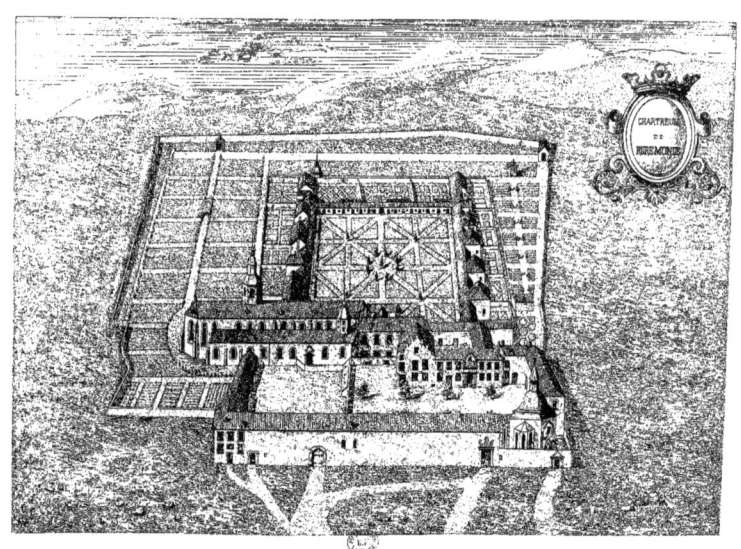

CHARTREUSE DE RUREMONDE. Ch⁽ˢᵉ⁾ DE NOTRE-DAME DE BETHLÉEM. (C. BETHLEEM BEATÆ MARIÆ)
Dioc. de Maestricht. Pays-Bas.

BERNE

La Chartreuse de Sainte-Paule-de-la-Porte-du-Mont, à 12 kilomètres de Berne, au diocèse de Lausanne, en Suisse, était située sur le sommet d'un énorme rocher, isolé et placé comme un poste de sentinelles pour surveiller deux vallées. De là son nom allemand de Thorberg, qui signifie Porte-du-Mont. Avant d'être habité par nos Pères, ce plateau était occupé par un château que son propriétaire, le chevalier Pierre de Thorberg, abandonna à notre Ordre en 1397. Le R. P. D. Guillaume de Raynald accepta cette fondation et envoya, pour premier Recteur de la Maison, D. Jean de Brunswick, religieux de grand mérite, qui touchait à la fin de sa carrière.

Issu de la famille ducale de Brunswick, cet homme de Dieu avait d'abord étudié avec beaucoup de succès et pris le grade de docteur en droit. Elu archevêque de Mayence, il refusa cette dignité et revêtit l'habit de notre Ordre dans la Chartreuse de Strasbourg dont il devint prieur. Il gouverna ensuite, pendant seize ans, la Chartreuse de Fribourg-en-Brisgau. Le R. P. D. Guillaume de Raynald, bien informé de sa capacité, lui écrivait qu'il comptait « sur sa loyauté, sur ses aptitudes et sa dextérité dans les affaires » pour régir la Maison naissante de Berne. Une vieille amitié liait D. Jean de Brunswick à Pierre de Thorberg : elle facilita beaucoup sa mission. Il mourut en 1401, peu de mois après le généreux chevalier, laissant, avec des écrits pleins de doctrine et de piété, le souvenir d'une profonde humilité. On n'ignorait pas qu'il allait à pied à la Grande Chartreuse, à l'époque du Chapitre général : il était alors accompagné d'un Frère et suivi d'un âne qui portait son petit bagage.

Il eut, en 1399, la consolation de recevoir une précieuse faveur de la ville de Berne : c'était pour lui, pour ses successeurs, ainsi que pour tous les religieux de Thorberg et leurs serviteurs, le droit de combourgeoisie avec l'assurance de la protection de la célèbre cité, et avec l'exemption de presque tous les impôts. La ville de Soleure suivit bientôt cet exemple et accorda de semblables privilèges. Un bailli nommé par Berne était mis à la disposition du prieur et du Procureur de la Chartreuse pour l'expédition des affaires; mais on ne leur imposait pas son acceptation, et le monastère pouvait en choisir un autre à son gré ou même s'en passer complètement. Pierre de Krauschthal, l'un des bienfaiteurs de Thorberg, voulut prendre sur lui cette charge de confiance, et ce fut, sans doute, grâce à son influence que l'empereur Sigismond, venu à Berne en 1414, ratifia tous les privilèges accordés à cette Maison; mais une mort prématurée empêcha ce seigneur de faire tout le bien qu'on attendait de son zèle. Sa veuve se retira dans sa propriété du Bæchi, près de Thoune, qu'elle donna aux fils de S. Bruno en 1459. Cette résidence, encore appelée la « Chartreuse », a été habitée, pendant quelque temps, par l'ex-roi de Grèce, Constantin Ier, après son abdication en 1917.

Parmi les prieurs du xve siècle, il faut signaler d'abord D. Albert Ulrich, qui succéda comme Recteur à D. Jean de Brunswick et devint, en 1404, le premier prieur de Thorberg. Peu après lui, D. Jean de Hongrie fut à la tête de ce monastère pendant trente-quatre ans (1419-1453). Ce religieux avait d'abord été « clerc rendu » (sorte d'oblat) de la Chartreuse de Strasbourg et s'était distingué par ses talents d'architecte que notre Ordre mit à profit dans plusieurs circonstances. Il fit ensuite sa profession comme moine et fixa le choix des Pères de Thorberg qui s'applaudirent de son administration caractérisée par les deux qualités principales d'un supérieur : la sagesse et la charité. Il donna sa démission en 1449, mais, vaincu par les instances de ses religieux, il reprit son fardeau qu'il porta jusqu'à la mort. L'un de ses successeurs, D. Marcel Geist, restaura le monastère et se fit remarquer soit par son zèle, soit par l'érudition dont il a laissé des traces dans ses écrits.

En 1476, lorsque les Suisses confédérés eurent triomphé du duc de Bourgogne, Charles le Téméraire, dans les journées de Granson et de Morat, la Chartreuse de Thorberg fut sur le point d'être détruite par les Lucernois qui reprochaient à nos Pères d'avoir prié pour le prince bourguignon. Heureusement, les conseillers de Berne prirent le parti des religieux et parvinrent à faire comprendre que ceux-ci avaient simplement rempli leur devoir de reconnaissance envers un de leurs bienfaiteurs. Charles avait, en effet, largement coopéré à la fondation de Bois-le-Duc et d'autres Maisons.

Au début du xvie siècle, la réforme protestante commença son œuvre de destruction. La peste, qui en 1520 ravagea la Chartreuse de Berne, fut comme le prélude de la dispersion complète des religieux. Ceux-ci, à part deux défections très regrettables, restèrent courageusement fidèles à l'Église catholique et à l'Ordre dont ils étaient les membres. Lorsqu'ils furent contraints de s'éloigner en 1528, la plupart se réfugièrent à Ittingen. Plus heureux que ses confrères, D. Ambroise Meyer mourut saintement à la Chartreuse de Berne, l'année de sa suppression, après y avoir vécu 50 ans.

Thorberg, longtemps régi par des baillis après le départ de nos Pères, fut, au commencement du xixe siècle, transformé en hospice de vieillards, puis, en 1848, devint une prison. Les bâtiments de l'hôtellerie subsistèrent après ces vicissitudes, mais non sans avoir subi de nombreuses modifications.

CHARTREUSE DE BERNE, Chse DE SAINTE-PAULE DE LA PORTE-DU-MONT. (C. SANCTÆ PAULÆ PORTÆ MONTIS)
Dioc. de Bâle. Canton de Berne. Suisse.

BALE

Le Val-Sainte-Marguerite doit son existence à la générosité d'un riche et honnête banquier de Bâle nommé Jacques Zybel. Lors d'un voyage à Nuremberg, en 1400, il avait fait connaissance avec les Chartreux de la Celle-Notre-Dame et avait même été admis à leur *colloquium*. La modestie de ces moines blancs et leur assiduité à la prière l'avaient tellement ravi qu'il résolut de consacrer une partie de sa fortune à la fondation d'une Chartreuse dans son pays natal. Il acheta, à cet effet, une propriété appelée Bischofshof, située au Petit-Bâle (c'est ainsi qu'on nomme la portion de la ville qui est sur la rive droite du Rhin). Le contrat, passé entre Jacques et les édiles de la cité, propriétaires du bien-fonds en question, se fit en présence de D. Winand Steinbeck, prieur de Strasbourg, et fut signé le 12 décembre 1401.

Cet immeuble était autrefois la résidence d'été de l'évêque de Constance, dans le diocèse duquel se trouvait le territoire du Petit-Bâle. Occupant un terrain qui à cette époque était une île, formée par une bifurcation du Rhin, elle avait l'avantage d'être tout à fait solitaire, tout en étant abritée par les murs fortifiés de la ville. Le R. Père général D. Maconi, résidant à Seitz, approuva cette fondation, et, en 1407, elle fut incorporée à l'Ordre. D. Winand, d'abord Recteur, devint le premier prieur de la petite communauté qu'on avait installée provisoirement dans l'ancienne curie épiscopale pour y inaugurer la vie religieuse.

A cause de certaines difficultés qui surgirent du côté du Chapitre de la cathédrale de Bâle et du recteur de la paroisse voisine de Saint-Théodore, les constructions ne purent être commencées qu'en 1406. Les fondements de l'église furent jetés en 1408 et cette même année vit s'achever la demeure du Procureur, la loge du portier et la construction de trois cellules (celle du prieur, du Vicaire et du coadjuteur). Un événement des plus graves, la guerre des Bâlois contre l'Autriche, eut des suites particulièrement funestes pour le fondateur et sembla un instant entraver son œuvre. Mais, grâce aux ressources et aux bonnes dispositions de ce saint homme, les travaux purent être repris et dès lors ne furent plus interrompus. En 1414, l'église fut achevée et, en 1416, le suffragant de l'évêque de Constance, Conrad, évêque d'Hébron, en fit la consécration solennelle. Le pieux fondateur ne devait pas assister à cette fête : il avait passé à une meilleure vie en 1414, après avoir, dès l'année précédente, sollicité et obtenu la faveur de consacrer ses derniers jours au service de Dieu dans la Chartreuse. Il mourut sous l'humble habit de Frère Donné.

A mesure que de nouveaux bienfaiteurs se présentaient, on construisait les autres parties du monastère ; les dernières cellules furent achevées vers la fin du siècle. Deux personnages illustres y contribuèrent pour une large part : la duchesse Isabelle de Bourgogne, qui fonda deux cellules en 1438, et le Bienheureux cardinal Nicolas Albergati, qui en fonda une autre et offrit plusieurs cadeaux de valeur lors de son séjour à Bâle, pendant le concile célèbre qui se tenait en cette ville (1431-1447). Ceci nous amène à dire un mot des relations qui existèrent entre les membres de cette assemblée et les Chartreux du Val-Sainte-Marguerite. Comme tous les Ordres religieux, celui de S. Bruno y envoya des représentants. Outre le cardinal Albergati, qui y assista comme délégué du pape Eugène IV, nous voyons figurer D. Albert d'Utrecht, prieur de Bâle, D. Henri de Ludenscheidt, prieur de Strasbourg, D. Albert Harhusen, prieur de Nordlingen et D. François Maresme, qui fut envoyé par le R. P. Général. Le Val-Sainte-Marguerite devint de son côté le rendez-vous des Pères du Concile.

Lorsque la peste éclata et fit de nombreuses victimes parmi eux, la plupart choisirent le cloître de la Chartreuse comme lieu de sépulture. Les ressources qu'offraient ces prélats avaient permis aux religieux de continuer les travaux de construction ; mais, après leur départ, la pauvreté se fit de nouveau sentir : *Cessante Concilio, cessarunt eleemosynæ,* dit la chronique. Ajoutons à cela un long procès au sujet d'une propriété, qui causa des pertes énormes à la communauté, et puis, en 1449, un formidable orage avec grêle, qui endommagea la toiture de l'église et des cellules et brisa les magnifiques vitraux du cloître. Cependant, grâce à la bonne administration du prieur, D. Arnoldi († 1487), grâce aussi à l'activité intelligente de son successeur, D. J. Louber, et aux dons de quelques nouveaux bienfaiteurs, la Chartreuse put se remettre sur une voie de prospérité et même d'aisance.

Mais voici que des difficultés d'un autre genre vinrent éprouver la fervente communauté du Petit-Bâle. Les Bâlois, hélas! s'étaient laissé gagner aux fausses doctrines de Luther à tel point que, lors des élections de 1529, tous les membres élus du Sénat se déclarèrent partisans de la nouvelle religion. A partir de ce moment, nos Chartreux eurent à subir toutes sortes de vexations de la part des magistrats bâlois; mais, comme nos religieux se montraient inébranlables vis-à-vis des tentatives des réformateurs, on finit par les laisser tranquilles. Toutefois, on les mit sous la surveillance d'économes séculiers; et, ce qui devait être le coup de mort pour cette belle fondation, on leur interdit la réception des novices. Après que le dernier moine fut décédé, en 1564, la ville s'empara de la Maison et des biens de la Chartreuse.

En 1669, on démolit une partie de l'édifice, qui jusque-là avait gardé son aspect monastique. Le cloître avec ses vitraux peints passait pour une curiosité très remarquable, qui attirait de nombreux visiteurs. Mais, déjà en 1690, beaucoup de ces trésors avaient été gaspillés. En 1776, les cellules furent démolies. Ce qui est resté des anciens bâtiments sert à présent à un orphelinat. L'église est demeurée intacte, mais adaptée aux exigences du culte protestant. On a conservé également une très belle salle de l'ancienne hôtellerie, où l'on voit les armoiries des bienfaiteurs, entre autres celles du prieur, D. Jérôme Zsckekenburlin, qui, avant de faire profession, donna de fortes sommes au monastère et mérita par là le titre de second fondateur.

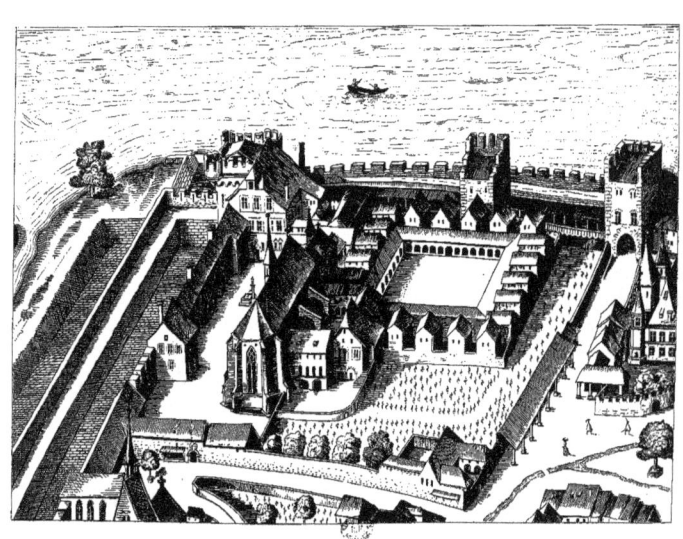

CHARTREUSE DE BÂLE, Chse DU VAL-SAINTE-MARGUERITE. (C. VALLIS SANCTÆ MARGARITÆ)
Dioc. et Canton de Bâle. Suisse.

WESEL — XANTEN

Cette Chartreuse fut fondée par le duc Adolphe de Clèves, dans l'île de Grave qui était sa propriété et qui se trouvait située entre les villes de Büderich et de Wesel, en face de l'endroit où la Lippe se jette dans le Rhin. La position semblait peu favorable, car elle était commandée par les feux croisés de ces deux forteresses et exposée aux inondations. C'est sans doute pour ces raisons que le Chapitre général s'était montré d'abord peu disposé à accepter cette offre; il avait même envoyé au duc une députation pour lui représenter ces inconvénients; mais celui-ci, qui avait déjà commencé les constructions depuis 1417, ne se laissa pas détourner de son entreprise. Les travaux furent donc continués et la Maison fut dédiée à la Sainte Vierge Marie, à S. Jean-Baptiste et à S. Jean l'Evangéliste; l'île reçut le nom de *Insula Reginæ Cœli*.

En 1420, les Pères du Définitoire confirmèrent le titre choisi et nommèrent prieur D. Jean Deldon, profès d'Arnhem, qui était déjà Recteur depuis quelque temps. C'était un homme pieux, grand observateur de la Règle et très versé dans les saintes Ecritures († 1434).

L'église ayant été consacrée le 29 septembre 1428, on s'occupa de l'orner, grâce au concours des plus nobles familles de la province Rhénane, de la Westphalie et de la Hollande. Par surcroît, le cardinal Nicolas de Cusa, puissant protecteur des Chartreux de Wesel, leur obtint du Saint-Siège, en 1463, la permission de se procurer des reliques partout où ils pourraient en trouver (Rome exceptée), afin d'en décorer les parois de leur sanctuaire, principalement à l'entour du maître-autel. Comme la quantité recueillie était encore insuffisante, on demanda, en 1507, à la cathédrale de Xanten, des ossements de S. Victor et de ses compagnons ainsi que de Ste Ursule et de ses compagnes; ce qui fut accordé sans trop de difficultés, attendu que nous célébrions déjà la fête de ces martyrs.

Tant de richesses, hélas! étaient destinées à périr pendant la guerre qui éclata entre l'Espagne et les Pays-Bas. Le duché de Clèves, bien que resté neutre, fut envahi par les belligérants : par l'armée catholique d'un côté, soi-disant pour protéger la religion, par les Gueux de l'autre, avec le but non déguisé de tout détruire. Les soldats des deux camps se livrèrent aux excès les plus regrettables; les hérétiques surtout se montrèrent acharnés à profaner les saintes reliques et les vases sacrés quand ils firent irruption dans le monastère le 29 octobre 1583. Pendant ce temps les religieux s'étaient retirés à Wesel.

Un peu plus tard, ce furent les partisans de l'archevêque Gebhard Truchsess de Walburg, prélat apostat et excommunié par le Pape, qui vinrent occuper la Chartreuse le dimanche des Rameaux 1584. Les dégâts qu'ils y commirent ont été évalués à 7,000 écus impériaux. Mais ce n'était que le prélude de désastres pires. Vers la fin de décembre, le féroce capitaine Schenk fit son apparition avec quatre mille hommes et, pendant deux jours et deux nuits, acheva de ruiner ce qui était encore intact. Après lui, arrivèrent les Anglais, alliés des hérétiques, avec 7 vaisseaux. Comme il ne restait plus rien pour assouvir ces gens de guerre, on fut obligé d'aliéner les cloches, les ustensiles de la brasserie, et jusqu'au plomb qui ornait les monuments funéraires. En 1587, les Espagnols, ayant à leur tête le duc de Gonzague, s'emparèrent à leur tour de l'île, mais n'y restèrent pas longtemps, si bien que les bourgeois apostats de Wesel, n'ayant plus rien à craindre, se mirent à détruire les bâtiments et à maltraiter les religieux : l'un d'eux, Frère Lambert Bart, Donné, fut cruellement frappé à coups de poing, piétiné, et enfin achevé à coups de sabre. De toutes les constructions, il ne restait plus que l'église debout, quoique fortement endommagée. Avant de rien entreprendre pour la restaurer, on dut mettre d'abord en sûreté les ossements des personnages princiers qui y étaient enterrés ; ils furent déposés dans trois cercueils et transportés chez les Dominicains de Wesel. Mais, quelques jours après, l'église de la Chartreuse s'étant effondrée avec grand fracas, ce fut le coup de grâce et nos Pères n'eurent pas le courage de recommencer à bâtir en ce lieu néfaste. En l'année 1590, ils s'établirent dans le couvent des Dominicains de Wesel que le prieur occupait avec quelques hôtes seulement. Ce local, néanmoins, ne permettait pas d'observer intégralement la règle de S. Bruno; c'est pourquoi nos exilés se déterminèrent en 1628 à se transporter à Xanten, tout près de la cathédrale, pour y faire une nouvelle fondation.

Cette œuvre se heurta à des difficultés multiples et n'aurait peut-être pas réussi sans l'assistance de personnes charitables, tel que Jean Mockel, doyen du chapitre de Xanten, le chanoine Victor Duiphuis et sa mère Marguerite Schloy, demoiselle Marie-Catherine Brumer, etc. Tous ces bienfaiteurs ont reçu à différentes dates la participation aux prières de l'Ordre.

Cette Chartreuse, bien qu'ayant eu une courte existence, n'a pas manqué d'hommes illustres. D. Jean Dinges, Vicaire, mena une vie tout angélique et n'aurait jamais permis qu'on dît le moindre mot contre les supérieurs en sa présence; il mourut en 1636, victime de sa charité, en soignant le Procureur atteint de la peste. D. Christophe Lubelinck († 1650), prieur, doué d'un excellent jugement et d'une mémoire merveilleuse, dut à ses vertus d'être choisi comme Visiteur de la Province. D. Godefroid Ropert, Procureur, et prieur de Xanten en 1650, se distingua par son humilité, sa douceur et sa dévotion pour le Rosaire; il n'était pas rare de le trouver ravi en extase.

Ce monastère fut supprimé en 1802. Les bâtiments sont aujourd'hui en partie intacts et appartiennent à des particuliers. Quant à l'île de Grave, elle est la propriété du baron de Diergerth. On y a élevé un fort.

CHARTREUSE DE XANTEN.
Diocèse de Cologne. Prusse Rhénane.

DULMEN

La Chartreuse de Dulmen, près de la ville de ce nom en Westphalie, fut une des dernières Maisons de notre Ordre établies au Moyen âge. Gérard de Keppel, maréchal du duché de Clèves, la fonda le 31 août 1476, en mémoire de son fils unique, Herman, tué dans une émeute qui éclata parmi ses soldats. Dans le nécrologe du monastère, le nom de ce jeune seigneur est mentionné à la date du 19 mai de la même année en ces termes : *Spectabilis Hermannus de Keppel, unigenitus fundatoris nostri.*

Au mois de février 1477, trois religieux de Wesel, désignés par leur prieur, s'installèrent au château de Wedderen que Gérard avait mis à leur disposition, ainsi que toutes les dépendances. Le 21 mai suivant, on posa la première pierre de l'église et l'on fit tant de diligence que tout fut bientôt prêt pour recevoir la communauté également venue de Wesel; les deux Maisons demeurant ainsi unies par des relations intimes. La nouvelle fondation ayant été incorporée à l'Ordre en 1480, on l'appela d'abord *Marienslott* puis *Marienburg*; en latin, on la désigna toujours sous le nom de *Castrum Mariæ* ou *Castrum Beatæ Mariæ Virginis*.

Le vieux maréchal s'était réservé quelques revenus pour sa subsistance ainsi que quelques bâtiments du château à son usage. Il y passa les derniers jours de sa vie dans la prière et les exercices de mortification propres aux solitaires, mais sans cependant faire de vœux, et mourut le 14 janvier 1478. Son épouse, Ildegonde Voet, s'était retirée de son côté chez les religieuses de S. Augustin, à Schüttorf, près de Bentheim, et fut toujours une éminente protectrice des fils de S. Bruno, auxquels elle céda, le 7 mai 1488, le château de Waenynck avec la dîme des revenus († 1497).

Toutes ces largesses mécontentèrent les héritiers du maréchal, si bien que les premiers Recteurs et prieurs eurent, de ce chef, beaucoup de vexations à souffrir. Ceux-ci n'en continuèrent pas moins d'achever et d'orner le monastère suivant les plans indiqués. D'ailleurs, de nouveaux bienfaiteurs, Goswin de Raesfeld, Jean Riesenbeck, Henri de Burkard Heerde, Gertrude Kommes, vinrent apporter leurs offrandes à la Chartreuse qui devint ainsi une des plus florissantes de la Westphalie. On admirait son cloître avec quarante fenêtres décorées de vitraux et ses vingt-deux cellules, y compris celle du prieur et du Procureur. L'église possédait un tableau artistique qui existe encore; mais un trésor plus appréciable, c'était le nombre des religieux édifiants qui vécurent dans cette Maison.

Parmi les plus célèbres est D. Josse Vredis, prieur de 1531 à 1540; dans ses moments libres, il moulait sur argile des œuvres plastiques d'une grande beauté : on en conserve plusieurs spécimens dans les musées de Berlin, de Munster et d'Osnabruck.

D. Théodore Petreius (1612-1619) est trop connu comme écrivain ascétique et comme historien pour qu'il soit nécessaire d'insister sur son mérite. D. Nicolas Messenich, treizième prieur, eut le regret de voir sa communauté se disperser et chercher un refuge à Munster pour se soustraire aux fureurs des hérétiques. Déjà au siècle précédent, des forcenés avaient fait irruption dans la Chartreuse (1589) au nombre de 3.000, tuant le Procureur au moment où il revêtait les habits sacerdotaux et pillant le mobilier qu'ils emportèrent avec eux à Rothem; mais la vengeance divine avait fini par les atteindre et tout leur village fut brûlé en 1615.

La paix rétablie, les Pères reprirent leur vie conventuelle et connurent de nouvelles années de prospérité jusqu'au milieu du xviiie siècle. Malheureusement, à partir de cette époque, la Chartreuse perdit peu à peu de son prestige, soit par suite de la rareté des vocations, soit à cause d'une diminution notable des revenus fonciers. Par trop de condescendance envers leurs tenanciers, les moines, bien que leur nombre se trouvât réduit à sept, ne recevaient plus les ressources nécessaires pour les faire vivre. En outre, beaucoup d'étrangers abusaient de l'hospitalité qui leur était généreusement offerte.

Sur ces entrefaites, parut en 1803 une décision de la Députation Impériale déclarant la sécularisation des biens du grand chapitre de Munster et leur partage entre plusieurs seigneurs du pays pour les indemniser des pertes qu'ils avaient faites dans les guerres précédentes. Le Baillage de Dulmen, où se trouvait la Chartreuse, échut au duc Anne-Emmanuel de Croy. Celui-ci n'avait pas l'intention de la supprimer, mais il voulait seulement prendre en main l'administration des biens, afin d'assurer une meilleure gestion. Il s'entendit, à cet effet, avec le vicaire-général de l'évêché de Munster. Or, le duc étant mort, son fils, voyant qu'il y avait peu d'espoir de remettre les choses sur un bon pied, prit le parti de procéder à la dissolution, après avoir obtenu la permission du Saint-Siège. Cependant les religieux purent rester à la Chartreuse s'ils le désiraient. On leur laissait le libre usage du mobilier de leur cellule et on leur payait une pension annuelle pour le reste de leurs jours. Tous ne voulurent pas accepter ces conditions, dont la plupart toutefois se contentèrent. Le dernier prieur, D. Louis Faber, finit par se retirer, en 1830, chez des amis à Borken et légua à la paroisse de cette ville, quatre chasubles précieuses qu'il avait apportées avec lui; elles étaient chargées de broderie d'or d'un tel poids qu'elles se tenaient debout toutes seules!

Quant à la Chartreuse, elle devint le centre d'une agglomération de cultivateurs et d'ouvriers, et ainsi se forma le village de Wederen. Notre vieille église demeura affectée au culte : les appartements du prieur et du Procureur furent aménagés pour recevoir le nouveau curé, le sacristain, le garde-forestier et un aubergiste; les cellules avaient été d'abord occupées par des indigents, mais des abus s'étant produits, on les démolit toutes, ainsi qu'un bon nombre de bâtiments parmi lesquels la fameuse tour du Moyen âge, datant de l'époque de la Chevalerie. Les matériaux furent employés à combler les étangs qu'on transforma en prairies.

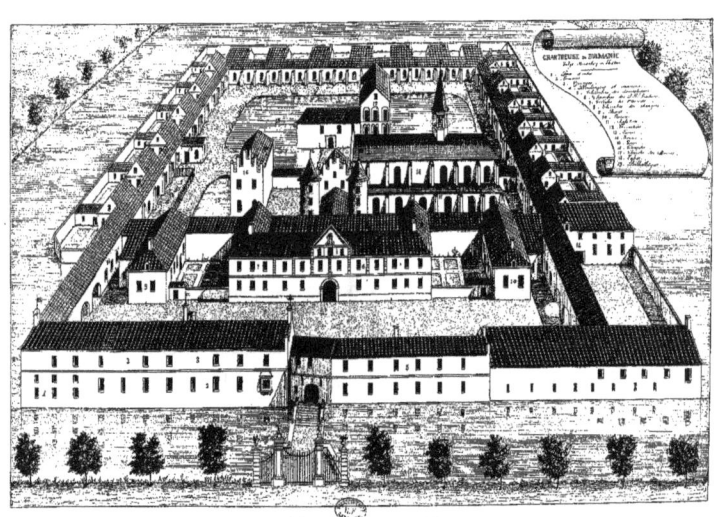

CHARTREUSE DE DÜLMEN, Ch⁴⁵ DU CLOÎTRE-DU-CAMP-DE-MARIE. (C. CLAUSURÆ CASTRI MARIÆ)
Dioc. de Munster. Prusse Rhénane.

RETTEL

Dans un des fréquents séjours qu'elle fit à son château de Sierck, la pieuse Marguerite de Bavière, épouse de Charles II, duc de Lorraine, reçut d'un Chartreux de Trèves, D. Adolphe d'Essen, un petit livre, *De commendatione Rosarii*, traduit pour elle en langue vulgaire. Ce livre fut pour la princesse une révélation : il orienta sa vie vers la sainteté et lui inspira en même temps le désir de posséder des fils de S. Bruno dans ses Etats.

L'occasion ne se fit pas attendre : il y avait, à environ 600 mètres au sud de la ville de Sierck, un vieux couvent de Cisterciennes, appelé *Marienflos* (le ruisseau de Marie), fondé par le duc Matthieu II, en 1242, et que le malheur des temps avait réduit à une extrême pénurie. Comme il était menacé d'une ruine totale, l'abbesse, Agnès de Volkerange, ne fit pas de difficulté pour le céder à Charles II (1414), et se retira elle-même à l'abbaye de Freistroff, du même Ordre.

Maîtresse du couvent, la duchesse s'empressa de l'offrir à D. Adolphe, devenu prieur de Trèves. Ce dernier, sur la demande expresse du duc de Lorraine, fut nommé Recteur de la nouvelle Maison. Il s'y rendit le 3 avril 1415, suivi de quelques moines et particulièrement de son fidèle disciple D. Dominique de Prusse, dont on a déjà parlé dans la notice de Trèves. Au bout de six ans, grâce à la générosité des fondateurs, les constructions étaient presque achevées et même avec assez de magnificence, puisque le Définitoire crut devoir faire des remontrances à ce sujet.

D. Adolphe, devenu chapelain et directeur de Marguerite, la conduisit sur le chemin de la plus haute spiritualité, fut le confident de ses révélations, le témoin de ses vertus héroïques et de ses miracles et se fit son biographe. D. Dominique occupa pendant quelque temps le poste de Vicaire ; il a lui-même raconté sa propre vie, sous un nom emprunté, dans l'ouvrage intitulé *Liber experientiarum*. Des faveurs célestes vinrent plusieurs fois le consoler au milieu des combats que lui livra l'Esprit du mal : une fois, entre autres, il entendit les anges du ciel chanter le Rosaire suivant la méthode dont il fut lui-même sinon l'initiateur, du moins l'ardent propagateur, c'est-à-dire en ajoutant, après chaque *Ave Maria*, quelques paroles rappelant un des mystères de la vie de Notre-Seigneur et de sa sainte Mère.

Charles II avait bien eu l'intention de doter richement Marienflos, mais les guerres qui remplirent la fin de son règne attirèrent son attention ailleurs, de sorte qu'à sa mort, survenue le 25 janvier 1431, les solitaires étaient dénués de moyens suffisants d'existence. Le local lui-même n'avait pas répondu aux espérances du début ; aussi nos Pères reçurent-ils de la duchesse et de son fils, René Ier, l'autorisation de se transporter à l'abbaye bénédictine de Saint-Sixte qui venait de leur être offerte. Ce monastère était situé à Rettel, sur la rive droite de la Moselle; son passé n'avait pas été sans gloire : la tradition lui donnait pour fondatrice une sœur de Charlemagne, Efficia ou Officia, dont le corps reposait dans l'église, qui avait été consacrée par le pape Léon III, en l'an 800. S. Bernard s'était aussi arrêté en ce lieu (mars 1147) et y avait guéri plusieurs malades; il en avait même annoncé la splendeur future : *O Rutila, Rutila, tu rutilabis aliquando*. Mais, pour le moment, les bâtiments étaient en piteux état par suite des guerres, et les trois derniers religieux avaient sollicité eux-mêmes du légat du Saint-Siège, le cardinal Julien Cesarini, la permission de les céder aux Chartreux. Tout le monde étant d'accord, D. Jean Dypach, Recteur de Marienflos, vint avec le même titre occuper, ainsi que sa communauté, le nouveau local (14 avril 1431). Quant à D. Adolphe, retourné à Trèves en qualité de Vicaire, il n'y trouva pas longtemps le repos qu'il cherchait. Son célèbre confrère, D. Jean de Rode, devenu abbé de Saint-Mathias (voir la notice sur la Maison de Trèves), le choisit, en 1436, pour l'accompagner dans sa visite réformatrice des monastères bénédictins des provinces Rhénanes ; deux fois notre humble Chartreux eut à refuser la crosse abbatiale et revint enfin dans sa cellule où il mourut en 1439, avec la réputation d'un homme d'une « sainteté incomparable ».

Après le départ des moines, Marienflos resta vacant jusqu'en 1443, époque à laquelle le duc René, en vertu d'une bulle d'Eugène IV, y érigea une collégiale de neuf chanoines, qui fut ruinée par les Suédois, deux siècles plus tard ; l'église avec les fondations diverses revint alors aux Chartreux de Rettel qui en prirent soin jusqu'à la Révolution. Sur son emplacement s'élève aujourd'hui un modeste moulin.

Mais revenons à la nouvelle Chartreuse que nous avons laissée à ses débuts. La ferveur y régnait ainsi que la prospérité matérielle, entrecoupée toutefois, de temps à autre, d'événements tragiques : en 1590 une invasion des Messins, au service d'Henri IV contre la Ligue, rendit le monastère à ce point inhabitable que la communauté dut se retirer à Trèves pour plusieurs années; puis, en 1665, c'est un incendie, venant détruire les édifices qui ne furent entièrement réparés qu'en 1740, sous le priorat de D. Ignace Gerber.

Notons en passant qu'en 1632 le duc Charles IV, désireux de rapprocher les Chartreux de sa capitale, offrit au prieur de Rettel, D. Pierre Hayman, la propriété de Sainte-Anne, près Nancy. Celui-ci s'y rendit, en effet, pour examiner la fondation et il y mourut après quelques jours de maladie. L'acte de donation fut fait en faveur du Procureur, D. Henri de Villé, qui s'en défit en faveur de D. Etienne Dauvergne, premier Recteur.

En 1790, dix-sept religieux vivaient à Saint-Sixte en grande paix lorsque fut décrétée la suppression des congrégations religieuses. La municipalité de Sierck prit en vain la défense de nos Pères devant l'Assemblée Nationale française, leurs biens furent vendus à vil prix et leur église livrée au marteau des démolisseurs. Du vieux monastère il ne reste à l'heure actuelle que le mur d'enceinte, une partie de la façade et quelques pavillons de la cour d'entrée. En 1875, les Sœurs du Tiers-Ordre de S. Dominique y établirent tant bien que mal un orphelinat, approuvé en 1894 par Mgr Heck, évêque de Metz.

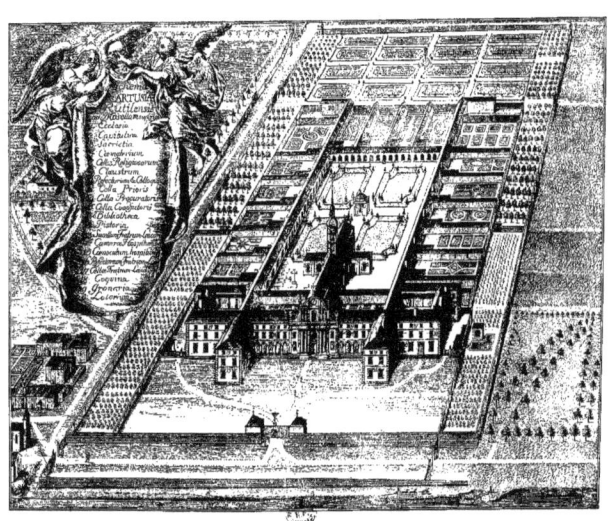

CHARTREUSE DE RETHEL, C^{ne} DE SAINT-SIXTE. (C. SANCTI SIXTI)
Dioc. de Metz. Lorraine.

CANTAVE

L'initiative de cette fondation revient à Guillaume III, duc de Juliers, qui, dans ce but, avait mis de côté 15,000 florins d'or; mais ni lui ni ses successeurs immédiats ne purent réaliser ce projet. Cet honneur était réservé à son arrière-petit-neveu, Guillaume IV. Ce seigneur signa à Dusseldorf, le 18 mars 1478, un document par lequel lui et son épouse, Elisabeth de Nassau, laissaient aux Chartreux, en échange de la somme promise par leur aïeul, le domaine de Cantave (*Vogelsang*), près de la ville de Juliers, pour y établir un monastère. Le même acte assurait en outre à nos Pères 60 arpents de bois dans la forêt de Hembach, plus le droit d'user des eaux de la rivière (la Roer) ainsi que l'exemption de la douane. L'empereur Charles-Quint confirma ces donations et privilèges quand il vint à Cologne en 1531.

Les moines furent installés dans un ancien château des ducs de Juliers, non loin de la résidence du fondateur et à proximité de deux étangs où ils pouvaient s'approvisionner de poissons. Malheureusement, l'espace manquait pour construire une Chartreuse et l'on dut se mettre en mesure d'acquérir un nouveau terrain. Hermann de Brashel, prévôt de Clèves, eut la bonne inspiration d'offrir, à cet effet, 1000 florins d'or ainsi qu'une rente annuelle de 82 florins pour doter quatre cellules (10 août 1478). Quand il mourut, les Chartreux reconnaissants ne manquèrent pas d'inscrire son nom sur leurs diptyques († 1485).

Le personnel de la fondation avait été envoyé de Ruremonde, soit six religieux de chœur, deux ou trois Convers, quelques Donnés et quelques domestiques, sous la conduite de D. Gérard de Harlem; ce dernier, toutefois, rentra peu après dans sa Maison de profession et fut remplacé, comme Recteur, par D. Jean de Dinslaken qui devint ensuite prieur.

Au début, la situation financière ne paraît pas avoir été très brillante : certains mémoires nous font même connaître que la communauté s'était endettée malgré plusieurs nouveaux dons de Guillaume IV qui n'était lui-même pas très fortuné; mais, en 1485, Dieu permit qu'un secours inattendu vint combler le déficit : Jean d'Efferen et Régine de Gymnisch, son épouse, donnèrent, à l'occasion de la profession de leur fils Guillaume, leur château de Juchen (aujourd'hui nommé Hackhausen) avec une soixantaine d'arpents et, en outre, 200 florins d'or pour une cellule. Régine fit aussi présent d'une quantité de livres précieux. Deux membres de cette famille étaient précédemment entrés dans notre Ordre : Evrard d'Efferen, profès de Cologne, et Georges d'Efferen, profès de Trèves. L'un et l'autre figurent parmi les prieurs de Cantave, dont le nombre s'éleva à trente-deux. Un des plus renommés est D. Jean-Juste Lansperge, déjà connu du lecteur (voir notice de Cologne). Malgré son ardent désir de la vie cachée, il dut accepter le titre de prédicateur de la Cour, et fut en même temps confesseur de la duchesse-mère, Marie, fille du fondateur. Nos *Ephémérides* mentionnent aussi le nom de D. Nicolas Comitius qui gouverna Cantave de 1561 à 1565. Peut-être devrait-on lui reprocher, comme à S. Bernard, un excès de zèle envers ses subordonnés! Il se corrigea sans doute de ce défaut, car nous le retrouvons dans la suite prieur d'autres Maisons et même Visiteur de la Province († 1592). Enfin saluons avec respect D. Antoine Basel, profès de Ruremonde, prieur de Cantave pendant 44 ans, mort à 95 ans avec la mention *valde laudabiliter* († 1731).

Les Pères entretinrent toujours de bons rapports avec les magistrats. Habitant en dehors de la ville, ils n'eurent pas à s'immiscer comme tant d'autres dans les démêlés d'administration locale; ce qui leur épargna bien des peines. Par contre, en temps de guerre, ils ne pouvaient profiter de la protection des remparts. En 1578, au moment où les Pays-Bas cherchaient à s'affranchir de la domination espagnole, des bandes néerlandaises parcoururent la contrée et la ravagèrent. Le duc Guillaume V donna alors aux Chartreux une propriété à l'intérieur de la cité afin d'y bâtir une maison de refuge. Mais le danger passé, ceux-ci préférèrent rentrer dans leur monastère et revendirent en 1581 le terrain concédé. Ils eurent à s'en repentir, car plusieurs fois cet abri leur eût été fort utile, notamment en 1590, époque où ils durent se disperser momentanément dans diverses Chartreuses tant à cause de la guerre qu'en raison de la pénurie générale occasionnée par la peste. En 1610, ils s'enfuirent de nouveau, emportant avec eux leurs ornements d'église et leur bibliothèque, et furent accueillis par le maire de Juliers, nommé Brower, et le chanoine Devier. Pendant ce temps, le monastère était entièrement détruit, tellement que les Pères étaient décidés à l'abandonner; mais les supérieurs majeurs s'y étant opposés, on recommença les constructions vers 1615. Comme le pays était encore occupé militairement, ce n'était pas chose facile de se soustraire aux vexations des soldats, aussi mit-on une garde à la Chartreuse pour en protéger les habitants.

L'édifice n'était pas terminé qu'en 1621 le second siège de Juliers vint causer de nouvelles ruines; cependant on se remit à l'œuvre courageusement avec le concours des bourgeois de la cité, si bien qu'en 1639 les moines étaient en mesure, à leur tour, de venir au secours des édiles et de leur prêter 1000 écus, en échange de la remise de quelques droits d'octroi.

Après les guerres du règne de Louis XIV, Cantave connut de nouveaux jours prospères, spécialement durant le priorat de D. Bruno Gelich, religieux plein de vertus († 1770). Son successeur, D. Ignace Wilden, écrivit la chronique de la Chartreuse et mourut en 1786. Quand apparurent les armées françaises en 1794, les solitaires se dispersèrent d'abord, mais rentrèrent presque tous l'année suivante, attendant anxieusement, derrière les murs de leurs cellules, le développement de la crise révolutionnaire. En 1798, ils reçurent la visite du commissaire du gouvernement qui leur défendit d'accepter des novices; puis, en 1802, eut lieu la suppression définitive. La Chartreuse devint d'abord une taverne publique; on y hébergea ensuite quatre cents vétérans; enfin, après la chute de l'Empire en 1814, les terres furent livrées à divers acquéreurs et l'église démolie. Il y a quelques années un incendie détruisit presque tout ce qui existait des anciens bâtiments qui portent néanmoins encore le nom de *Karthause*.

CHARTREUSE DE CANTAVE, CH^{se} DE LA COMPASSION DE NOTRE-DAME près Vogelsang. (C. COMPASSIONIS B^{tæ} MARIÆ)
Dioc. de Cologne. Prusse Rhénane.

MOLSHEIM

Molsheim est une petite ville très ancienne, gracieusement assise au pied du versant oriental des Vosges, sur les bords de la Bruche, et à 20 kilomètres à l'ouest de Strasbourg. C'est là que fut fixée la résidence épiscopale pendant le règne du protestantisme dans la grande cité alsacienne. Le dernier prieur du Mont-Sainte-Marie, D. Jean Schustein von Ediger, lorsqu'il fut remis en liberté en 1592, vint aussi chercher un refuge à Molsheim où il fut d'abord accueilli par les Jésuites, qui lui rendirent l'hospitalité que leur Compagnie naissante avait reçue jadis des Chartreux de Cologne.

Ne pouvant rétablir sur place sa Maison en grande partie démolie, ainsi qu'on l'a dit ailleurs, D. Jean voulut cependant la ressusciter en quelque sorte, en construisant un monastère du même nom, qui devait bénéficier des restitutions ou compensations obtenues en 1600, après le long procès qu'il avait poursuivi avec tant d'ardeur et de constance. Dès 1598, il avait acheté à Molsheim la Cour des Bockler à la veuve du baron Becklin de Beclinsau, moyennant 5,000 florins. Là fut établie et se développa la Chartreuse dont il devint le premier prieur, et dont il mérite en quelque manière d'être considéré comme le fondateur. Lorsqu'il mourut, le 5 octobre 1603, l'église du monastère n'étant pas encore construite, on l'enterra chez les RR. PP. Jésuites, dans la chapelle de la Très Sainte Vierge. Pour l'aider dans son œuvre de restauration, il avait eu la protection et bénéficié des largesses du cardinal Charles de Lorraine, évêque de Strasbourg. Parmi les autres bienfaiteurs de la Maison il ne faut pas oublier André Hanniwalt d'Eckersdoff, conseiller de l'empereur Rodolphe II. Ce généreux seigneur donna, avec son appui auprès de la cour de Prague, une longue et courtoise hospitalité à D. Jean Schustein et à son Procureur, D. Henri Topffer, lorsqu'ils allèrent dans cette capitale soutenir la cause de la Chartreuse de Strasbourg.

Le même D. Henri Topffer, devenu prieur de Molsheim, eut la joie de voir l'église achevée et d'y offrir le saint sacrifice. Son successeur, D. Jean Leucken, construisit le cloître avec sept cellules, érigea plusieurs nouveaux autels et fit placer des stalles de chêne dans le chœur. Il fut interrompu dans ses travaux en 1619 par une mort tragique. Blessé mortellement par son propre neveu, qui était élevé dans le monastère sans appartenir à l'Ordre, il n'eut que des paroles de tendresse et de douceur pour son meurtrier. Celui-ci avait agi dans un moment d'égarement et sous l'impulsion d'un misérable compagnon : il se repentit de son crime et marcha au supplice en faisant de pieuses aspirations.

D. Jean Ulrich Repff, prieur de 1619 à 1622, orna le cloître de vitraux qui excitaient l'admiration de tous. D. Michel Arnoldi, qui gouverna ensuite la Chartreuse

(1622-1636), y bâtit le Chapitre, sans parler des autels et des peintures qu'il fit faire. D. Guillaume Hackstein, profès de Cologne, fut prieur de Molsheim de 1636 à 1651. Renommé pour sa charité qui lui valut le nom de « Père des pauvres », il nourrit une multitude d'affamés pendant une disette. La Maison fut préservée, en retour, des dévastations de la guerre. Sous l'un de ses successeurs, D. Vincent Gretzinger (1665-1672), fut élevé un nouveau maître-autel aux frais d'un enfant de Molsheim, D. Mathias Reis, profès du monastère. D. Anthelme Gubel, qui fut ensuite placé à la tête de la Chartreuse (1673-1679), se fit remarquer par son énergie, et continua, après sa démission, d'être la colonne de la Maison. Pendant l'administration de D. Gérard Poyen (1679-1684), le Mont-Sainte-Marie reçut la visite de la reine de France, Marie-Thérèse, épouse de Louis XIV, qui réunit l'Alsace à ses Etats. D. Conrad Odenthal, prieur de 1684 à 1692, se signala par son zèle pour la réparation de l'église; malheureusement, il fit une chute du haut d'une échelle et mourut bientôt des suites de cet accident.

Parmi les prieurs du XVIIIe siècle une mention particulière est due à D. Pierre Horst, qui avait d'abord, pendant trente ans, exercé les fonctions de Procureur, tout en écrivant les Annales de sa Chartreuse. Son récit se termine par la constatation de la maladie qui l'emporta peu après. Il mourut pieusement le 4 février 1716, n'ayant été prieur que depuis le 12 juin de l'année précédente. Sous le gouvernement de D. Bruno Fortheim fut fait, en 1744, le tableau qui représentait la Maison et que l'on conserva après le départ de nos Pères. Le dernier prieur de Molsheim, D. Damase Beck, était né à Ribeauvillé en 1742. Il fit profession à la Grande Chartreuse, où il eut la charge de maître des novices et ensuite celle de Vicaire. Il était digne de tenir la première place à Molsheim à l'époque de la persécution révolutionnaire.

La Chartreuse, qu'il gouverna depuis 1782, abritait en 1790 dix-huit Pères avec un novice et six Convers, sans parler des Frères Donnés. Elle se trouvait dans un heureux état de prospérité spirituelle et temporelle. Les artistes aimaient à en visiter l'église, décorée dans le goût italien, peut-être avec une certaine profusion de dorures et de peintures. Les savants étaient attirés par sa bibliothèque renfermant plus de quatre cents manuscrits, au nombre desquels figurait le célèbre *Hortus deliciarum* de Herrade, abbesse de Hohenbourg. Une large hospitalité charmait tous ceux qui se présentaient, mais les pauvres surtout se félicitaient des secours abondants qu'ils recevaient. Aussi, la municipalité de Molsheim, convaincue du bien opéré par nos Pères, ne craignit-elle pas de se déclarer ouvertement en leur faveur dans une délibération du 25 juillet 1791, mais ce fut en vain. Quelques mois après, le 23 novembre, un incendie prit fortuitement à l'église, et consuma en outre la bibliothèque avec quinze cellules. Vers le même temps, nos Pères furent contraints de se disperser.

Le prieur, D. Damase Beck, caché à Ribeauvillé, administra, de concert avec D. Bastian, l'un de ses religieux, les sacrements aux catholiques fidèles. Il mourut le 3 juin 1794 et fut enterré dans une cave. Quelques membres de cette communauté furent déportés. Quant à D. Ignace Vetter, un autre religieux du Mont-Sainte-Marie, il fut écroué successivement à Strasbourg et à Besançon.

L'hôpital de Molsheim occupe une partie des bâtiments de la Chartreuse, dont le magnifique maître-autel, préservé de l'incendie, orna l'église d'Obernai pendant plusieurs années. Quatre grandes statues de belle facture, qui accompagnaient cet autel, furent conservées dans un ancien couvent de la même ville.

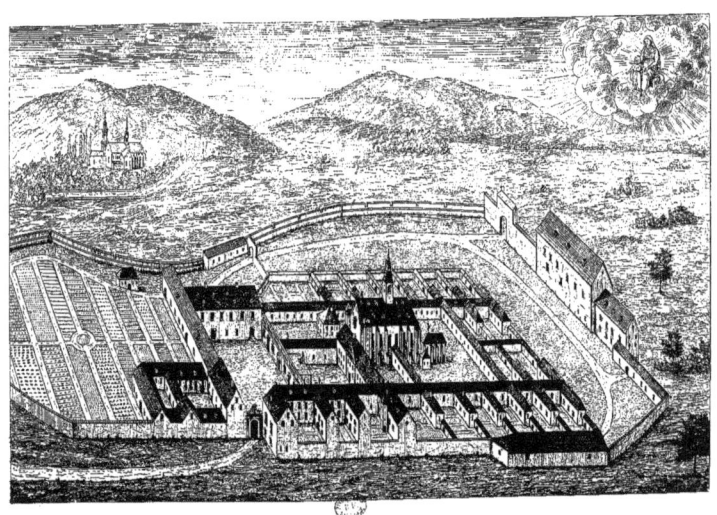

CHARTREUSE DE MOLSHEIM, C.ble DU MONT-SAINTE-MARIE. (C. MONTIS MARIÆ)
Dioc. de Strasbourg. Alsace.

HAIN

Le Chapitre général de l'année 1869 ayant décidé la construction d'un monastère de notre Ordre dans le diocèse de Cologne, tant pour honorer la mémoire de notre saint Patriarche qu'afin de favoriser le développement des vocations cartusiennes dans ce pays, le R. P. D. Charles-Marie Saisson s'empressa de se mettre à l'œuvre.

On réussit à acheter une belle propriété, appelée Hain (prononcez Haïn), située sur la paroisse de Unterrath, à environ 6 kilomètres de Dusseldorf. Cet immeuble, qui avait appartenu jadis à l'ancienne famille des seigneurs de Hymmen, possédait une maison d'habitation assez vaste et entourée de fossés pleins d'eau, à l'instar d'une petite forteresse; on put l'aménager aisément pour recevoir de suite une modeste communauté, après avoir eu soin de faire disparaître les peintures par trop mondaines qui s'y trouvaient. On envoya alors de Nancy quelques religieux sous la conduite de D. Jérôme Keiflin, nommé Recteur (octobre 1869).

La nouvelle fondation reçut le nom de Chartreuse de S. Bruno de Cologne. Les constructions sont de style ogival et, bien que bâties presque entièrement de briques, ne manquent pas de présenter un agréable aspect au touriste voyageant par la voie ferrée qui passe à proximité. La guerre franco-allemande n'empêcha pas la continuation des travaux. Malheureusement, en 1875, des lois intolérantes, connues sous le nom de *Kulturkampf,* allaient entraver pour un temps ce brillant essor.

La communauté dut se disperser : D. Joseph Engler, qui avait remplacé D. Jérôme comme Recteur et qui venait d'être nommé Prieur, rentra en France avec quelques Pères; et la plupart des Frères prirent le chemin de l'Angleterre sous la direction de D. Epiphane Neyer et allèrent se réfugier à la Chartreuse de Parkminster qui était aussi en voie de formation. On mura les fenêtres de la Maison abandonnée, pour empêcher l'humidité de la détériorer et aussi peut-être par raison d'économie; puis l'Ordre nomma un régisseur chargé du soin de la propriété qui, heureusement, n'avait pas été confisquée.

Dix ans plus tard, la persécution contre l'Eglise s'étant un peu calmée, le R. Père Général, D. Anselme-Marie Bruniaux, résolut de faire des démarches pour obtenir la réouverture de notre monastère d'outre-Rhin (1885). Les négociations furent couronnées de succès et l'on s'empressa d'achever les constructions et l'aménagement intérieur, si bien qu'au mois d'août de l'année 1890 D. Marcel Grézier, Procureur de Chartreuse, accompagné de D. Martin Buschgens, futur sacristain, vint reprendre possession du local. La population, très favorable aux fils de S. Bruno, leur fit un chaleureux accueil; le maire prononça un discours auquel l'un des Pères répondit en quelques mots. Bientôt on vit arriver comme Procureur D. Antoine Huperz et comme Recteur D. Alphonse Schmitt, profès et Vicaire de Nancy. Ce dernier fut nommé prieur la même année et eut la satisfaction de voir les vocations se multiplier, surtout parmi les Frères. Dix ans après, la Maison était comble et le cimetière encore vide.

Au moment du rachat de l'ancienne Chartreuse de Plétriach, en Autriche, D. Alphonse fut envoyé pour présider aux débuts de cette fondation, tout en conservant son titre de prieur de Hain. Mais le mauvais état de sa santé l'obligea à revenir au bout d'un an et, à partir de ce moment, il ne fit plus que languir. Il mourut en octobre 1901 après de grandes souffrances courageusement supportées. Son successeur, D. Beatus Widemann, profès de Hain, et, pour lors, maître des novices, rendit son âme à Dieu un mois après son installation. Il fut remplacé par D. Maurice Schmid, profès et Vicaire de cette Maison ; c'est lui qui était encore en charge quand éclata la terrible guerre de 1914. Aussitôt il mit son monastère à la disposition du gouvernement pour y recevoir des blessés, mais on se contenta de sa bonne volonté. Cependant, quelques jeunes Pères et plus de la moitié des Frères durent rejoindre l'armée : il y eut des tués, des blessés et plusieurs furent décorés.

Les bâtiments de la Chartreuse furent aussi menacés, par suite du voisinage des fonderies ou autres usines qui s'étaient établies dans ce lieu jadis solitaire. En effet, les aéroplanes de la partie adverse vinrent, plusieurs fois, lancer des bombes dans les environs, mais sans faire grand dommage. Ce qui fut plus sérieux, ce fut un incendie occasionné par la maladresse d'un Frère; cet incendie détruisit la toiture de l'église et presque toute l'hôtellerie, c'est-à-dire l'ancien château de Hymmen (janvier 1917). Ce désastre fut réparé promptement en dépit du prix élevé de la main-d'œuvre, et, au bout de quelques semaines, tout était de nouveau dans l'ordre.

Cette Maison possède plusieurs antiquités précieuses : un calice provenant de la Chartreuse de Buxheim et acheté, en 1888, par D. René Herbault, alors scribe du R. P. Général, lorsqu'on vendit aux enchères la bibliothèque et une partie du mobilier. Un autre objet d'art est un ostensoir ayant appartenu à notre monastère de Cologne; une inscription gravée au bas nous apprend qu'il avait été offert à nos Pères, en 1672, par le sénateur Henri-André Schneit et sa femme doña Maria-Agnès née Therlan de Lennepe. Confisqué en 1802, ce chef-d'œuvre de style Renaissance passa en différentes mains et fut finalement découvert à Londres chez un antiquaire, par le Recteur de Parkminster qui s'en servit pendant quelques années ; puis, en 1890, on le donna à Hain qui, en le modifiant légèrement, le rendit plus conforme aux rubriques modernes. Cette Chartreuse s'est aussi enrichie de deux statues monumentales, l'une de S. Bruno, l'autre de Ste Barbe, provenant de l'ancienne Maison de Cologne. Elles figurent dans la cour d'honneur à l'entrée de l'église, montées sur des piédestaux.

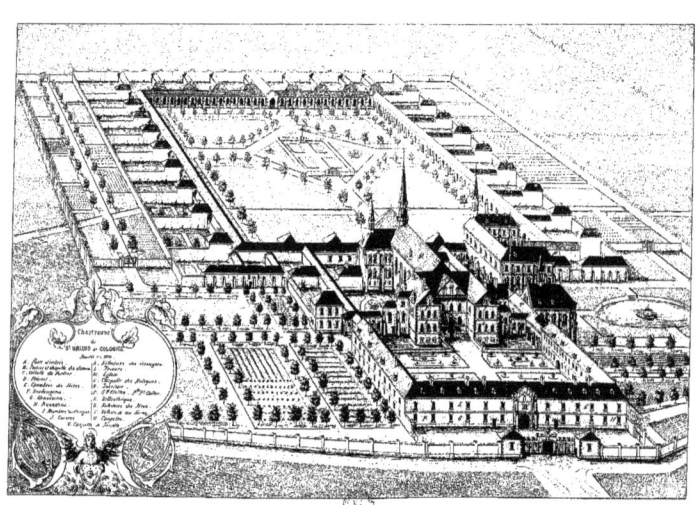

CHARTREUSE D'HAÏN, Ch^se DE SAINT-BRUNO. (C. SANCTI BRUNONIS COLONIÆ)
Dioc. de Cologne. Prusse Rhénane.

PROVINCE

DE L'ALLEMAGNE SUPÉRIEURE

SEIZ	127	LEWELD	157
GEIRACH	131	WARASDIN	158
FREUDENTHAL	135	BRUNN	159
LETHENKOW	139	OLMUTZ	163
LECHNITZ	141	AGGSBACH	167
MAUERBACH	143	PLETRIACH	171
GAMING	147	WALDITZ	177
TARKAN	151	GIDLE	181
PRAGUE	153	BEREZA	185

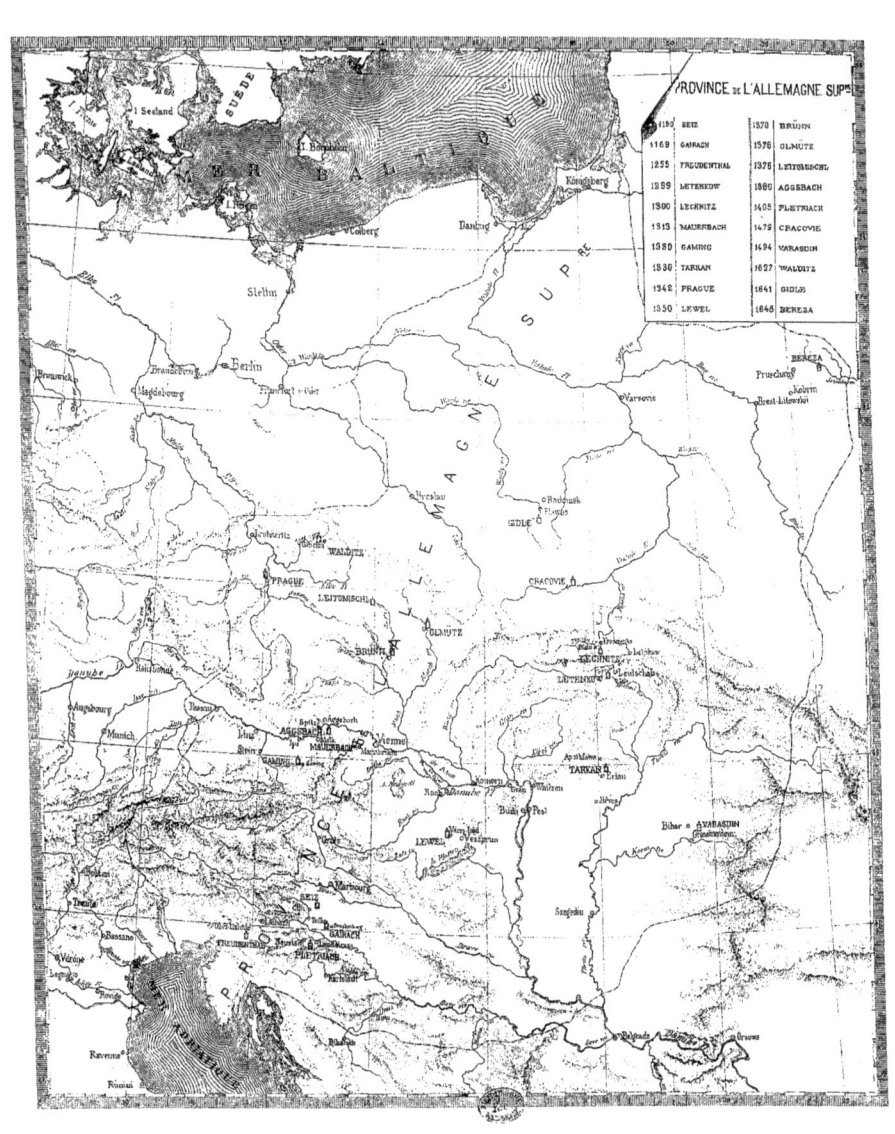

SEIZ

La Chartreuse du Val-Saint-Jean-Baptiste en Seiz (ou Seitz), à 2 lieues de Cilli et non loin de Gonobiz, dans le patriarchat d'Aquilée, fut fondée vers 1160 par Ottokar, marquis de Styrie. On raconte que ce seigneur ayant un jour poursuivi une biche de couleur blanche, sans pouvoir l'atteindre, s'endormit sous un arbre et vit apparaître S. Jean-Baptiste qui lui ordonna de construire une Chartreuse à l'endroit où l'animal avait disparu. Le même récit ajoute qu'un lièvre, relancé par la suite du marquis, vint se réfugier aux pieds de ce dernier qui s'écria : *Seitz! Seitz!* (ce mot signifie lièvre en langue slave). De là vient le nom donné à la localité.

Ottokar désirait tellement cette fondation que, voyant le R. P. D. Basile résister à ses instances, il n'hésita pas à provoquer l'intervention du Pape lui-même. Sur sa demande, Alexandre III fit décider le départ de quelques Chartreux, parmi lesquels se trouvaient D. Bérémond, qui fut le premier prieur de cette Maison, et le Frère Aynard, illustre Convers, d'un âge très avancé mais d'une énergie admirable. On a déjà parlé de lui dans la notice de Witham; il mourut plus que centenaire après une vie mouvementée dont on peut lire les détails dans D. le Couteulx.

Les débuts du Val-Saint-Jean-Baptiste ne furent pas sans difficultés. Peu au courant de la nature du sol sur lequel ils s'établissaient, nos Pères n'avaient accepté qu'une partie des terres qu'on leur avait offertes, pensant qu'elles suffiraient à leurs besoins; mais ils avaient compté sans l'exiguïté de leur rendement, si bien qu'après la mort du fondateur ils se trouvaient dans une grande pénurie et songeaient à abandonner le pays. Heureusement, le fils du marquis, appelé aussi Ottokar et portant le titre de duc de Styrie, vint à leur secours. N'ayant pas d'enfants, il leur assura une dotation considérable qui fut, plus tard, confirmée par son beau-père, Léopold duc d'Autriche, devenu son héritier. Le fils de ce dernier, nommé de même Léopold, combla le monastère de tant de largesses qu'on le considère comme un autre fondateur, et à sa suite figurent les noms de plusieurs papes, empereurs, rois et autres princes de l'Eglise et de la Maison d'Autriche.

Un profès de Seiz, D. Philippe, qui paraît avoir vécu dans la seconde moitié du xiiie siècle, acquit une certaine notoriété en composant en vers une *Vie de Marie,* ouvrage plein d'une piété tendre et naïve, qu'il dédia aux Chevaliers Teutoniques, appelés aussi « Frères de Marie ». Au siècle suivant, D. Godefroi, prieur de Seiz, obtint du pape Clément V la confirmation des privilèges de sa Maison et devint ensuite le premier prieur de Mauerbach; son successeur à Saint-Jean-Baptiste, D. Pierre, fit construire le chœur supérieur de l'église avec deux autels dont la consécration eut lieu en 1321.

Le schisme d'Occident fut pour cette Chartreuse l'occasion d'une célébrité inattendue : celle d'être considérée comme Maison généralice par les religieux de notre Ordre soumis à l'obédience romaine. Leur Définitoire de 1391 décida que le R. Père D. Jean de Bari, pour lors en résidence à Florence, devait, à cause des guerres ravageant l'Italie, se transporter sans retard à la Chartreuse de Saint-Jean-Baptiste en Seiz, qui, entre tous les monastères demeurés fidèles, avait par sa fondation le privilège de l'ancienneté. L'ordre fut exécuté, mais le R. Père Général mourut presque en arrivant (12 octobre 1391). Il eut pour successeur, d'abord D. Christophe de Florence, puis D. Etienne Maconi, dont les noms nous sont avantageusement connus.

En 1531, D. André, prieur de Seiz, fut saisi par les Turcs, torturé et affreusement massacré. A la suite de cette invasion, D. Matthieu Burgiar, profès et prieur du même monastère, pour prévenir de pareilles surprises, fit bâtir une grande tour et prit d'autres mesures énergiques. On lui doit aussi quelques traités ascétiques.

En 1564, cette Maison ainsi que celle de Geirach (Gyrio) subirent une éclipse fâcheuse : sous prétexte qu'elles étaient tombées dans le relâchement, l'archiduc Charles, gouverneur de Styrie, les donna en commende au cardinal Zacharie Delphin, et plus tard (1589) à l'abbé cistercien de Rein, d'où elles passèrent aux Jésuites de Graz (1591) par les ordres de l'archiduc Ernest. C'est alors que D. François de Quintana, profès de Paular, fut député par le Chapitre général pour recouvrer nos Maisons perdues. Il obtint, avec le consentement du pape Clément VIII, la restitution de Seiz, mais Geirach dut rester aux fils de S. Ignace. Morozzo raconte que les cloches du monastère restitué annoncèrent d'elles-mêmes cette heureuse nouvelle, ainsi qu'un chœur d'accents angéliques (1593).

De 1595 à 1623, D. Vianus Gravel, digne disciple du R. P. D. Jérôme Marchant, gouverna la même Chartreuse et la fit prospérer spirituellement et matériellement, non sans étendre son zèle sur les habitants du voisinage. Le jour de son enterrement, le Frère Pierre Roger, paralysé depuis sept ans, put marcher avec un bâton ; ce que l'on considéra comme un fait miraculeux. Nous devons aussi une mention à D. Gaspar Ubigs, prieur du Val-Saint-Jean-Baptiste de 1698 à 1730. Il sut éteindre des dettes contractées avant lui, fit réparer le cloître et acheta une nouvelle horloge commune ainsi que des ornements sacrés.

La communauté de Seiz, quand elle fut supprimée en 1782 par Joseph II, se composait, outre le prieur D. Anthelme Pintar, d'environ douze prêtres, parmi lesquels était D. Max von Maurisperg, ex-prieur de Snals, et de trois Frères laïques. L'église gothique d'une remarquable beauté fut conservée pour un temps, mais négligée dans son entretien ainsi que les autres bâtiments, elle finit par tomber en ruine. Les Pères avaient de vastes possessions à Oplotniz, à Gonobiz, à Seizdorf et une maison à Graz, qui furent mises en régie, pour alimenter la « Caisse de religion ». Quand on vendit le mobilier, les officiers du gouvernement constatèrent avec une sorte de stupéfaction que les fils de S. Bruno ne gardaient point leurs richesses pour eux-mêmes, tant ils vivaient dans le dénuement.

Le prince Windischgraz est aujourd'hui propriétaire de la Chartreuse ; mais il laisse la forêt et les plantes parasites reprendre leur empire sur tous les lieux jadis défrichés par les moines.

CHARTREUSE DE SEIZ, Ch⁽ᵉ⁾ DU VAL-SAINT-JEAN-BAPTISTE. (C. SEIZENSIS)
Dioc. de Marbourg. Styrie. Autriche.

GEIRACH

La Chartreuse du Val-Saint-Maurice en Geirach ou Gyrio, située à huit lieues au sud-est de notre Maison de Seiz, dépendait du diocèse de Gurk, province de Styrie. C'est un évêque de cette ville, nommé Henri, qui, d'après D. Le Couteulx, fut le fondateur de ce monastère vers 1169. Malheureusement, sous un des successeurs de ce prélat, la communauté commença à péricliter, bien qu'elle fût gouvernée par un religieux de grande vertu, le Bienheureux Odon, profès de Cazottes, une des gloires de notre Ordre. Les causes d'un effondrement si prompt sont demeurées obscures ; nos annalistes, il est vrai, parlent de malentendus survenus avec l'Ordinaire, mais des documents récemment découverts à la bibliothèque de Graz semblent contredire cette opinion et font mention de certaines dissensions entre les moines; nous n'essayerons donc pas d'élucider le fait. Quoi qu'il en soit, en 1189 ou environ, les choses en étaient arrivées à ce point que le saint prieur D. Odon, après avoir informé la Maison-mère de la situation, n'hésita pas à aller à Rome pour offrir sa démission au Pape. Ceux qui seraient tentés de juger sévèrement cette démarche doivent se reporter au temps où elle eut lieu, et se rappeler que les communications avec la Grande Chartreuse étaient très difficiles et l'habitude de recourir au Saint Siège consacrée par l'usage. On a déjà expliqué dans la notice de Cazottes (IIIme vol.) par suite de quelles circonstances le Bienheureux Odon devint alors le chapelain des religieuses de Tagliacozzo. Quoique à peu près nonagénaire, il s'empressa d'obéir aux ordres du Souverain Pontife Clément III, qui l'avait nommé à ce poste. Retiré dans une cellule, près du couvent, il n'en sortait que pour aller à l'église où il célébrait la messe avec une grande abondance de larmes. Ses prédications très pathétiques étaient nourries d'une solide doctrine, car il était fort instruit, et on a trouvé parmi les manuscrits de Seiz un recueil de ses sermons écrits sur parchemin, qui, malheureusement, ont été détruits. Arrivé à sa dernière heure, il s'écria tout à coup : « Attendez-moi, Seigneur, je vais à vous », et, étendant les mains vers le ciel, il rendit son âme à Dieu (1200?)

Que s'était-il passé au Val-Saint-Maurice pendant ce temps? A peine Odon était-il parti pour Rome que les Chartreux avaient été éconduits et remplacés par d'autres religieux, probablement par des Chanoines de S. Augustin (1190). D'après le manuscrit de Graz, le R. P. D. Jancelin, alors Général de l'Ordre, aurait renoncé de lui-même à un établissement dont l'avenir paraissait plein de difficultés et aurait remis la Maison entre les mains de l'évêque de Gurk, Théodore de Colnitz. D'ailleurs les nouveaux venus ne prospérèrent pas et, vingt ans après, leur maison était dans une si triste condition que l'archiduc Léopold, dit « le Glorieux », duc d'Autriche et de Styrie, résot de la rendre aux fils de S. Bruno (1209). Ce prince, que le zèle pour la religion ⸱ait fait surnommer « le Père du clergé », est regardé à bon droit comme le second ⸱ndateur de cette Chartreuse, car non content de lui rendre ses anciennes posses⸱ons, il en ajouta de nouvelles. Parmi les autres bienfaiteurs, figurent au premier ⸱ng les papes Innocent III, Grégoire IX et Urbain IV. Citons aussi Ottobon, patri⸱rche d'Aquilée, dont Geirach dépendait, qui écrivit à son clergé pour lui recommander ⸱os Pères (1305).

En 1328, D. Pierre, qui gouvernait la Maison du Val-Saint-Maurice après avoir ⸱ouverné celle de Seiz, signa, à l'occasion du schisme fomenté par Louis de Bavière, ⸱acte mémorable par lequel plusieurs prieurs de cette région promettaient obéissance ⸱u Chapitre général et au R. P. D. Aymon; ce qui contribua notablement à assurer ⸱unité de l'Ordre dans cette contrée.

Au siècle suivant (1415), ces mêmes Maisons s'unissaient entre elles par une ⸱lliance spirituelle et ce n'était point sans raison, car les invasions des Turcs et des ⸱artares devenaient de plus en plus menaçantes. D. Nicolas Kempf, deux fois prieur, ⸱'abord de 1442 à 1451, puis de 1467 à 1490, parvint néanmoins à maintenir la ré⸱ularité dans sa communauté, bien que les incursions de ces barbares se fussent ⸱enouvelées à différentes reprises. Lui-même mourut à Gaming en 1497, étant plus ⸱ue centenaire.

Le xvi⁰ siècle devait voir la fin de la Chartreuse de Geirach. D'après D. Le Cou⸱eulx, c'est à partir de 1506 que cette Maison, où vivaient quatorze religieux de chœur ⸱t six Frères laïques, commença à décliner. Les dévastations des protestants ne firent ⸱u'aggraver la situation; on eut beau promettre aux religieux qui consentiraient à ⸱ller habiter le Val-Saint-Maurice, des avantages spirituels, comme de célébrer des ⸱messes avec des intentions libres, pour leurs parents et connaissances, la Chartreuse ⸱finit quand même par être déserte. C'est alors qu'elle partagea le sort de Seiz et tomba ⸱entre des mains étrangères. Pour la première fois dans notre Ordre, on vit deux ⸱de nos Maisons gouvernées par des prieurs commendataires (1564-1591); ce qui ne ⸱manqua pas de soulever des protestations. On a dit dans la notice précédente comment ⸱Geirach dut être abandonné aux RR. PP. Jésuites, qui la gardèrent jusqu'en 1773, ⸱époque de leur suppression.

L'église de la Chartreuse, avec son clocher octogonal couvert d'ardoises, subsiste ⸱encore et sert au culte pour le village. On voit sur le maître-autel la statue de ⸱la Sainte Vierge au centre, celle de S. Jean-Baptiste à droite et celle de S. Maurice à gauche.

Les cellules ont été démolies, ainsi qu'une partie des bâtiments.

CHARTREUSE DE GEIRACH, C^{sse} DU VAL-SAINT-MAURICE. (C. GYRIENSIS)
Dioc. de Laybach. Carniole. Autriche.

FREUDENTHAL

Vers l'an 1255, d'après Le Couteulx, s'établit la Chartreuse de Val-Joyeuse à Freudenthal (ou Freidnitz), qu'on appelle aussi Wronicz, Wraniz et Franicz, dans la province de Carniole, au diocèse de Laybach. Situé à 4 milles au sud de la ville épiscopale, au milieu de rochers et de montagnes, ce monastère se trouvait entre les bourgades d'Oberlaybach et d'Igg. Le fondateur fut Ulric III, duc de Carinthie et seigneur de Carniole, de la lignée d'Ortemburg, qui agit, en cela, selon les désirs de son père Bernard. Après avoir eu soin, en 1257, de mettre la Chartreuse naissante sous la protection du Saint-Siège, il la dota magnifiquement deux ans plus tard par une charte qui respire la foi du moyen âge.

On peut remarquer singulièrement dans cet acte la délicatesse avec laquelle le duc veut sauvegarder la pleine indépendance de nos Pères vis-à-vis de lui-même et de sa famille. Il est expressément stipulé que le fondateur ne se réserve, ni pour lui ni pour ses successeurs, le droit de patronage appelé *jus advocatiœ*. Ulric ne veut exercer ce droit que si les religieux le lui confèrent par leur élection, et alors il agira « sans demander aucun profit, et en se contentant de défendre la cause de Dieu ».

La Chartreuse de Val-Joyeuse fut particulièrement protégée et comblée de bienfaits par les comtes de Cilli. Le comte Frédéric fit don, en 1426, de calices, d'ornements sacrés et d'une grosse somme d'argent qui permit d'ajouter au cloître trois cellules et une tribune à l'église. On nomme parmi les autres bienfaiteurs : Albert, comte de Goritz et de Tyrol, Meinhard, duc de Carinthie, Ulric de Greffeinberg, Garnier de Zigliaco, Conrad, évêque cistercien, vicaire d'Antoine, patriarche d'Aquilée, Sigismond, évêque de Laybach, le seigneur de Eclz, Wolfgang Engelbert d'Aversperg, comte du Saint-Empire, gouverneur de la Carniole.

Sur la liste des prieurs de Freudenthal nous relevons d'abord le nom de D. Hermann qui en 1329 fit, en compagnie des prieurs de Seiz, de Geirach et de Mauerbach, un acte solennel de soumission à notre Chapitre général, afin de protester contre les menées schismatiques de l'empereur Louis V. L'un des successeurs de D. Hermann, D. Pierre, profès de Seiz, excella en piété et en prudence ; il fut aussi prieur de la Chartreuse de Rome, et le R. P. D. Etienne Maconi ne voulut pas consentir à la démission qu'il lui offrit à plusieurs reprises ; il mourut en 1403. D. Frédéric, profès de Plétriach, prieur de Freudenthal et de Gaming, était communément appelé *probus prior*, ce qu'on peut traduire par « le loyal prieur » ; renommé pour son esprit religieux et sa dextérité dans les affaires, il rendit de grands services à l'Ordre et termina sa carrière en 1443.

Au siècle suivant, D. Prime Jobst eut le mérite de s'opposer fermement et efficacement à l'aliénation de Val-Joyeuse dont il était prieur depuis 1581. Il paraît, en effet, qu'en 1586 il était question, pour ériger un nouvel évêché, d'employer les biens de ce monastère. Le meilleur moyen de prévenir le retour de pareilles tentatives, c'était d'y faire resplendir la vie cartusienne d'un éclat exceptionnel. La Providence y pourvut par l'élection de D. Paul Weissot, profès de Seiz, qui devint prieur de Freudenthal en 1629. Il avait d'abord été Vicaire en cette dernière Maison et l'on n'avait pas oublié qu'un jour, au spaciement, il rencontra un aveugle lui demandant de faire le signe de la croix sur ses yeux privés de lumière : le bon Père se contenta d'abord de poursuivre sa route ; mais l'infortuné redoubla ses instances et les religieux présents se joignant à lui pour vaincre l'humilité qui semblait en lutte contre la charité, D. Paul Weissot accéda au désir de son entourage, et l'aveugle recouvra la vue. Comme prieur, il se montra digne d'opérer de nouveaux miracles. Il fut l'énergique défenseur des pauvres et des opprimés ; d'autre part on admirait sa douceur, sa modestie et sa patience. L'empereur Ferdinand II l'appréciait beaucoup et lui écrivait souvent de sa propre main. Il fit une sainte mort en 1652.

Mentionnons encore D. Louis de Cyrian († 1687), profès et prieur de Freudenthal de 1653 à 1669, qui, déjà décoré par l'empereur Léopold Ier, fut nommé prélat en 1660, titre qui passa à ses successeurs. Après lui, D. Anthelme Kimoviz, mérita une distinction plus estimée dans notre Ordre que les récompenses profanes. Le Chapitre général de 1728 annonça qu'il avait passé *laudabiliter* ses cinquante années de vie religieuse.

Quand elle fut supprimée en 1782 par l'empereur Joseph II, la Chartreuse de Val-Joyeuse présentait des bâtiments en bon état. L'église, une des plus belles du pays, était revêtue de marbre et possédait sept autels ornés de tableaux et de sculptures. La bibliothèque comptait 3428 ouvrages, dont un certain nombre de précieux, comme un Froissart du temps de Charles VIII, le Traité de saint Augustin *de Civitate Dei* écrit sur parchemin avec des initiales dorées, un antiphonaire aussi sur parchemin, etc.

Le dernier prieur de Freudenthal s'appelait D. Bruno Ortner. Son souvenir est encore vivant dans la région environnante. On raconte que des malfaiteurs le saisirent et l'attachèrent par les bras aux branches d'un arbre. Ainsi abandonné, il recourut à la Très Sainte Vierge dont il apercevait dans le lointain une chapelle vénérée. La pensée lui vint de se consacrer au service de ce lieu de pèlerinage s'il échappait au danger extrême où il se trouvait. Après avoir fait la promesse qui lui était inspirée, il fut en effet délivré, et passa la fin de sa vie à honorer la Mère de Dieu dans son sanctuaire. Lorsqu'il mourut, on conserva son confessionnal qui portait les armoiries de notre Ordre.

Le domaine de Freudenthal fut d'abord administré par l'Etat, puis les biens furent vendus en 1826.

Chartreuse de Freudenthal, Chse de la Vallée-Joyeuse. (C. Sanctæ Mariæ in Freudnitz)
Dioc. de Laybach. Carniole. Autriche.

LETHENKOW

Une fondation éphémère précéda en Hongrie celle de Lethenkow. Le roi Adalbert IV établit en effet une Chartreuse dans l'antique monastère bénédictin d'Ercseny. On trouve aux archives du Vatican un acte de Grégoire IX, daté du 8 août 1238, au sujet de cette fondation. Détruite par les Tartares dès l'an 1242, cette Maison passa, par ordre du pape Innocent IV (22 janvier 1253), au pouvoir des Cisterciens. Un demi-siècle devait s'écouler avant de voir les fils de S. Bruno s'installer de nouveau en Hongrie.

La Chartreuse de la Pierre-de-Refuge, appelée Lethenkow dans nos Annales, qui en placent l'origine vers 1300, fut construite dans le comté de Zips, à l'ouest de la ville de Leutschau. Dédiée à S. Jean-Baptiste, elle devait son nom de Pierre-de-Refuge (en hongrois *Menedekszirt*) à une forteresse que les Saxons avaient édifiée dans le même lieu pour sauvegarder leur vie et leurs biens contre les Tartares. Son fondateur ou promoteur fut un digne prêtre, nommé Martin, plébain de la « villa d'Isaac ». La fraternité des vingt-quatre plébains royaux lui vint en aide dans son entreprise à laquelle Jordan, comte de Zips, donna son approbation.

Le premier prieur fut D. Conrad (1307-1310), religieux savant et bon écrivain qui fut déchargé de ses fonctions pour s'adonner davantage aux exercices spirituels et à la composition de ses ouvrages. Son successeur, D. Pierre (1310-1316), triompha de grandes difficultés d'administration avec l'assistance du plébain Martin qui, d'après quelques historiens, entra lui-même dans notre Ordre. Le peuple hongrois se mit à entourer d'une grande estime et d'une affection spéciale les Chartreux qu'il appelait « les amis muets ». Peu à peu des vocations surgirent, et sous le troisième prieur, appelé aussi D. Martin, un fait merveilleux vint manifester l'excellent esprit des religieux de la Pierre-de-Refuge.

Le fils d'un comte étant entré au monastère, on voulut l'éprouver particulièrement et il fut envoyé à la garde des brebis. D. Denys, — tel était le nom de ce novice — veillait un jour sur son troupeau lorsqu'un grand ours vint épouvanter les pauvres bêtes qui se dispersèrent. Après les avoir réunies de nouveau avec beaucoup de peine, notre berger alla raconter son aventure au bon prieur. D'après la chronique, D. Martin céda à une impulsion de l'Esprit-Saint en ordonnant à D. Denys, pour le cas où l'ours se représenterait, de lui enjoindre, en vertu de l'obéissance, de laisser le troupeau en paix. Le novice eut bientôt l'occasion et le courage d'affronter le terrible animal, puis de lui mettre sa ceinture au cou et de le conduire ainsi à la Chartreuse, attribuant ce qu'il faisait au mérite et à la sainteté de son prieur.

Vers 1433 les Hussites, qui s'étaient propagés de Bohême en Hongrie, incendièrent la Pierre-de-Refuge, et les religieux se réfugièrent à la Chartreuse de Tarkan. Revenus plus tard dans leur Maison, dont la reconstruction fut poursuivie avec ardeur par leur prieur, D. Jean Monesser, ils se virent une seconde fois contraints de s'éloigner devant les Hussites, et se retirèrent alors (1455) dans la ville de Leutschau où ils se bâtirent une petite résidence et reçurent d'abondantes aumônes de la part des habitants.

Après les victoires de Jean Hungady et de son fils Mathias, les Chartreux revinrent à la Pierre-de-Refuge (1462), ayant pour prieur D. Thomas. Celui-ci commença la restauration du monastère, qui fut continuée avec un grand zèle par son premier successeur, D. Gabriel, tandis que le second, D. Jean de Erdély, se fit une fâcheuse réputation d'alchimiste. La Chartreuse fut ensuite gouvernée par D. Nicolas, auparavant prieur de Mauerbach. Plein d'affabilité, de modestie et de gravité, ce digne religieux plut beaucoup au roi Mathias, qui institua une rente annuelle de 24 florins d'or pour les repas des moines, en la fête de S. Nicolas. D. André de Torna, prieur de 1492 à 1500, fit tous ses efforts pour achever les réparations, et s'occupa aussi de la reconstitution du noviciat. D. Jodocus de Wagendrüssel, écrivain de mérite, fut à la tête de la Pierre-de-Refuge de 1500 à 1508 : il s'appliqua à la restauration de l'église et fut aidé par une grande bienfaitrice, la princesse Hedwige, veuve du palatin Etienne Zapolya, qui fit de plus bâtir deux cellules.

Trois bandes de brigands occupèrent en 1543 et pillèrent la Chartreuse dont ils voulurent faire leur forteresse contre les soldats du roi. Ils se virent contraints de s'enfuir par l'arrivée des troupes régulières; mais la démolition du monastère par raison stratégique fut ensuite décidée, et nos Pères se retirèrent de nouveau à Leutschau où ils apprirent bientôt qu'il ne restait plus de leur chère Maison qu'un monceau de pierres et de décombres. Ils s'étaient réunis depuis quelque temps aux Chartreux de Lechnitz, lorsqu'en 1563 un décret du roi Maximilien, sollicité par de puissants adversaires des Chartreux, fut comme le signal de l'abolition de notre Ordre dans le comté de Zips.

Après avoir reçu diverses destinations, les biens de la Pierre-de-Refuge furent attribués, en 1646, par Ferdinand III, aux Pères Jésuites établis à Leutschau dans la résidence des Chartreux. Le R. P. D. Jean Pégon travailla très activement, mais en vain, dès 1653, à ressusciter ou à recouvrer avec ses possessions la Chartreuse démolie. On trouve ses lettres sur ce sujet dans le recueil de Schwengel avec les principales pièces du procès jugé au tribunal du nonce apostolique à Varsovie.

LETENKOW

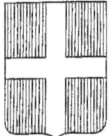

De gueules à la croix d'argent.

TARKAN

ARMOIRIES INCONNUES.

Fondateur inconnu ; certains pensent que c'est vraisemblablement Jean, seigneur de Tarkan, frère du fondateur de Lechnitz, tandis que l'abbé Dedek cherche à attribuer la fondation à Nicolas II, évêque du lieu.

WARASDIN

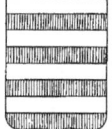

Burelé d'argent et de gueules de huit pièces.

LEWELD

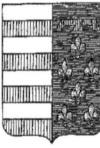

Parti : au premier burelé d'argent et de gueules de huit pièces; au second d'azur semé de fleurs de lis d'or, au lambel de trois pendants de gueules.

LECHNITZ

D'azur au bouquetin rampant contre un rocher, les pattes de derrière dans une couronne sur une terrasse, le tout d'argent.

ARMOIRIES DES FONDATEURS DES CHARTREUSES DE HONGRIE.

LECHNITZ

La Chartreuse du Val-Saint-Antoine, près de Lechnitz, dans le nord du comté de Zips, en Hongrie, était agréablement située sur les bords de la rivière Dunajecz et sur la route de Pologne, à proximité de la frontière. On l'appela aussi le Cloître-Rouge, à cause du toit rouge à bardeaux de la partie basse du monastère, là où se trouvait l'hôtellerie.

Une lettre du R. P. D. Boson, datée de 1308, remercie le duc d'Esclavonie de ce qu'il a fait et de ce qu'il a promis de faire en faveur de cette Chartreuse récemment fondée. C'est ce même duc, nommé Henri, qui décida son frère, appelé Maître Gallus ou vulgairement Kakas, et chef de la famille des Rudgeri, à choisir des religieux de notre Ordre pour l'un des six monastères qu'il devait construire. Cette obligation venait de ce que les seigneurs précités avaient, dans une querelle, tué l'un des membres de la famille des Gorgei, leur rivale. Pour mettre fin aux hostilités, Maître Kakas s'était soumis à un arbitrage qui lui avait imposé les six fondations que nous venons de mentionner, avec la charge de faire célébrer quatre mille messes. C'est de concert avec son frère, le duc Henri et avec sa parenté que le coupable établit la Chartreuse du Val-Saint-Antoine, non sans quelques réclamations de la part du prieur de la Pierre-de-Refuge, qui se demandait comment deux monastères de notre Ordre pourraient subsister dans le même comté. Afin de prévenir les difficultés, le fondateur prit un moyen qui ne devait pas être sans inconvénients : il donna le territoire assigné pour la Chartreuse de Lechnitz à celle de la Pierre-de-Refuge, avec la charge pour celle-ci de construire la nouvelle Maison dont elle devait être considérée comme la mère. Le roi Charles Ier confirma ces dispositions le 4 mai 1320.

Le premier prieur du Val-Saint-Antoine fut D. Jean; choisi par D. Martin, prieur de la Pierre-de-Refuge, pour bâtir le monastère, il s'occupa d'obtenir l'extension des privilèges et des possessions de sa Maison. Un puissant palatin de Hongrie, nommé Drugeth, fit présent au monastère de l'important domaine de Ofalu (Antiqua Villa) : bienfait qui fut ratifié le 25 juillet 1337 par le roi Robert-Charles. Cinq ans plus tard (22 décembre 1342), le roi Louis-le-Grand restitua à nos Pères, sur les instances de leur prieur, la villa attenante audit domaine, qui à tort avait été revendiquée comme possession royale.

Une controverse s'engagea dès 1328 entre les deux Chartreuses du comté de Zips. Les religieux du Val-Saint-Antoine ne voulaient pas consentir à regarder la Maison de la Pierre-de-Refuge comme leur Maison-mère, parce que cela n'était pas conforme aux usages de notre Ordre. D'autre part, deux domaines concédés par Maître Kakas restaient en possession des Chartreux de Lethenkow au lieu de revenir à Lechnitz. Les Visiteurs tranchèrent la difficulté en assignant l'une de ces propriétés au premier monastère et l'autre au second ; ils décidèrent aussi, en 1351, que les biens donnés pour la construction de Lechnitz devaient appartenir à cette Chartreuse. Leur jugement fut humblement accepté, et dès lors la paix régna entre les deux Maisons.

Au xv{siècle, la reine de Pologne, Hedwige, puis son époux Ladislas Jagellon et ensuite la reine Sophie portèrent des décrets en faveur de nos Pères de Lechnitz qui avaient à souffrir du voisinage de la citadelle polonaise de Czortin, et ne pouvaient librement pêcher dans la rivière Dunajecz. Mais une plus terrible épreuve allait les atteindre. Les Hussites, connus sous le nom de Thaborites, croyant que les Chartreux possédaient de grands trésors, envahirent en 1431 leur monastère et le pillèrent. Ne trouvant pas les richesses convoitées, ils se mirent à frapper avec fureur, à torturer, à blesser gravement les religieux, dont quelques-uns furent tués. Ils voulurent forcer le prieur, D. Michel, à découvrir ses prétendus trésors, et, comme le pieux vieillard gardait le silence, ils l'entraînèrent avec eux en le traitant cruellement : on ne sait s'il fut massacré.

A la nouvelle de cet attentat, l'évêque de Cracovie, bien que la Chartreuse ne fût pas dans son diocèse, leva aussitôt une armée pour venger les moines et délivrer leur prieur. Il se mit en marche; mais il apprit bientôt que les agresseurs s'étaient dispersés et ne put en saisir qu'un petit nombre. On ajoute que la vengeance divine, suppléant à celle des hommes, atteignit les coupables qui firent tous une mort honteuse et subite. En 1433, les brigands Thaborites, sous la direction d'un prêtre apostat, revinrent à Lechnitz avec l'intention d'établir leur résidence dans la Chartreuse. Ils permirent toutefois à un petit nombre de religieux de rester quelque temps dans le monastère, qui fut ensuite incendié et enfin abandonné. C'est vers 1450 que nos Pères revinrent au Val-Saint-Antoine, ayant à leur tête D. Gabriel, qui s'appliqua énergiquement aux travaux de restauration. Mais cette Maison ne put prospérer, étant située sur la frontière de deux royaumes qui étaient souvent en lutte.

Au siècle suivant, en 1545, elle fut de nouveau envahie et pillée. Enfin, l'empereur Ferdinand la supprima par un décret daté de Presbourg. Son dernier prieur, D. Thomas, mourut en 1567.

D'actives démarches pour recouvrer cette Chartreuse eurent lieu au xvii{siècle. Après le R. P. D. Juste Perrot qui écrivit, en 1637, au prieur de Dantzig de s'occuper de cette affaire, le R. P. D. Jean Pégon multiplia ses lettres dans le même sens, de 1650 à 1668. D'autres tentatives se produisirent en 1675, en 1681 et en 1689, mais tout resta inutile. Finalement, l'évêque Ladislas Mattyasovsky racheta pour 300,000 florins les biens du Val-Saint-Antoine, et, par son testament daté de 1705, les légua aux Camaldules qui y demeurèrent jusqu'à leur suppression par Joseph II. L'un de ces religieux, appelé Romuald, comme le saint fondateur de son Ordre, a écrit une histoire de ce monastère.

MAUERBACH

La Chartreuse du Val-de-tous-les-Saints à Mauerbach, dans les environs de Vienne et sur le territoire du diocèse de Passau, dut, en 1313, son établissement au duc d'Autriche, Frédéric « le Beau », conjointement avec ses frères, Léopold, Albert, Henri et Otton. Les fondateurs voulurent qu'un hôpital fût annexé à ce monastère, et le R. P. D. Aymon y consentit, en stipulant toutefois que les infirmes à recevoir ne seraient que du sexe masculin, « attendu que notre Ordre n'a pas coutume d'abriter des femmes dans ses Maisons ni même dans ses granges ».

Sur le désir manifesté par le duc Frédéric, D. Godefroi, prieur de Seiz, devint le premier prieur de Mauerbach. Il était précédé par une réputation de sainteté et de prudence que justifiaient amplement ses actes antérieurs et les vives sympathies qu'il s'était acquises. Installé avec solennité dans son nouveau poste, il ne tarda pas à gagner la confiance du prince qui l'appela à juger au « tribunal de conscience » et à faire partie du « conseil secret ». Le prieur avait droit à un attelage de quatre chevaux dans les réceptions de la cour palatine; c'était en vertu de la prélature aulique qui lui avait été conférée, dignité destinée à passer à ses successeurs, malgré ce qu'elle avait de peu conforme à la simplicité cartusienne.

Lorsqu'il fut élu empereur, le 19 octobre 1314, le duc d'Autriche ne cessa pas de s'intéresser à sa fondation ; mais Louis V de Bavière ayant reçu le même titre, la guerre éclata entre les deux compétiteurs qu'unissaient pourtant des liens de parenté. Frédéric III fut réduit en captivité par son cousin et rival. Il put cependant assurer l'avenir de sa chère Chartreuse en chargeant un fidèle mandataire d'en faire poursuivre la construction. Gerlach, curé de Dreskirchen et chapelain du palais, se montra digne de la confiance de son empereur et du nom de second fondateur que lui ont donné nos Pères de Mauerbach. Par ses soins, au bout de trois ans, l'église du monastère était achevée et consacrée. Bien plus, il voulut adjoindre à la Chartreuse, outre l'hôpital dont nous avons déjà fait mention, une sorte d'infirmerie ou de maison inférieure pour six religieux prêtres et un Convers. Bien que cette institution, comme l'hôpital, ne fût pas appelée à durer longtemps, Gerlach fut entouré de tous les témoignages de la plus vive reconnaissance par les moines de Mauerbach, surtout par le prieur, D. Godefroi, qui l'assista dans ses derniers moments. Antérieurement, Frédéric III avait obtenu, du pape Jean XXII, la confirmation de son œuvre et de celle de son pieux mandataire. Il revint lui-même en Autriche en 1325, délivré de sa captivité, d'après la Chronique de Mauerbach, par l'intervention de D. Godefroi, près duquel il aima à séjourner pour se préparer au trépas qui arriva cinq ans plus tard. Il répétait avec complaisance cette maxime : « Rien de plus heureux qu'une heureuse mort. » Il fut inhumé au milieu du chœur de l'église de sa chère Chartreuse qu'il n'avait pas oubliée dans son testament.

En 1383 et en 1387, à cause du schisme d'Occident, fut célébré à Mauerbach le Chapitre général de nos Pères de l'obédience romaine. L'administration du monastère passa, en 1397, dans les mains de D. Hugues, qui, avant d'entrer dans notre Ordre, exerçait les fonctions de prédicateur à la cathédrale de Vienne. Malgré les difficultés qui provenaient spécialement du schisme, il sut faire prospérer sa Maison au double point de vue spirituel et temporel. Il eut jusqu'à dix-huit religieux et on lui dut diverses acquisitions. Il gagna l'admiration des princes, particulièrement celle du duc d'Autriche, Albert IV, et mourut en 1419. Le 3 février 1460, il fut suivi dans la tombe par D. Jean Span qui gouverna les Chartreuses d'Aggsbach et de Mauerbach avec une grande réputation de zèle, de justice et de dextérité dans les affaires.

Au xvie siècle une terrible épreuve était réservée au Val-de-tous-les-Saints. Les Turcs qui assiégèrent Vienne du 26 septembre au 14 octobre 1529, sous le commandement du sultan Soliman, envahirent à cette occasion la Chartreuse où restaient alors comme gardiens, le Procureur D. Sigismond, les Frères Erard, Jean et Michel, profès de la Maison, et (d'après la Chronique) les Frères Benoît et Antoine, Convers de Leweld. Avec eux se trouvait aussi le Frère Sébastien, clerc rendu de Mauerbach, qui arrêta les Turcs avec sa hache à l'entrée de la chambre où s'étaient réunis nos religieux. Il fut enfin accablé par le nombre et mis en pièces avec ses compagnons. On leur donne généralement le titre de martyrs.

D. Georges Faselius, profès et prieur de Ratisbonne, se vit choisir par l'empereur Mathias pour restaurer la Chartreuse de Mauerbach. Nommé en 1618, il fit rebâtir l'église conventuelle, les trois quarts du cloître, six cellules et les appartements impériaux. On le regarde comme le troisième fondateur du Val-de-tous-les-Saints. Il mourut en 1631. L'année suivante rappelle la fin de deux hôtes de Mauerbach qui méritent un souvenir particulier : D. Mathias Mittner, profès de Ratisbonne, Vicaire du monastère, auteur de remarquables ouvrages ascétiques et D. Macaire, profès de Brünn qui pendant son séjour au Val-de-tous-les-Saints délivra, un jour qu'il était en spaciement, une femme énergumène sur les instances de celle-ci. D. Léopold Brenner, profès et Procureur de Mauerbach, écrivit avec talent la Chronique de cette Maison, dont il devint, en 1678, le prieur très recommandable († 1692). Ajoutons aux noms qui précèdent ceux de D. Henri Kurtz et de D. Wenceslas Mantz, profès de la même Chartreuse, honorés tous les deux de la note *laudabiliter,* le premier en 1721, après 50 ans de vie religieuse, le second en 1731, après 60 ans.

La Chartreuse de Mauerbach, supprimée en 1782 par l'empereur Joseph II, est de nos jours à peu près intacte; elle est devenue un hôpital pour les vieillards.

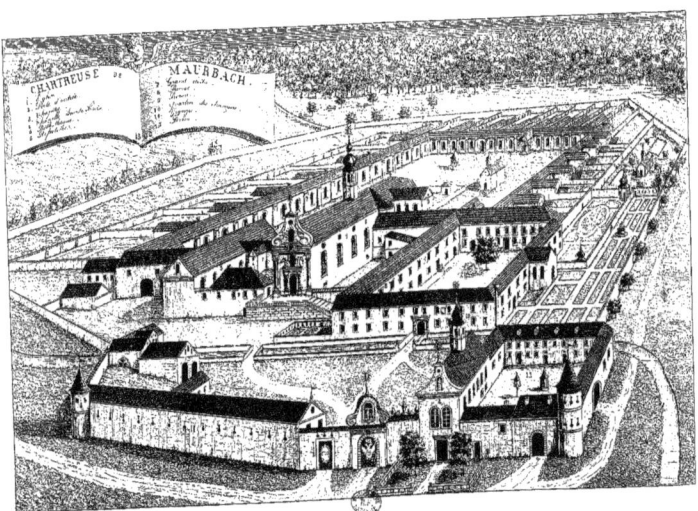

CHARTREUSE DE MAUERBACH. Ch^{se} DU VAL-DE-TOUS-LES-SAINTS. (C. OMNIUM SANCTORUM)
Dioc. de Vienne. Autriche.

GAMING

Pour se rendre à Gaming, le touriste doit quitter, à la station de Poeklarn, la grande voie ferrée allant de Vienne à Munich; puis, prendre une ligne secondaire qui le conduit vers le sud à travers un magnifique pays de montagnes couvertes de sapins. Après un parcours de 7 lieues, on pénètre dans une vallée pittoresque, et bientôt apparaît la Chartreuse avoisinant le village et se détachant comme un tableau sur le versant de la colline.

Cette fondation, qui remonte à l'année 1330, est due principalement au duc d'Autriche, Albert II, surnommé « le Sage »; il était frère de l'ex-empereur Frédéric dont on a parlé dans la notice précédente. Ce monastère, au dire de Miræus, était le plus beau de toute la Province et la gloire du diocèse de Passau dont il dépendait; on lui donna le nom de « Trône-de-Sainte-Marie » quand fut bénite, en 1332, la première pierre de l'église. L'incorporation à l'Ordre eut lieu cinq ans plus tard. On put doubler le nombre des cellules et terminer les constructions en moins de dix ans, grâce à l'énergie du premier prieur, D. Martin de Hongrie (1331-1342) et grâce surtout à la générosité du duc Albert qui ne se démentit pas jusqu'à sa mort arrivée en 1358. Il fut enterré au milieu du chœur à côté de son épouse décédée avant lui : les deux tombeaux sont surmontés d'un grand monument en marbre rouge, sur lequel on voit sculptées les images des deux conjoints. Là aussi furent déposés les restes d'Elisabeth, fille de l'empereur Charles IV et première femme du duc Albert III. Les Chartreux célébraient les anniversaires de ces nobles personnages avec beaucoup de solennité, le 20 juin et le 15 novembre de chaque année, en distribuant aux pauvres du pain, du vin et un pfennig.

Cette Chartreuse avait le droit de patronage sur quatre paroisses et possédait plusieurs villages et quelques châteaux avec leurs dépendances, mais elle était renommée non tant par ses richesses que par la vie austère et contemplative qu'on y menait. Elle fut gouvernée par plusieurs sujets de marque : citons D. Conrad de Haimbourg, auteur d'hymnes pieux très appréciés; D. Nicolas Kempf, célèbre pour son érudition, sa piété et sa prudence, mort plus que centenaire en 1497; D. Paul « l'Inébranlable » (1532), qui vit la Chartreuse repousser victorieusement une triple attaque des barbares.

A partir de 1670 les prieurs de Gaming portèrent le titre de prélat, c'est-à-dire peu après que D. Louis Cyrian (1669-1687), déjà revêtu de cette dignité, eut prit la direction de la communauté. Sous son gouvernement, le monastère eut beaucoup à souffrir à l'occasion du siège de Vienne (1683); d'après une lettre conservée par Schwengel, plus de trois cents habitants du village de Gaming furent tués ou emmenés en captivité ; mais les gardes de la Chartreuse réussirent à empêcher l'ennemi de pénétrer dans l'intérieur de la clôture, d'ailleurs en partie évacuée par les moines qui s'étaient réfugiés à Venise.

D. Benoît Hiderholt (1687-1702) répara les dommages causés par les Tartares et restaura aussi la maison que nos Pères possédaient à Vienne.

En 1732, on célébra le quatrième centenaire du Trône-de-Sainte-Marie. C'était sous le priorat de D. Joseph Kristeli de Bachau. De magnifiques éloges lui furent décernés dans l'ouvrage composé, à cette occasion, par Newen, poète de la cour. L'auteur mentionne aussi le nom de D. Léopold Wideman, profès et jadis Vicaire de Gaming, écrivain de marque et doué d'une vertu peu commune qui lui valut, à sa mort (1752), la note *laudabiliter* pour ses 63 ans de vie religieuse passés dans notre Ordre.

Quelques années plus tard, Joseph II, proclamé empereur, allait inaugurer la suite de vexations contre les Ordres contemplatifs qui devaient aboutir, en 1782, à la fermeture de la Chartreuse, les moines ayant refusé d'exercer les fonctions du ministère paroissial et d'avoir une école chez eux.

Quand vint l'heure de la suppression, le gouverneur de la province informa le souverain qu'il y avait au monastère des objets rares et des souvenirs de la famille impériale, précieusement conservés par les Chartreux, à savoir, une épée et un poignard ayant appartenu au duc Albert, son anneau de mariage, l'antiphonaire dont il se servait, le livre de prières de l'impératrice Eléonore, une collection de 2131 médailles, etc. Joseph II répondit de sa propre main que tout devait être vendu aux enchères : ce qui fut exécuté à des prix dérisoires ; bon nombre d'objets disparurent subrepticement. Les commissaires du gouvernement jetèrent les ossements des princes défunts hors de leurs cercueils de plomb qui furent laissés à des Juifs pour quelques florins. Pendant quinze ans, ces restes humains demeurèrent abandonnés et livrés à la curiosité publique, jusqu'à ce que l'empereur François II les eût fait transporter à la paroisse de Gaming.

L'abbé Brunner, dans un livre publié en 1856 *(Mystères de la Libre pensée en Autriche)*, raconte que l'intérieur de l'église de la Chartreuse présente l'image de la dévastation : les autels ont été enlevés et le lieu saint sert de dépôt de bois et de toute espèce d'objets, les murs seuls et la voûte subsistent. Les cours du monastère conservent assez bien leur aspect ; les arcades ouvertes sont supportées par de sveltes colonnes, ainsi qu'on en voit fréquemment dans les couvents d'Italie. La bibliothèque est intacte, sauf que la plupart des livres et des archives ont été transportés à Vienne. Le réfectoire a été transformé après la suppression pour servir de logement au régisseur. Les cellules sont habitées par de pauvres gens. L'auteur rend cependant hommage aux comtes de Festetics, propriétaires de la Chartreuse et des terres environnantes. Par un zèle pieux, non contents d'être les vigilants gardiens de ce qui subsistait, ils ont réparé bien des ruines et racheté beaucoup d'objets, meubles, tableaux et ustensiles, ayant appartenu aux moines, égarés dans les maisons des paysans. La même famille, vers le commencement du xxe siècle, offrit gracieusement à notre Ordre de rentrer en possession de l'ancienne Chartreuse.

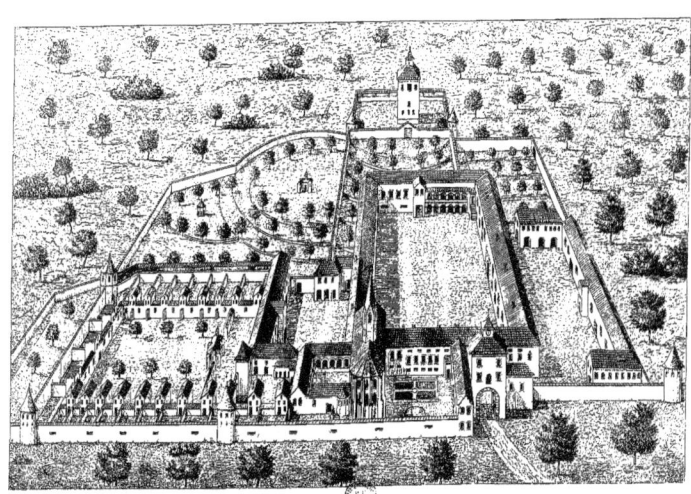

Chartreuse de Gaming ou Gemnitz, Ch⁹⁰ du Trône de la Vierge-Marie. (C. Gemnicensis)
Dioc. de Passau. Autriche.

TARKAN

La Chartreuse de Tarkan ou Tàrkàny, à une lieue de la ville épiscopale d'Erlau (en latin Agria, en slave Jager), en Hongrie, était dédiée à la Très Sainte Vierge sous le vocable de Notre-Dame-du-Val-de-Secours *(Domus Beatæ Mariæ Vallis Auxilii supra Tarkan in Hungaria)*. On a perdu les documents relatifs à sa fondation qui est rapportée par Beyerlinck et Le Couteulx à l'année 1330.

Les principales possessions de ce monastère étaient à Felsœ-Fàrkàny, à Zsercz et à Saint-Istvan. En 1436, l'évêque Pierre Rozgonyi donna le bourg de Noszvaj en échange de Felsœ-Fàrkàny. Il faut ajouter à cela un établissement de bains qui est resté célèbre et qui est mentionné par un ancien acte dans les termes suivants : *Molendinum in fluvio Egervize vocato ad balneum Cartusiensium penes plateam Ujvaros*.

Si l'on ignore le nom du fondateur de cette Chartreuse, on conserve du moins le souvenir d'un certain nombre de ses bienfaiteurs. Citons, par ordre de date, Jacques, archidiacre de l'église d'Erlau, dont la mort est annoncée par le Chapitre général de 1422; Jean, archevêque de Salzbourg, « grand bienfaiteur », auquel le Chapitre de 1493 accorde un anniversaire perpétuel dans tout l'Ordre (cet archevêque était mort quatre ans auparavant); Urbain, évêque d'Erlau, dont le décès figure sur la Carte de la même année 1493; Benoît, évêque de Nicopolis, suffragant de l'évêque d'Erlau (Carte de 1493); Nicolas, chantre et chanoine de l'église d'Erlau, qui eut un anniversaire fixé au 23 octobre par la Carte de 1499. A cette liste il convient de joindre les membres de la famille Hancso et d'autres nobles seigneurs qui montrèrent leur générosité envers les Chartreux de Tarkan.

Parmi les prieurs du monastère nommons D. Christophe Hypffel, qui devint prieur de Seiz, puis de Gaming où il mourut en 1431, après une administration digne de grands éloges; D. Thomas, qui termina sa carrière à la Chartreuse de Leweld, et dont le décès est annoncé au Chapitre de 1475; D. Barnabé, dont la fin, précieuse devant Dieu, est rappelée trois ans plus tard; D. Fabien, profès de Seiz, qui eut, en 1485, un anniversaire perpétuel dans tout l'Ordre pour lui et ses parents.

Les Cartes du Chapitre général nous apprennent que la Chartreuse de Tarkan eut beaucoup à souffrir des rigueurs de la pauvreté. En 1394 et les années suivantes, la taxe du Chapitre est remise au prieur « à cause de son indigence ». En 1402, les Définiteurs écrivent : « Nous compatissons aux embarras du prieur et de la communauté de la Maison du Val-de-Secours, à cause de leurs épreuves et de leurs tribulations. » En 1404, les religieux du même monastère sont exhortés « à prendre une bonne patience pour Dieu, au moins pendant quelque temps; car le prieur de Leweld a écrit en donnant l'espérance d'un prompt secours de la part du roi de Hongrie et de l'évêque d'Erlau ». En 1471, vu la pauvreté de cette Maison, il est permis au prieur d'avoir, en dehors des limites ordinaires, un domaine légué à sa communauté.

Vers 1433, nos Pères de Tarkan eurent à abriter les Chartreux de la Pierre-de-Refuge et de Lechnitz, contraints par la persécution de s'éloigner de leurs résidences. Quelques années après, en 1466, ils portèrent leurs plaintes au roi Ladislas contre les habitants et les juges de la ville de Kœvesd, qui dévastaient leurs possessions, principalement leurs forêts. Le monarque ordonna à Borsœd Frangipanis et au Chapitre d'Erlau d'examiner sérieusement l'affaire et de la terminer par une sentence judiciaire, ce qui eut lieu en faveur des Chartreux.

Malgré sa pauvreté, le Val-de-Secours n'entretenait pas moins un nombre suffisant de religieux, si l'on en juge par le chiffre de douze moines et de cinq Convers qu'on trouve dans le livre des Visites, depuis 1460 jusqu'à 1520. A partir de cette dernière date les admissions furent plus rares, et les Turcs détruisirent la Chartreuse peu après la démolition de la Pierre-de-Refuge (1543). Selon Le Couteulx, c'est vers 1552 que Tarkan se vit tout à fait abandonné par nos Pères qui fuyaient à la fois les vexations des hérétiques et celles des Musulmans.

Les biens du monastère furent attribués par Ferdinand Ier, le 17 juillet 1557, au Chapitre d'Erlau; mais, en 1559, le roi décréta qu'avec les revenus de ces biens le fisc ferait reconstruire la citadelle.

En 1653 (5 décembre), le R. P. D. Jean Pégon écrivit à D. Philippe Bolmann et à D. Jean Lubielovski, prieurs des Chartreuses de Dantzig et de Gidle, pour les charger de travailler au recouvrement de la Chartreuse de Tarkan en même temps que de celles de Lechnitz et de Lethenkow.

Selon l'abbé Dedek, dont l'ouvrage sur les Chartreuses de Hongrie a été publié en 1889, il y avait à cette date, près de la roche de Tarkœi, un pré appelé par le peuple *Baratret,* c'est-à-dire, pré des moines, et une portion de forêt nommée *Baraterdo,* c'est-à-dire, forêt des moines. Dans la vallée, des monticules recouverts de gazon étaient connus sous le nom de *Klastron,* c'est-à-dire « cloître ». Suivant la tradition, ce lieu était autrefois le séjour des moines dits « les amis muets ». On parlait aussi de spectres de religieux marchant sans têtes. D'autres vestiges d'édifices, de vestibules, de viviers et d'un antique cimetière attestaient encore l'existence passée d'une Chartreuse à l'endroit indiqué.

Les renseignements historiques, qui sont peu nombreux, sur notre monastère de Tarkan, ont été réunis dans une monographie par Kandra Kabos sous ce titre : *Cartusiani Vallis Auxilii prope Tarkany Documenta ad historiam diœcesis Agriensis.*

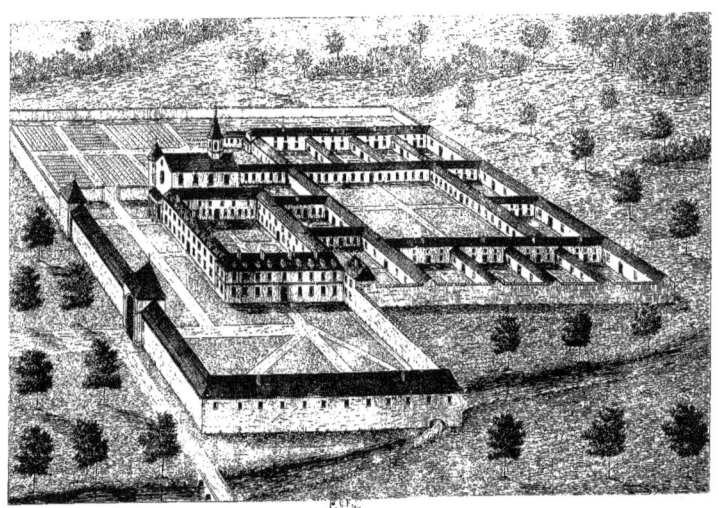
Chartreuse de Tarkan. (?)

PRAGUE

Bien que certains auteurs prétendent qu'il y avait des Chartreux installés à Prague dès l'année 1290, il paraît hors de doute, le fait fût-il vrai, qu'il s'agissait seulement de préliminaires ou de velléités de fondation, n'ayant pris de consistance qu'au milieu du siècle suivant, c'est-à-dire en 1341.

Très vraisemblablement c'est l'empereur Henri VII qui contribua pour une large part à attirer les fils de S. Bruno en Bohême, car, étant frère de l'archevêque Baudouin de Luxembourg, fondateur de nos Maisons de Trèves et de Coblentz, il avait appris de ce prélat à aimer les religieux contemplatifs. Quelques historiens attribuent même à ce monarque l'établissement de la Chartreuse de Prague, mais cet honneur revient à son fils Jean « l'Aveugle », roi de Bohême, ainsi que le prouve la charte de fondation datée de l'année 1342.

L'endroit choisi était dans les faubourgs de la ville et sur la rive gauche de la Moldau. Le monastère, adossé à une petite colline, le mont Augerd (Ajeza), occupait l'emplacement de l'ancien palais Tomlini, au milieu de riants jardins, ce qui fit donner à la Chartreuse le nom de Jardin-de-Notre-Dame.

Les bâtiments étaient grandioses et dignes en tout de la munificence royale. On comptait vingt-quatre cellules outre celle du prieur, deux grands moulins le long du fleuve et de nombreuses dépendances. Les vocations affluèrent dans cette solitude, car c'est de là que partit l'essaim de religieux, qui, en 1345, émigra à Stettin, et, plus tard, un autre se dirigea vers Dantzig.

Malheureusement, Jean, qui avait pris fait et cause pour le roi de France, alors en guerre avec les Anglais, fut tué à la bataille de Crécy (1346). Ce fut un deuil pour nos Pères, qui trouvèrent cependant un zélé protecteur en Charles IV, fils du défunt et héritier de la couronne de Bohême, en attendant qu'il ceignît aussi celle d'empereur d'Allemagne. En 1356, ce même souverain confirma tous les privilèges accordés aux moines du Jardin-de-Notre-Dame et il leur fit dans la suite de nouvelles largesses. Les évêques de Prague imitèrent son exemple.

Schwengel nous a laissé des détails assez intéressants sur ce monastère qui ne manqua pas d'hommes illustres. Au commencement du xve siècle, nous nous plaisons à signaler entre autres D. Marquard de Wartemberg, profès et prieur de cette Maison; grâce à sa science et à sa vertu, il devint comme l'oracle de la cité, et les membres de l'Université vinrent souvent le consulter. C'est surtout contre les Hussites qu'il signala son zèle et mérita le nom de « Marteau de l'hérésie ». Toutefois la prudence l'obligea à se retirer à la Chartreuse de Brünn (voir cette notice), afin de ne pas exposer inutilement sa vie. On lui donne le nom de « Confesseur de la foi ». Le Chapitre général de 1407 mentionne comme prieur de Prague D. Hermann, auquel il donne le titre de « Venerabilis ». C'est la première fois que l'on rencontre cette appellation qui est devenue commune dans la suite.

La Chartreuse de Prague, déjà plusieurs fois attaquée par les Hussites, se vit de nouveau assaillie, dans la nuit du 17 août 1419, par des bandes qui la pillèrent et y mirent le feu après avoir profané les images des Saints sans même épargner l'auguste Sacrement de l'autel. Après quoi, ils emmenèrent avec eux les religieux au nombre de onze. Pendant le trajet, un de ces fanatiques, nommé Marzik, revêtu d'habits sacerdotaux et tenant un calice à la main, dansait et chantait devant les captifs qu'on avait, dit-on, ceints de couronnes d'épines. En traversant le pont, on délibéra un instant pour savoir si on les jetterait à l'eau : « Faisons-leur ici leur sépulcre », disaient-ils. Finalement, on les conduisit à la « Maison de ville » *(prætorium)*. Là, les magistrats ne reçurent pas trop mal nos Pères et leur firent même quelque semblant d'excuses, tout en les retenant prisonniers.

Le lendemain, en venant les visiter, les consuls ne trouvèrent plus que dix captifs au lieu de onze. Ils firent alors redoubler de surveillance, mais, le jour suivant, ils n'en trouvèrent plus que neuf et, le troisième jour, huit ; ces magistrats ne purent s'empêcher de voir là une intervention surnaturelle en faveur de leurs victimes, et, saisis de crainte, ordonnèrent de les relâcher ; ils leur fournirent même une garde pour les accompagner chez les Cisterciens de Zedelitz (Cedul), puisque la Chartreuse n'était plus habitable. L'Abbé reçut les Pères avec une grande charité et leur fournit gratis tout ce dont ils avaient besoin, jusqu'à ce que le roi de Bohême eût pris leurs dépenses à sa charge. Ils retrouvèrent là leur ancien prieur, D. Marquard, et assistèrent à sa mort (1420).

Peu après, D. Nicolas de la Croix, prieur de Brünn et Visiteur de la Province, afin de ne pas abuser de l'hospitalité des Cisterciens, prit le parti de diviser la communauté exilée et d'envoyer ses membres dans diverses Maisons de l'Ordre. Deux furent dirigés sur la Chartreuse d'Astheim. Le Chapitre général de 1421 permit qu'on en plaçât trois autres en dehors de la Province ; mais à peine cette mesure avait-elle reçu un commencement d'exécution que les Hussites, pris d'un nouvel accès de fureur, envahirent Zedelitz et massacrèrent tous les religieux qui s'y trouvaient. On a toutefois de bonnes raisons de croire que la plupart des nôtres étaient déjà partis à ce moment-là.

Durant le xve siècle, les rois de Bohême firent plusieurs tentatives pour reconstituer le Jardin-de-Notre-Dame, mais sans résultat sérieux. Le calme ne fut rendu à la Bohême que sous l'empereur Ferdinand (1617). Il avait promis de rebâtir la Chartreuse ; ce projet toutefois fut différé et sa réalisation eut d'ailleurs été inutile, car, en 1631, Gustave-Adolphe, roi de Suède, s'emparant de Prague, dévasta tous les monastères de la contrée. Il y eut un dernier mais caduc effort de restauration en 1723.

L'emplacement de la Chartreuse est aujourd'hui englobé dans les faubourgs. C'est à peine si l'on reconnaît un vieux mur d'enceinte contournant une partie de la colline d'Ajeza. Le seul souvenir intact est, à quelque distance de là, une belle tour carrée qui est appelée « la Tour des moulins », nom qui rappelle son ancienne destination.

CHARTREUSE DE PRAGUE. (LA TOUR DES MOULINS).
Dioc. de Prague. Bohême.

EMPLACEMENT DE LA CHARTREUSE DE PRAGUE. *(En face du bateau).*
Dioc. de Prague. Bohême.

LEWELD

C'est dans une très belle vallée, appelée la Vallée du Paradis, que se trouvait en Hongrie, au diocèse de Veszprem, la Chartreuse de Leweld ou du Val-Saint-Michel. Sa fondation est due à l'un des plus grands rois du pays, Louis, dit « le Grand », qui donna son château de la forêt de Bakony pour en faire servir les pierres à la construction du monastère. D'une remarquable beauté, cette Chartreuse avait une église qui était un chef-d'œuvre et ses vastes possessions s'étendaient jusqu'au bourg de Tapoleza, près du lac Balaton qui est très poissonneux. Il existe une Charte de fondation datée du 17 mars 1378; mais nos Pères avaient pris possession du local avant cette époque, ainsi que le prouve un document parlant d'un prieur de cette Maison, qui exerçait ses fonctions en 1369. La prospérité du Val-Saint-Michel lui permettait d'entretenir vingt-quatre moines et lui fit imposer la charge d'équiper deux cents soldats pour combattre les Turcs.

Lorsque les fils de S. Bruno vinrent à Leweld, il y avait en Hongrie un Ordre d'ermites appelés Pauliniens. Or, il arriva que beaucoup de ces religieux voulurent se faire Chartreux. Craignant de perdre ainsi leurs meilleurs sujets, le Général Tristan et le prieur André portèrent leurs plaintes en 1371 à l'archevêque de Gran, Thomas III, qui interdit sévèrement à nos Pères de recevoir parmi eux les Pauliniens. Mais l'affaire fut renvoyée à Rome et, finalement, le pape Eugène IV défendit l'entrée des profès Pauliniens dans tout autre Ordre, *excepté celui des Chartreux*, en faveur duquel une pleine liberté restait concédée.

Le roi Louis-le-Grand mourut en 1382, laissant le Val-Saint-Michel comblé de ses bienfaits et de privilèges. Nos Pères lui gardèrent une grande reconnaissance qu'ils voulurent témoigner publiquement lorsque, quatre ans plus tard, la reine son épouse périt, noyée, dit-on, par violence. Quelques Chartreux assistèrent aux funérailles de l'infortunée princesse, pensant qu'il y avait lieu de faire une exception à la règle ordinaire qui nous prescrit d'éviter ces cérémonies. Le Chapitre général ne fut pas de leur avis et, pour maintenir la discipline, leur infligea une dure réprimande et une pénitence sévère.

Au xve siècle, après avoir gouverné la Chartreuse de Leweld, D. Jean de Mergentheim devint, en 1433, prieur de Gaming et Visiteur de la Province; mais il mourut presque aussitôt. D. Sigismond était à la tête du Val-Saint-Michel en 1460, comme le constate la lettre authentique par laquelle il déclare que la reine Elisabeth, mère du roi Mathias, participait à tous les mérites spirituels de notre Ordre, à cause de la protection qu'elle accordait à tous nos religieux, particulièrement à ceux de

Leweld. On a conservé aux archives publiques de Budapest cette pièce à laquelle était suspendu le sceau du monastère portant cette inscription : *S. Conventus S. Michaelis Ordinis Cartusiensis.*

Parmi les autres bienfaiteurs de la même Chartreuse nous mentionnerons le roi Ladislas II, qui donna deux possessions royales, Saint-Gaal et Némethy. L'abbaye du Mont de Pannonie accorda Istvandi et Monostor ; Jean Bornemisza, capitaine de la citadelle de Bude, fit présent de quelques propriétés « à titre d'aumône perpétuelle », pour avoir part aux prières des religieux; enfin la veuve Anne Podmaniczki, elle aussi, voulut que sa donation durât à perpétuité et qu'elle augmentât « le patrimoine du Dieu crucifié ».

Somme toute, la situation temporelle de la Chartreuse était loin de répondre toujours dans la réalité à ce qu'elle paraissait avoir de brillant. Il lui était difficile de se défendre contre ceux qui violaient ses droits, et, si elle y réussissait parfois, elle avait à payer de continuelles contributions pour les guerres. Ainsi, avec les charges ordinaires déjà considérables, elle en vint peu à peu à épuiser ses ressources. Enfin, après beaucoup d'alarmes et de tribulations, elle fut pillée et détruite vers 1551 par les Turcs qui, en 1529, avaient, d'après la chronique de Léopold Brunner, massacré à la Chartreuse de Mauerbach deux Convers du Val-Saint-Michel. Le prieur de Leweld, D. Ladislas, resta quelque temps en Hongrie après le départ de ses religieux, et loua, en 1554, les possessions de son monastère à l'évêque de Veszprem. Finalement, ces biens furent attribués au même siège épiscopal, et à la place de la Chartreuse on bâtit la ville de Varoslod.

Les pierres du monastère servirent à construire l'église paroissiale et le presbytère. En 1889, on voyait encore un double mur de deux coudées de hauteur, entourant l'ancien emplacement de la Chartreuse, d'une contenance de cinquante arpents. Près de là, coulait un torrent qui alimentait quatre viviers.

WARASDIN

Leweld ne fut pas la dernière fondation de notre Ordre en Hongrie. En 1494, le roi Ladislas donna aux Chartreux le monastère de Saint-Etienne, situé près de la ville de Nagy-Varad (Gross-Wardein). C'était pour les Prémontrés que le roi Etienne II avait construit cette Maison; mais depuis l'an 1241, à la suite d'un incendie, la vie religieuse n'y était plus florissante. Alexandre VI accorda l'autorisation pontificale et Ladislas fit un décret en faveur des fils de S. Bruno avec le consentement des évêques et des magnats, en la fête de l'Invention de S. Etienne (1494). Mais l'évêque de Varad, Blaise Farkas, qui avait obtenu du roi cette fondation, eut pour successeur Dominique de Kalnancseh qui, au lieu d'une Chartreuse, voulut établir un nouveau Chapitre épiscopal. Nos Pères durent donc abandonner le monastère de Saint-Etienne peu de temps après en avoir pris possession.

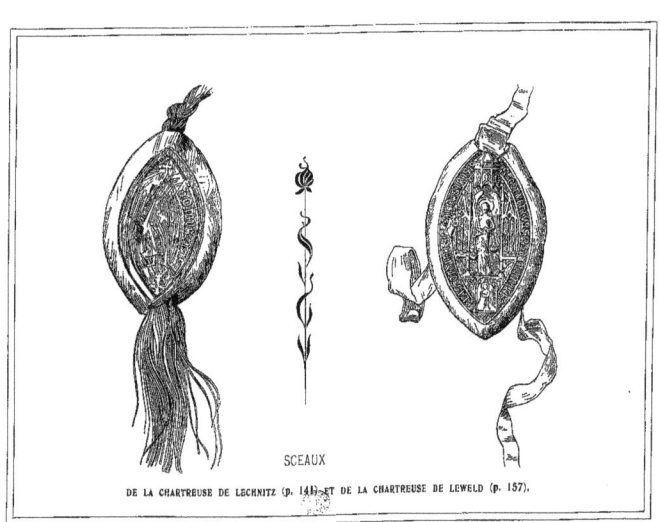

SCEAUX
DE LA CHARTREUSE DE LECHNITZ (p. 141) ET DE LA CHARTREUSE DE LEWELD (p. 157).

BRUNN

La Chartreuse de la Sainte-Trinité, appelée aussi *Kœnigsfeld* (Champ royal), près de Brünn, eut pour fondateur Jean-Henri, marquis de Moravie (1370). Après sa mort, sa veuve Elisabeth et ses trois fils regardèrent comme un pieux devoir la continuation de son œuvre. A leurs bienfaits s'ajoutèrent plus tard ceux de Catherine Rischanin, « citoyenne de Brünn », et de son fils, Wenceslas Lang ; ceux de Marthe Saltzerin, « citoyennne de Vienne » ; ceux de Luc Saltzer, avocat, et de son épouse.

D'après nos Annales l'administration du monastère fut d'abord confiée pendant quelque temps au prieur de Prague, D. Jean Castoris, renommé pour sa prudence, son zèle et sa vie exemplaire. Le premier prieur de Brünn vint de la Chartreuse de Gaming : c'était D. Godefroi de Enns, religieux très austère, qui jeta les bases de l'édifice spirituel sur une rigoureuse discipline. En 1384, le prieur de Brünn s'appelait D. Laurent : il contracta avec D. Léonard, prieur de Gaming, une association spirituelle pour les deux Chartreuses.

Au XVe siècle, nos Pères de Kœnigsfeld eurent surtout à s'inquiéter des excès des Hussites. Ils n'hésitèrent pas cependant à donner l'hospitalité à D. Marquard de Wartemberg († 1421), prieur de Prague, qui avait attaqué ces hérétiques avec la plus grande énergie et s'était vu contraint de s'éloigner pour échapper à la mort. Avec ce digne confesseur de la foi ils s'intéressèrent vivement aux souffrances des Chartreux restés dans la capitale de la Bohème, et sur lesquels on peut voir une des notices précédentes. A cette époque, le prieur de Brünn était D. Nicolas de Solnitz, qui devint ensuite prieur de Gaming et fut envoyé à Rome par l'empereur en qualité d'ambassadeur. Il mourut prieur d'Olmutz en 1435 et eut pour successeur D. Léonard Paetraer, qui auparavant à Gaming et plus tard à Mauerbach exerça les mêmes fonctions. Son mérite est suffisamment attesté par ce fait que le pape Martin V le chargea de visiter quelques monastères bénédictins et de Chanoines réguliers de S. Augustin en Autriche, en Styrie et en Moravie. Un autre prieur de Brünn, D. Marc, fut associé, en 1442, à l'évêque d'Olmutz pour terminer les controverses survenues entre les chanoines d'Olmutz et les Chartreux de la Vallée-de-Josaphat, au sujet de leurs possessions. D'après Lefebvre, les Hussites ruinèrent entièrement le monastère de Kœnigsfeld, mais Alexis d'Olmutz, chanoine de l'église de Breslau, le fit reconstruire en 1490.

L'un de nos Pères les plus vénérés de cette époque, D. Antoine Lang, mourut en 1501, après avoir été prieur de Gaming, puis de Brünn et d'Olmutz. Son contemporain, D. Bruno de Rupaw († 1529), était regardé comme une des colonnes de notre Institut : il fut Recteur d'Olmutz et de Brünn, prieur de Gaming.

De glorieux souvenirs sont encore à relever dans le xvi⁰ siècle. Nos *Ephémérides* rapportent que D. Modeste, religieux de Brünn et acolythe, fut en 1529 cruellement massacré par les Turcs en haine de la religion chrétienne. Deux ans plus tard, un autre religieux de Brünn, D. André, devenu prieur de Seiz, fut martyrisé par les Tartares, et son image se répandit avec son culte dans l'Esclavonie. Deux écrivains distingués ont gouverné la même Chartreuse. D. Antoine Volmar, profès d'Astheim, qui fut Recteur de Brünn en 1601, puis prieur d'Astheim et de Snals : on a de lui un *Traité de la Perfection spirituelle* que Pez a inséré dans sa Bibliothèque ascétique. D. René Hensæus, d'abord bénédictin à Cologne, ensuite profès de la Grande Chartreuse et prieur de Brünn, publia en 1607 une *Introduction à la Méditation* et la dédia au R. P. D. Bruno d'Affringues.

Un autre profès de la Grande Chartreuse, auparavant de l'Ordre de Cluny, D. Pierre Wintren, se distingua non seulement par sa doctrine, mais encore par son humilité, sa simplicité et sa mortification. Il fut prieur de Brünn et d'Hildesheim. Il mourut en 1619. L'année suivante, D. Bruno Lignanus, profès de Kœnigsfeld, qui fut prieur de Waldiz, eut l'honneur de partager à Olmutz la captivité du Bienheureux Jean Sarcander, martyr.

A la même époque vivait D. Macaire, profès de la même Chartreuse de la Sainte-Trinité, qui fut envoyé à Mauerbach où sa haute perfection se manifesta d'une manière inattendue. Pendant qu'il était au spaciement avec ses confrères, une femme énergumène se mit à suivre les religieux en criant que le Chartreux étranger était peut-être celui qui la délivrerait. D. Macaire, sur l'ordre qui lui en fut donné, accéda à ses désirs, fit le signe de la croix sur son front, et mit ainsi le démon en fuite. A partir de ce jour, les femmes affluèrent à la rencontre du thaumaturge avec leurs petits enfants malades qu'il bénissait et parfois guérissait en les marquant aussi du signe de la croix. Mais c'était trop pour l'humilité du bon moine qui demanda et obtint de revenir dans sa Maison de profession.

Pour le xviii⁰ siècle nous nous contenterons de saluer D. Georges Bartoch, profès de Brünn, prieur de Gidle, qui eut en 1731 la note *laudabiliter* pour ses 50 ans de vie religieuse.

L'empereur Joseph II supprima en 1782 la Chartreuse de Brünn. Elle comptait à ce moment treize Pères et trois Frères. Le dernier prieur, D. Athanase Gottfried, mort à Brünn en 1814, avait commencé une collection de gravures sur acier qui était estimée à une grande valeur; elle fut achetée par D. Otto Steinbach, abbé de Saar.

L'église du monastère est devenue paroissiale et une partie des bâtiments sert de caserne; le reste a été vendu à des particuliers. Dans la salle du Chapitre on voit des fresques de Maulbersch, des peintures de M. Schmid et d'autres curiosités. Le nom de Kœnigsfeld a été changé en celui de Neudorf.

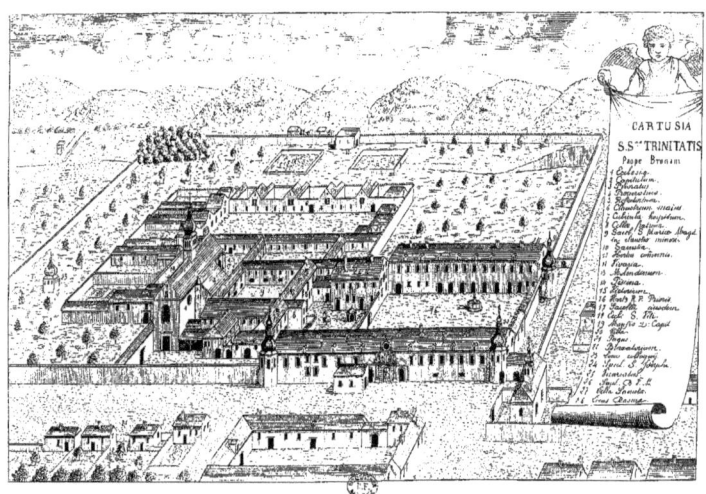

CHARTREUSE DE BRÜNN, Ch^{se} DE LA TRÈS-SAINTE-TRINITÉ. (C. BRUNÆ)
Dioc. d'Olmütz. Moravie. Bohême.

OLMUTZ

La Chartreuse d'Olmutz, dont nos Annales font remonter la fondation à l'année 1376, s'établit successivement en trois lieux différents : près de Leitomischl, en Bohême; près de Dolan, au diocèse d'Olmutz, en Moravie, et enfin dans la ville même d'Olmutz.

Albert de Sternberg, évêque de Leitomischl, par un acte signé en 1378, donna dans le voisinage de son château de Tirzka, une maison et un terrain appartenant à sa mense épiscopale, qu'il dédommagea par ses biens patrimoniaux, afin d'y fonder une Chartreuse sous le nom de Buisson-Notre-Dame *(Marienbusch)*. Il fit, à ses frais, l'acquisition de trois domaines en Moravie et les destina à la dotation du monastère, dont l'église était construite ainsi que trois cellules lorsque s'installa le Recteur, D. Jean de Lampach, avec deux autres religieux de chœur et deux Convers. Le fondateur promit de porter jusqu'à quinze le nombre des cellules et de faire bâtir les autres édifices nécessaires; mais la mort arrêta l'exécution de ses généreux desseins. Il rendit son âme à Dieu à la fin de 1379 ou au commencement de 1380, laissant la réputation d'un saint prélat, et fut enterré dans le monastère des Chanoines réguliers qu'il avait établi à Sternberg.

La Chartreuse, qui lui devait l'existence, souffrit tellement de sa perte qu'il fut immédiatement question de l'abandonner. Trois raisons militaient contre elle. La première venait de ce que les chanoines de Leitomischl n'avaient pas donné leur consentement à la cession du terrain; mais le successeur d'Albert de Sternberg, appelé Jean, supprima la difficulté en obtenant ledit consentement. La seconde raison était tirée de la situation du monastère, trop exposé aux bruits du monde, dans le voisinage d'une cité et d'un fort. La troisième raison était l'insuffisance de la dotation; ce qui obligea en 1386 de transférer ailleurs deux religieux de la Chartreuse. Aussi, l'année suivante, le Chapitre général tenu à Mauerbach par nos Pères de l'obédience romaine, à cause du schisme d'Occident, confia au prieur de Prague le soin d'examiner s'il était opportun de changer de lieu le monastère récemment établi. En 1389, il fut décrété que la Chartreuse du Buisson-Notre-Dame se transporterait dans un des domaines qu'elle possédait en Moravie, c'est-à-dire à Dolan, diocèse d'Olmutz, et qu'elle prendrait le nom de Chartreuse de la Vallée-de-Josaphat. Le pape Boniface IX confirma cette Ordonnance, et l'évêque du lieu, de son côté, donna son approbation de concert avec ses chanoines.

Mais l'évêque de Leitomischl aurait voulu garder les Chartreux près de lui, et il négocia en ce sens, promettant de suppléer aux ressources qui faisaient défaut. Le Chapitre général tint compte de ses désirs, tout en insistant pour que les promesses fussent accomplies sans retard. Il nomma même en 1390 un Recteur pour le Buisson-Notre-Dame, mais, quatre ans plus tard, la translation décrétée reçut une sanction définitive. Il est vrai que le savant Jésuite Balbinus, dans son *Histoire de la Bohême*, affirme que la Chartreuse de Marienbusch subsista jusqu'en 1425, et désigne les prieurs qui l'auraient gouvernée jusqu'à cette époque. Nous pensons, avec Le Couteulx, qu'il s'agissait seulement d'une résidence qui dépendait de la Maison de Dolan; mais nous aimons à relever en passant le nom de D. André, moine de ladite résidence, qui, d'après l'historien jésuite, fut en 1425 l'une des victimes des Hussites.

Le titre de fondateur ou au moins de second fondateur de la Chartreuse de la Vallée-de-Josaphat est attribué à Jodocus, marquis de Moravie, qui posa la première pierre de l'église et fit preuve d'un grand esprit de foi dans les chartes octroyées à nos Pères. Le premier prieur du monastère fut D. Etienne, religieux de mérite, qui avait été maître ès arts et chancelier du roi de Bohême avant d'entrer dans notre Ordre. Il combattit les partisans de Wiclef et de Jean Huss dans ses ouvrages que publia le bénédictin Pez, en faisant un grand éloge de son savoir et de son talent littéraire. Il ne fallait pas un courage ordinaire pour résister aux hérétiques comme le fit cet intrépide Chartreux, appelé « le Marteau des Hussites », de même que le prieur de Prague, D. Marquard de Wartemberg. D. Etienne mourut saintement, comme il avait vécu, en 1421, et eut pour successeur D. Nicolas, auteur d'un Traité pour la défense des Ordres religieux.

En 1437, les Hussites envahirent et détruisirent la Chartreuse, dont les religieux se réfugièrent à Olmutz, sous la direction de D. Laurent, qui fut le dernier prieur de Dolan et le premier prieur d'Olmutz. Le monastère ainsi reconstitué devait dans la suite posséder jusqu'à treize immeubles dans la même ville. Il obtint divers privilèges et faveurs des rois Mathias (1468, 1475), Vladislas (1507, 1514), Louis (1523) et Ferdinand (1527).

La Chartreuse d'Olmutz fut supprimée le 19 janvier 1782 par l'empereur Joseph II et transformée en boulangerie militaire, puis complètement rasée en 1809. Sa bibliothèque était surtout riche en incunables ou antiquités typographiques, et en ouvrages théologiques.

Quant à Marienbusch, le monastère avait été complètement brûlé par les Hussites et son emplacement est occupé aujourd'hui par quelques maisons du village.

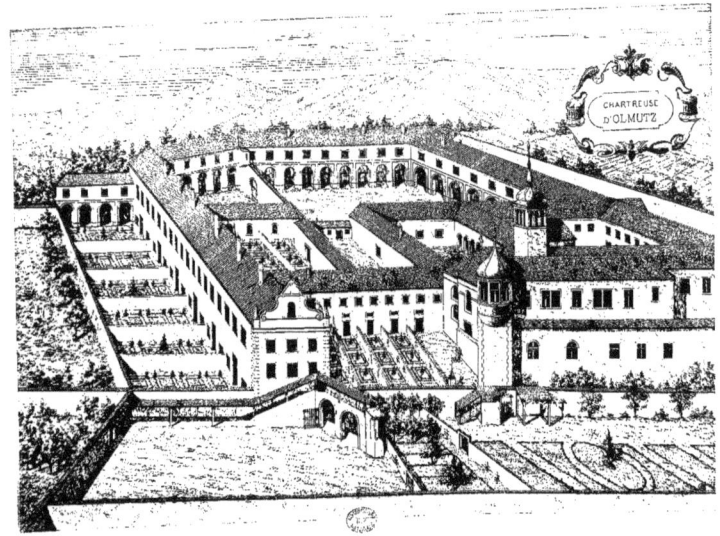

CHARTREUSE D'OLMÜTZ. Ch^{se} DE LA VALLÉE-DE-JOSAPHAT. (C. BEATÆ MARIÆ IN VALLE JOSAPHAT)
Dioc. d'Olmütz. Moravie. Bohème.

AGGSBACH

Sur la rive gauche du Danube, entre Vienne et Linz, se trouve le bourg d'Aggsbach, centre d'un grand commerce de bois. La Chartreuse de ce nom, dite aussi de la Porte-Notre-Dame, s'élevait presque vis-à-vis de ce village, au sein d'une région montagneuse et pittoresque, sur la rive droite du fleuve dont elle était éloignée d'une demi-heure de marche. Son nom lui fut donné par les pieux fondateurs, le baron Heydenric de Meyssaw et son épouse Anne, ainsi que nous le voyons dans la charte datée de 1380. Le lieu, bien que choisi par des prieurs de notre Ordre, semblait de prime abord peu convenable pour un tel établissement, car c'était une vallée oblongue et étroite; mais la Providence, d'après le récit de D. Henri Kalkar, en avait montré prophétiquement la destination : une dame avait vu en songe, longtemps auparavant, le plan de la Chartreuse future; il lui parut qu'elle y faisait sonner une cloche et que cette cloche se brisait. Le noble fondateur d'Aggsbach, ayant eu connaissance de ce songe, voulut savoir s'il se réaliserait et invita la dame à se rendre au nouveau monastère où elle mit en branle la cloche, qui ne tarda pas à se fracturer. La clôture, sans doute, n'était pas encore établie alors, car nous voyons, un peu plus tard, qu'un pareil manquement à la Règle fut rigoureusement puni. Il arriva, en effet, qu'aux funérailles de la fondatrice quelques personnes du sexe entrèrent dans la Chartreuse; aussitôt, le prieur, D. Jean Fleischesser, fut accusé de n'avoir pas réprimé cet abus comme il aurait dû. On lui reprochait en outre d'avoir permis à des séculiers, peut-être à la même occasion, l'usage d'aliments gras dans l'intérieur du monastère; aussi, malgré ses mérites et ses services, il fut absous de sa charge en 1386; mais tout porte à croire qu'il justifia sa conduite, car il rentra dans ses fonctions l'année suivante. C'est sous son gouvernement que les fils du fondateur, Jean et Georges de Meyssaw, complétèrent généreusement la dotation de la Maison par une charte datée de 1387. Les Pères purent donc peu à peu achever leurs constructions, notamment le mur de clôture en 1414, le portique du monastère, dont on admirait la beauté, et la chapelle des morts, vers 1500.

Signalons plusieurs prieurs d'Aggsbach, comme écrivains de marque : D. Michel, profès de Prague, auteur de trois traités : *de Regimine principum, de Custodia virginitatis, Remediarium abjecti prioris seu præpositi;* D. Vincent (1435-48), célèbre par sa polémique épistolaire avec le Bénédictin D. Bernard de Waging au sujet d'un ouvrage du cardinal de Cusa; ils finirent par se mettre d'accord et demeurèrent amis. Plusieurs auteurs attribuent à D. Georges une relation intéressante d'un pèlerinage qu'il fit en Terre-Sainte avant son entrée en religion († 1542). En 1648, le Chapitre général annonça la mort de D. Mathias Tanner, Vicaire d'Aggsbach, en déclarant qu'il avait vécu *laudabiliter* plus de 52 ans dans notre Ordre. Docteur en droit canon et en droit civil, il était profès de Fribourg où il se fit l'éditeur des Vies des premières Dominicaines du célèbre couvent d'Unterlinden à Colmar. Il laissa en outre plusieurs écrits ascétiques et diverses biographies de saintes ou de personnes mortes en odeur de sainteté. Les écrivains dont on vient de parler ont été mis en lumière au xviiie siècle, ainsi que d'autres auteurs de notre Ordre, par le savant Bénédictin D. Bernard Pez, qui habitait l'abbaye de Melk, distante d'une lieue seulement de la Chartreuse.

Sous le priorat de D. Thomas Mongolt (1596-1609), d'importants travaux avaient été exécutés à la Porte-Notre-Dame : le monastère avait été entièrement restauré et l'église embellie. Un de ses successeurs, D. Auguste Keberle (1661-1699), compléta l'œuvre en ajoutant de nouveaux édifices, remplaça les vitraux de l'église, de la sacristie et du Chapitre; on dora le maître-autel qu'ornèrent des tableaux et des statues; deux grands lustres achevèrent la décoration du sanctuaire. Le clocher fut aussi réparé et reçut une nouvelle cloche, appelée « Marie », qui fut bénite par l'Abbé de Melk. Le même prieur, qui ne négligeait pas les intérêts spirituels de sa communauté, renouvela l'association de prières de sa Maison avec celles de Mauerbach et de Gaming. Les épreuves ne manquèrent pas à sa longue administration : en 1679, douze personnes du monastère moururent de la peste; en 1683, à l'approche des Turcs qui voulaient s'emparer de Vienne, les religieux d'Aggsbach prirent la fuite, à l'exception du Procureur caché dans une forteresse voisine. Les Pères traversèrent alors le Steiermark et la Bavière pour aller à Ratisbonne, d'où ils revinrent le 28 septembre de la même année dans leur Chartreuse heureusement conservée.

Au siècle suivant, Aggsbach jeta encore un certain éclat durant le priorat de D. Jean Jenumb (1721-1739) qui rétablit dans un état prospère la Maison alors endettée; mais, en 1782, cette Chartreuse fut supprimée par Joseph II.

On voit, de nos jours, l'église très bien conservée, qui est devenue paroissiale, tandis que d'autres bâtiments sont affectés au presbytère. En outre, une partie du cloître gothique et de l'hôtellerie, le Chapitre, le réfectoire et le mur d'enceinte avec quatre tours fortifiées restent debout pour témoigner de la grandeur du passé.

Chartreuse d'Aggsbach, Ch.se de Porte-Notre-Dame. (C. Portæ Beatæ Mariæ in Anpach)
Dioc. de Vienne. Autriche.

PLETRIACH

La Chartreuse du Trône de-la-Très-Sainte-Trinité à Plétriach se trouve au sud-est de la région slave appelée jadis et encore actuellement duché de Carniole. On a écrit d'une quinzaine de manières le nom de cette Maison ; l'ortographe officielle est le mot slovène Pleterje (prononcez Plétérié), qui signifie clayonnage, et de fait, les travaux de vannerie sont une spécialité du pays ; mais, dans notre Ordre, cette Chartreuse est communément appelée Plétriach.

Le monastère, fondé en 1403 par le comte de Cilli Hermann II et son épouse, réalisait l'idéal de l'ermitage cartusien. Perdu dans une solitude profonde, à proximité de hautes montagnes couvertes d'immenses forêts, dans un site agréable, il comptait, suivant la Règle, un prieur et douze moines, touchante image de Jésus au milieu des Apôtres.

L'église primitive, assez bien conservée, est mentionnée par les archéologues comme le plus ancien et le plus bel édifice gothique de toute la Carniole. La chapelle du vestiaire, qui subsiste aussi, est superbement voûtée et d'un aspect grandiose. Tous les bâtiments conventuels avaient leurs fondations au même niveau, tandis que les cellules du grand cloître s'étageaient sur le rocher suivant une pente douce. Des murs imposants, fortifiés par de nombreuses tours carrées ou circulaires, protégeaient la Chartreuse et servaient d'abri aux populations environnantes dans les temps de guerre.

Dans l'église furent ensevelis d'abord la comtesse Elisabeth, fondatrice, dont la mort est annoncée par le Chapitre général de 1418, puis le fondateur, qui mourut en 1435.

Signalons en passant deux prieurs de Plétriach : D. Pierre de Rotenburg (1413), qui vécut saintement dans l'Ordre pendant 60 ans et D. Nicolas Kempf (1462-1467), dont les ouvrages théologiques, ascétiques et mystiques sont estimés ; il mourut centenaire en 1497 à la Chartreuse de Geirach.

Parmi les bienfaiteurs insignes de Plétriach, les chroniques signalent un comte autrichien, qui revêtit à la Chartreuse l'humble habit de Convers ; à sa mort, ce Frère, nommé Henri Steym Muleber, obtint du Chapitre général de 1498 une messe *de Beata* dans tous les monastères de l'Ordre.

Le fondateur avait eu un fils, Frédéric II, que l'empereur Sigismond nomma prince de l'Empire en 1436 ; il fut aussi un protecteur de cette Maison.

Vingt ans plus tard, Ulric II, petit-fils d'Hermann II, mourait assassiné. Devant le catafalque, un héraut d'armes cria trois fois en pleurant : « Aujourd'hui et à jamais il n'y a plus de comte de Cilli. » Et il brisa l'écusson d'azur aux trois étoiles d'or. Les étoiles des comtes de Cilli, princes de l'Empire, venaient de s'éteindre pour toujours! Désormais la Chartreuse de Plétriach, privée de ses très puissants protecteurs, cessa de prospérer. En 1421, elle est dévastée par les Turcs et ne peut demander secours aux autres Chartreuses de Carniole, de Styrie et de Hongrie où l'étendard du Croissant avait aussi porté ses ravages.

Le XVIe siècle fut fatal à Plétriach. Les invasions des Musulmans et les guerres intestines y causèrent de grandes ruines matérielles et un certain relâchement de la discipline. Avant que le Chapitre général y portât remède, l'archiduc Ferdinand II prit une décision prématurée : le 1er décembre 1595, il enleva aux Chartreux le couvent de Plétriach pour le donner aux Jésuites de Laybach, qui l'occupèrent jusqu'en 1773, année de la suppression de la Compagnie de Jésus.

Vers la fin du XIXe siècle, un prêtre très zélé de Laybach, M. l'abbé Joseph Benkovitch, mort depuis, fit d'instantes démarches pour ressusciter la vie cartusienne en Carniole. Divers obstacles paraissaient insurmontables ; on en triompha bien vite par des prières spéciales au Sacré-Cœur de Jésus, et l'Ordre de S. Bruno racheta le monastère du Trône-de-la-Très-Sainte-Trinité le 9 juin 1899, fête du Sacré-Cœur. Ce fut D. Valéry Rey, Procureur de la Grande Chartreuse, qui, accompagné de D. Alphonse Schmitt, prieur de Hain, négocia l'affaire. Ce dernier devint Recteur de la nouvelle fondation, mais dut abandonner cette charge par suite de sa santé compromise.

La propriété avait appartenu au baron Frédéric Bors de Borsod et à ses trois sœurs. Elle comprenait plus de 1200 hectares dont 1000 en bois; on en a revendu une faible partie. Le tout a coûté 320,000 florins (672,000 francs environ).

Le prince-évêque de Laybach, Mgr Jeglic, sollicité par nos Pères de donner son approbation, le fit de grand cœur et s'offrit même à faire les démarches nécessaires auprès du gouvernement autrichien, pour leur obtenir la permission de s'établir dans les Etats de la monarchie. La pose de la première pierre de l'église eut lieu le 24 août 1901, sous le Rectorat de D. Jean-Marc Zopf. Après lui vint D. Pierre-Marie Pépin, qui fut ensuite le premier prieur de Plétriach et acheva toute la construction. En 1906, il fut remplacé par D. Marie-Bernard Neyrand, lequel dut se retirer peu après à cause de surdité. D. Jean-Baptiste Mottini lui succéda, puis D. François-de-Sales Pollien ; D. Louis Federer venait d'être nommé prieur par le Chapitre général de 1914 quand la guerre éclata.

CHARTREUSE DE PLÉTRIACH, Chse DU TRÔNE DE LA SAINTE-TRINITÉ. (C. THRONI SS. TRINITATIS)
Dioc. de Laybach, Basse-Carniole, Autriche.

Chartreuse de Plétriach, Ch^{se} du Trône de la Sainte-Trinité. (C. Throni SS. Trinitatis)
Dioc. de Laybach. Basse-Carniole. Autriche.
(Après la reconstruction.)

WALDITZ

Le fondateur de la Chartreuse de l'Assomption-de-Notre-Dame, appelée aussi Camp-Notre-Dame, près de Walditz, en Bohême, fut Albert, prince de Wallenstein, l'un des plus célèbres généraux de la guerre de Trente ans. Il avait une pieuse épouse, nommée Lucrèce, qui amassa secrètement une somme considérable pour faire une fondation religieuse; sur son lit de mort, en 1614, elle fit connaître ce projet à son mari et lui suggéra la pensée de le mettre à exécution. Ce noble seigneur, qui portait alors le titre de baron, après avoir pensé aux Jésuites et aux Franciscains, finit par s'adresser aux Chartreux et leur alloua d'abord un territoire situé près de Stipa, en Moravie, au diocèse d'Olmutz. La charte de fondation fut datée du 1ᵉʳ mai 1617, et le cardinal de Dietrichstein, évêque d'Olmutz, approuva cet acte le 23 juin de l'année suivante.

Cette première installation, qui précéda celle de Walditz, eut pour Recteur D. Mathias Mittner, profès de Ratisbonne, ancien Jésuite, auteur de pieux et doctes opuscules. Avec lui deux profès de Mayence, D. Pierre Idiger et D. Pierre Fischer, et un profès de Brünn, D. Bruno Lignanus, habitèrent le nouveau monastère qui ne tarda pas à être exposé à de grands dangers, à cause des troubles fomentés par les hérétiques. Dénoncés par quelques-uns de ceux-ci, nos Pères furent mandés à Olmutz où ils se rendirent, à l'exception de D. Fischer chargé de garder la résidence. D. Mathias Mittner et ses deux compagnons, retenus prisonniers, eurent alors l'honneur d'être associés à la captivité du Bienheureux Jean Sarcander, qui mourut le 17 mars 1620 à la suite des tortures atroces qu'on lui avait infligées. Revenus ensuite dans leur Maison de Stipa, nos Chartreux en furent chassés par les rebelles le 5 avril de la même année et se réfugièrent chez Ladislas Popelius, seigneur de Holleschau.

Alors, Albert de Wallenstein, qui, en récompense de ses glorieux faits d'armes, était devenu duc de Friedland avec le titre de prince, transféra la Chartreuse en Bohême, non loin de la ville de Gitschin, près du vivier de Walditz qui donna son nom au monastère. En attendant que les constructions pussent abriter les religieux, ceux-ci résidèrent dans une citadelle voisine, appelée Radym. La charte de fondation de la Chartreuse de Walditz fut signée le 8 décembre 1627 : elle contenait une très ample dotation et la Maison-mère avait aussi sa part des largesses du prince. Le R. P. D. Bruno d'Affringues écrivit à ce dernier pour le remercier, et nomma prieur D. Philippe de Bussek qui auparavant gouvernait la communauté comme Recteur.

En 1632, une partie de la façade et l'aile méridionale du monastère étant achevées, nos Pères vinrent habiter la Chartreuse, et, le 30 juillet de la même année, la première pierre de l'église fut posée avec grande solennité. Parmi les premiers religieux du cloître de Walditz se trouvait D. Gaspard Binsfeld, sacristain, qui, dans une chronique intéressante, a retracé les diverses phases de la construction du monastère.

Le prince fondateur, qui avait acquis une si belle renommée, fit malheureusement une fin tragique. Regardé comme conspirateur par l'empereur Ferdinand II, il fut assassiné à Egra le 25 janvier 1634, et son corps enseveli sans pompe à la Chartreuse. Ses biens ayant été confisqués, l'empereur voulut se déclarer le fondateur du monastère, ce qu'il fit par une charte datée du 20 mars 1635.

La Chartreuse s'acheva selon l'ancien plan. Sous Ferdinand III, la magnifique église conventuelle fut consacrée par l'archevêque préconisé de Prague, Mathias Ferdinand; mais en 1676, le jour de S. Marc, un incendie la réduisit en cendres, sauf la maçonnerie et les autels. De généreuses libéralités permirent bientôt de procéder à une complète restauration.

Le premier prieur de Walditz, D. Philippe de Bussek, eut pour successeur D. Bruno Lignanns († 1638), l'un des captifs d'Olmutz dont nous avons parlé. Vinrent ensuite D. Wilhem d'Ortenburg († 1647), qui obtint de l'empereur de précieuses faveurs pour sa Maison; D. Laurent Wartemberger (1648-1650), d'une science remarquable qui apparaît avec sa piété dans ses écrits; D. Léopold Brenner (1672-1678), qui fit exécuter d'importants travaux pour compléter et orner le monastère; D. Hugues Hartinger (1678-1688), auteur d'une Histoire abrégée des Chartreuses de Bohême.

D'après la description donnée par ce dernier, Walditz occupait le premier rang parmi nos Maisons d'Allemagne au point de vue de la beauté et de la richesse de l'architecture. La nature ne lui avait pas épargné ses dons : une chaîne de montagnes fermait son horizon vers le nord, tandis que vers l'ouest apparaissait à une demi-lieue la ville de Gitschin, reliée au monastère par une belle avenue plantée d'arbres.

Supprimée par l'empereur Joseph II, la Chartreuse devint une prison d'État qui pouvait contenir huit cents détenus. Au siècle dernier, en plaçant un conduit souterrain dans le cimetière, on dérangea quelques tombes des moines; alors, les religieuses de Saint-Charles Borromée, qui desservaient l'établissement, recueillirent les ossements déterrés et leur donnèrent une honorable sépulture, avec une croix en bronze portant cette inscription : « Érigée en 1859 par les Sœurs de charité en souvenir des Vénérables Pères Chartreux. »

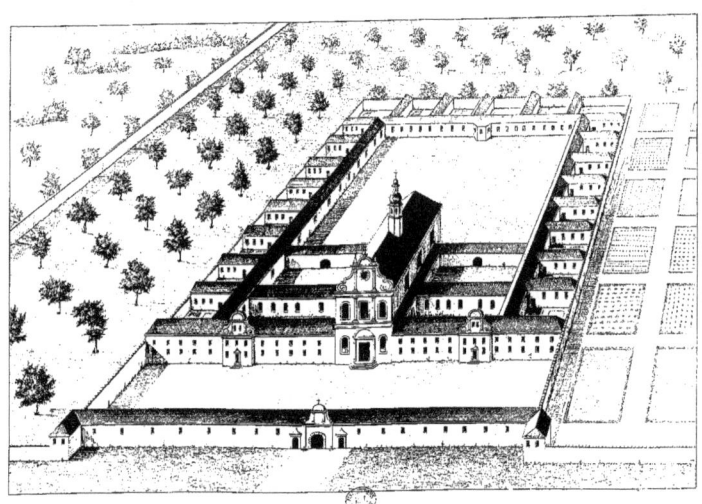

Chartreuse de Walditz, Ch⁓ de l'Assomption de la Bienheureuse-Vierge-Marie. (C. Waldicensis)
Dioc. de Prague. Bohême.

GIDLE

La Chartreuse de Gidle, sur les bords de la Varta, au sud de la ville de Plawno, diocèse de Gnesen en Posnanie (Pologne), eut pour fondatrice Suzanne Oleska, née Przerebska, veuve du grand camérier, Jean Oleski. En 1641, cette noble dame, alors très âgée, se rendit personnellement à Pétrikau, qui était le chef-lieu du cercle, et comparut devant le tribunal ordinaire, le vendredi avant la fête des apôtres SS. Simon et Jude, pour y déclarer publiquement son intention de construire à Babie, sa résidence habituelle, « une église et un monastère à l'usage des Pères et des Frères de l'Ordre cartusien, sous le vocable de la Compassion de la glorieuse Mère de Dieu ».

Le lieu désigné n'ayant pas présenté les conditions désirables, on choisit alors Gidle qui avait été donné aussi par l'acte susdit, avec droit de patronage sur son église. Outre ces deux localités, la dotation de la nouvelle Chartreuse comprenait un bon nombre de villages situés dans les pays avoisinants. D. Jean-Ulric Rapff, prieur de la Chartreuse de Dantzig, et D. Philippe Bolmann, Procureur du même monastère, acceptèrent la fondation au nom de l'Ordre et consentirent aux conditions demandées par Suzanne Oleska. D'après ces stipulations, une messe quotidienne devait être célébrée pour la fondatrice durant sa vie et après sa mort; chaque vendredi, les âmes dépourvues de suffrages et, chaque semaine, les membres de la famille de la même dame avaient droit aussi à l'oblation du saint Sacrifice. Toutefois, les biens concédés aux Chartreux leur laissaient la charge de solder les redevances et les dîmes ecclésiastiques afférentes à ces possessions.

Le premier Recteur de Gidle fut D. Gaspard Cochelius, originaire de Trèves, profès de Dantzig. Il eut le mérite d'aplanir avec zèle, prudence et patience les difficultés qui se rencontrèrent au début. Ce qu'il éprouva peut-être de plus pénible, ce fut l'opposition des Frères-Prêcheurs établis à Gidle dès 1615 pour être les gardiens d'une image miraculeuse de la Très Sainte Vierge. Ces religieux, cela se conçoit aisément, virent avec peine les Chartreux renoncer à se fixer à Babie et choisir leur résidence non loin du couvent dominicain. Ils firent valoir les raisons qui, d'après eux, militaient contre cette mutation, en présence des commissaires nommés par Mathias Subienski, archevêque de Gnesen et primat de Pologne; mais D. Gaspard Cochelius répondit victorieusement à ces allégations, et l'archevêque, sur les rapports des commissaires, approuva la fondation cartusienne de Gidle par un acte daté du 14 mai 1642, qui fut suivi en 1644 de la confirmation signée par Ladislas VII, roi de Pologne. Les Pères Dominicains se prêtèrent à un accommodement pour assurer les relations désirables entre les membres des deux Ordres unis par une antique fraternité.

Pour diverses causes, parmi lesquelles la guerre tient une place importante, la Chartreuse de Gidle, malgré ses vastes domaines, fut réduite à une désolante pénurie. Une rude tâche échut donc au successeur de D. Gaspard Cochelius. C'était D. Jean Lubietowski, profès de Dantzig, qui reçut, en 1650, le titre de prieur et déploya son habileté dans le maniement des affaires. En 1670, un profès de la Grande Chartreuse, D. Joseph Bogdanowicz, issu d'une noble famille de Lithuanie, fut envoyé pour gouverner le même monastère. Il eut la douleur d'y voir déjà des ruines et fit part de cette situation au R. P. D. Jean Pégon dont il avait été le disciple. Le digne Général fit par correspondance d'actives démarches pour assurer à la Chartreuse de Gidle les secours de puissants personnages. N'ayant pu y réussir, il prit lui-même, en 1673, l'initiative d'une sorte de souscription parmi les prieurs de l'Ordre invités à exercer la charité envers la communauté polonaise si éprouvée. Il donna pour sa part 15 pièces d'or ou pistoles, et le total de la somme recueillie se monta à 620 « impériales », (environ 25,000 francs). C'est ainsi qu'il faut compter parmi les principaux bienfaiteurs de Gidle les prieurs de notre Ordre, spécialement, après celui de la Grande Chartreuse, ceux de Dantzig, de Mayence, de Bereza et de Waldilz.

On se mit alors à élever une église, mais seulement en bois. A partir de 1687 commencèrent, pour les cellules du cloître, les constructions en pierre avec l'aide du R. P. D. Le Masson et d'autres bienfaiteurs. Il faut mentionner spécialement, pour cette époque, deux prieurs de Gidle qui ont laissé de très édifiants souvenirs, et n'ont pas moins travaillé à l'édifice spirituel qu'à l'édifice matériel de la Chartreuse : D. Anthelme Kurty, qui, après une administration de 16 ans, mourut en 1695, et D. Georges Bartoch, qui, ayant gouverné le monastère pendant 15 ans, reçut du Chapitre général de 1732, la note *laudabiliter* pour ses 50 années de vie religieuse. En 1737, D. Joseph Sianiawa devint Recteur de la même Maison où il avait été Procureur pendant plus de 30 ans, rendant de grands services et pratiquant la pauvreté au point de confectionner lui-même ses vêtements et ses chaussures.

L'église en bois fut enfin remplacée par une magnifique église en pierre, commencée vers 1750, sous le prieur D. François Pasieka, et consacrée en 1767, durant l'administration de D. Dominique Budlewski. Les stalles et les bancs de chêne de cette église furent travaillés avec beaucoup de patience et de bon goût. Malheureusement, à partir de l'année 1772, la Pologne ne cessa d'être opprimée et les établissements religieux ne purent que décroître.

Le dernier prieur de Gidle, D. Adam Grabowski, mourut le 9 mars 1832 dans sa Chartreuse où il demeurait alors, tout seul de sa communauté. Une partie du monastère avait déjà été employée, en 1809, pour une fabrique de toile et, en 1810, pour une brasserie.

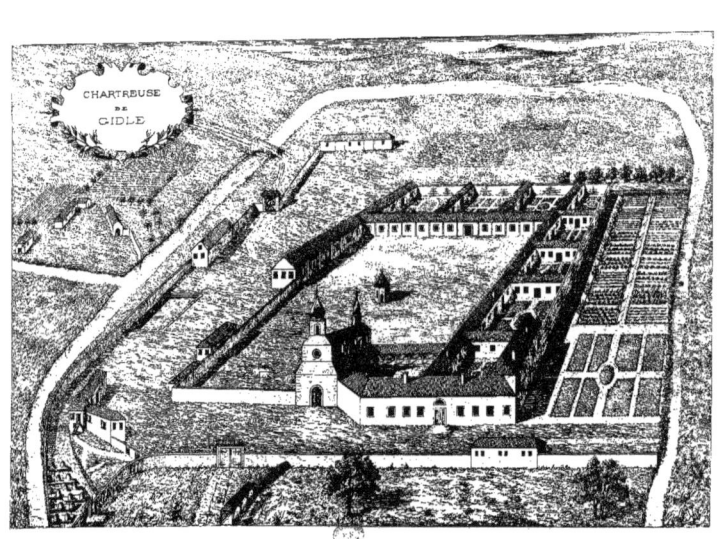

Chartreuse de Gidle, C^{se} de la Compassion de la Bienheureuse-Vierge-Marie. (C. Gidlensis)
Dioc. de Gnesen, Pologne.

BEREZA

Au milieu du xvııe siècle, la Lithuanie, qui appartenait alors au royaume de Pologne, vit surgir et se compléter peu à peu un ensemble d'édifices remarquables qui firent l'admiration et l'honneur de la contrée. C'était la Chartreuse de Sainte-Croix, placée sous le vocable de S. Joseph et de S. Casimir; elle était située dans le diocèse de Luckow, près du bourg de Bereza, non loin d'une ville devenue récemment fameuse, nous voulons parler de Brest-Litowsk. Le fondateur de ce monastère fut un seigneur d'illustre famille, Casimir-Léon Sapieha, vice-chancelier de Lithuanie, qui signala son courage patriotique sur les champs de bataille, et avait déjà manifesté sa piété en donnant l'existence à d'autres maisons religieuses. Le prieur de la Chartreuse de Dantzig, D. Philippe Bolman, son ami, l'encouragea dans son généreux dessein et en informa le R. P. D. Léon Tixier, alors Général de notre Ordre. Celui-ci prit le plus vif intérêt à cette fondation, comme le témoignent les lettres écrites par lui et soigneusement conservées.

Bien qu'un acte antérieur fixe à l'année 1648 l'érection de la Chartreuse de Sainte-Croix, la charte de fondation, telle qu'elle a été ratifiée par le roi de Pologne, Casimir V, porte la date du 3 janvier 1650. En tête de cette pièce officielle, Casimir-Léon Sapieha énonce les motifs de sa détermination : témoigner à Dieu sa reconnaissance, prouver son attachement à l'Eglise catholique en même temps que son aversion pour l'hérésie et ses envahissements, procurer à son âme de précieux secours par les prières des moines. Vient ensuite l'énumération des biens concédés aux Chartreux : ils s'étendaient au loin et comprenaient les villages de Bereza et de Busiaz avec d'autres lieux environnants. Tout cela est livré aux religieux de notre Ordre à la condition d'être au nombre de quatorze dans leur nouveau monastère. Le titre de protecteur de la Chartreuse est assigné, pour l'avenir, aux membres de la famille Sapieha, en excluant toutefois ceux qui auraient le malheur d'abandonner l'Eglise Romaine. On lit dans la même charte le nom de l'épouse du fondateur, Christine-Théodora, comtesse de Tarnow, qui, morte à 27 ans, est désignée comme fondatrice par le Chapitre général de 1653.

Le premier prieur du monastère fut D. Jean de Hagen, qu'il ne faut pas confondre avec le célèbre Chartreux du même nom, écrivain connu et prieur d'Erfurt († 1475). Celui qui nous occupe actuellement était profès de Mayence. Issu d'une illustre famille de barons allemands, il sut se faire estimer et aimer par le vice-chancelier de Lithuanie, qui le reçut dans sa maison, avec les autres religieux, pendant qu'on procédait à l'édification de la Chartreuse. Le climat de la région étant contraire à sa santé,

D. Jean était ordinairement dans un état de souffrance qui ne lui permit pas de déployer beaucoup d'activité. Heureusement, il avait un Procureur capable de suppléer à ce qu'il ne pouvait faire, et digne de lui succéder comme prieur, lorsqu'il mourut en 1654. C'était D. Gaspard Cochelius, de Trèves, qui gouverna ensuite le monastère jusqu'en 1666. Profès de Dantzig et ancien Recteur de Gidle, très initié aux usages polonais, pieux et exemplaire, il avait beaucoup d'autorité et jouissait d'une réputation méritée auprès des grands. La Chartreuse de Bereza lui doit une bonne partie de ses constructions qu'il fit poursuivre avec ardeur, malgré les alarmes et les dangers menaçants. Grâce à lui particulièrement, l'église s'acheva et parut assez belle aux Pères Visiteurs de 1665 pour leur faire dire qu'il n'y en avait point d'aussi magnifique dans la Province cartusienne du Rhin. L'année suivante, elle fut consacrée par l'évêque de Vilna, Alexandre Sapieha, et reçut la dépouille funèbre du fondateur.

Malgré l'achèvement de la bâtisse, la communauté trop peu nombreuse resta assez longtemps sans pouvoir observer toutes les prescriptions de la Règle. Ce fut seulement en 1683, sous le prieur D. Julien Sundermann, qu'on commença à chanter l'Office de nuit et à célébrer les deux messes conventuelles assignées aux fêtes et aux samedis de Carême. Il est encore resté de cette même année le souvenir de la messe de la Très Sainte Trinité, que nos Pères offrirent, le 28 septembre, en action de grâces pour la délivrance de Vienne, due principalement à l'héroïsme de Jean Sobieski.

Deux des successeurs de ce monarque, Auguste II et Stanislas Leczinski, se disputaient le trône, lorsqu'en 1706, durant une trêve, ils se rendirent séparément à Bereza, où les avait précédés Charles XII, roi de Suède, qui combattait le premier et soutenait le second. Il y eut donc en cette année mémorable trois visites royales à la Chartreuse de Sainte-Croix.

En 1728, pour la première fois, la communauté de Bereza procéda à l'élection de son prieur. Elle choisit un profès de la Maison, D. Ferdinand Billig, qui était prieur de Gidle. Il mourut en 1736, regretté comme un père par ses religieux et laissant la réputation d'un excellent administrateur en même temps que d'un modèle de vertu. Six ans après, en 1742, la Chartreuse de Sainte-Croix eut pour Visiteur D. Georges Schwengel, prieur de Dantzig, bien connu par ses grands travaux sur l'histoire de notre Ordre. Il profita de ses rapports avec les Pères de Bereza pour compulser leurs Annales, auxquelles il ménagea une large place dans son recueil : elles se terminent en 1755, après avoir signalé, l'année précédente, la construction, aux frais du monastère, de l'église paroissiale et d'une chapelle de Saint-Jean Népomucène, à Bereza.

Il serait intéressant d'apprendre, par une continuation de ces Annales, comment la Chartreuse de Bereza traversa la période si troublée du démembrement de la Pologne, dans quelles conditions elle put prolonger son existence sous la domination de la Russie, et si elle entretint alors des relations avec les supérieurs généraux de l'Ordre. Ce que nous pouvons dire, c'est qu'elle a été supprimée en 1831. Deux de ses religieux furent à cette époque placés chez les Bénédictins de Stare-Troki ; d'autres entrèrent dans divers couvents. L'église du monastère devint paroissiale, et plus tard se transforma en église grecque, le nom de *Kartuskaja-Beresa* rappelant seul le souvenir des fils de S. Bruno. Malheureusement, lors de l'insurrection de 1863, tout fut démoli de fond en comble, et, actuellement, il ne reste de la Chartreuse que le mur d'enceinte formant un immense carré flanqué de petites tourelles de distance en distance.

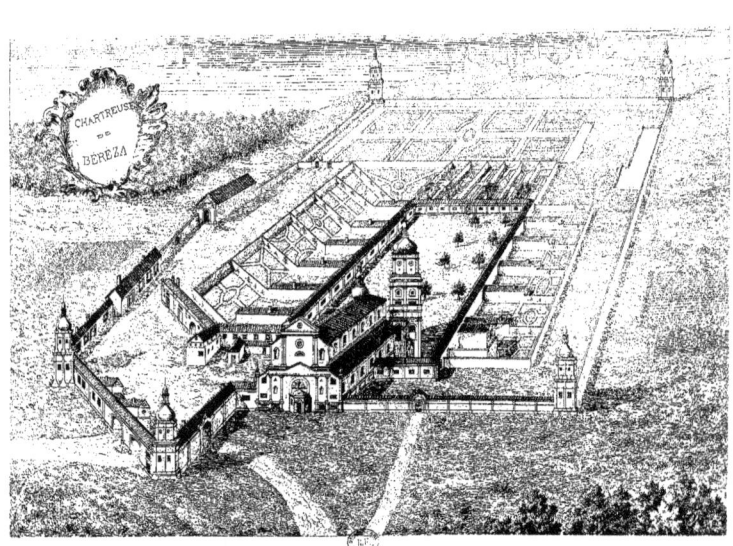

Chartreuse de Béréza, Ch⁴ᵉ de Sainte-Croix. (C. Bereza.)
Dioc. de Lucko, Pologne.

Chartreuse de Béréza, Ctt de Sainte-Croix. (C. Bereza)
Dioc. de Lucko. Pologne.

PROVINCE
DE L'ALLEMAGNE INFÉRIEURE

SCHNALS	195	ASTHEIM	233
GRUNAW	199	LIEGNITZ	237
WURTZBOURG	205	GUTTERSTEIN	241
TUCKELHAUSEN	209	EPPENBERG	245
ERFURT	213	ILMBACH	249
EISENACH	217	ITTINGEN	253
NUREMBERG	224	CRIMMITSCHAU	257
NORDLINGEN	225	CONRADSBOURG	261
BUXHEIM	229	RATISBONNE	265

SCHNALS

Le Tyrol doit son nom à un antique château situé près de la ville de Méran, laquelle fut de 1290 à 1490 la capitale des comtes et des ducs de la région, et qui est devenue de nos jours, à cause de la douceur de son climat, une station sanitaire très fréquentée. Pour parvenir de cette cité à la haute et froide vallée de Schnals, sur le versant méridional des Alpes de l'Œtzthal, il y a environ quatre lieues de chemin au milieu d'affreux précipices. Au bout de ce défilé se présente une solitude qui n'a rien à envier pour l'altitude de ses montagnes, pour le spectacle grandiose de ses rochers, de ses neiges et de ses glaces, aux déserts les plus célèbres de notre Ordre. C'est là que la Chartreuse du Mont-de-tous-les-Anges prit naissance en 1325, grâce à l'initiative de Henri, comte de Tyrol, duc de Carinthie, roi de Bohême et de Pologne. Ce prince voulut « penser à son salut et échanger par un heureux commerce les biens de la terre contre ceux du ciel ». Telles sont ses paroles dans la charte de fondation où nous trouvons le nom de D. Godefroi, prieur de Mauerbach, entre les mains duquel furent déposés les titres du nouveau monastère.

La dotation princière comprenait, outre le château de Schnals avec toutes ses dépendances et deux fermes situées à Korf qui devaient constituer le domaine immédiat de la Chartreuse, quinze autres fermes, des privilèges importants de pêche, l'exemption de toute taxe, le droit de justice et beaucoup d'autres concessions. Le prieur du Mont-de-tous-les-Anges devint le principal personnage de la vallée arrosée par le Schnals, affluent de l'Adige. Il était le « chapelain-né » du souverain et avait, de ce chef, une pension annuelle. Près de sa cellule se voyait la demeure du juge séculier qui le représentait pour les procédures.

La Chartreuse de Schnals, qui appartenait au diocèse de Coire, se trouve actuellement dans celui de Brixen. Elle fut d'abord affiliée à la province cartusienne de l'Allemagne supérieure, passa ensuite à la province de Toscane, puis revint en 1452, sur les instances de Sigismond, duc d'Autriche, à sa première affiliation. Enfin, une nouvelle décision du Chapitre général, en 1596, l'assigna à la province de l'Allemagne inférieure.

L'un des premiers prieurs de notre monastère tyrolien fut D. Nicolas de Thuringe, qui, d'après Tappert, appuya sur des bases solides l'édifice spirituel de sa communauté et en assura la bonne renommée. On conserva les ouvrages sortis de sa plume, particulièrement son *Traité sur les Mœurs des Adolescents*, ses sermons et ses discours, son *Colloque entre la Sagesse et son Disciple*, et quelques traités sur la Passion de Notre-Seigneur. Il vivait vers 1330. Deux autres prieurs du XIVᵉ siècle méritent un souvenir spécial : D. Henri de Cologne et D. Godefroi d'Anaso. Le premier, entré à la Grande

Chartreuse à un âge avancé, fut placé à la tête de Schnals en 1367, obtint deux ans après de rentrer au cloître et mourut de la peste en 1373, étant redevenu depuis trois jours le prieur de la même communauté qui avait désiré de jouir de sa paternelle administration; le second, religieux d'une grande austérité, avait gouverné la Chartreuse de Gaming avant d'être chargé de celle de Schnals en 1369; il devint ensuite le premier prieur de Brünn et mourut en 1387.

Au XVe siècle, nous trouvons D. Bernard († 1440), profès de Cologne, renommé pour sa piété, son érudition et sa dextérité dans les affaires. Successivement prieur de huit Chartreuses, il administrait celle de Strasbourg lorsqu'il représenta notre Ordre au Concile de Constance en 1415. C'est de 1421 à 1424 qu'il fut à la tête du Mont-de-tous-les-Anges.

Au siècle suivant, D. Jérôme, profès et prieur de Schnals, exerça ses fonctions pendant 38 ans en faisant admirer sa prudence, sa loyauté et sa vie exemplaire. A cause de sa vieillesse il demanda très instamment sa démission au Chapitre général de 1531 et mourut le 12 mai de cette même année, avant d'avoir reçu la Carte qui exauçait sa prière. D. Henri Wolff, jésuite avant d'être Chartreux à Fribourg, devint aussi prieur de la Chartreuse tyrolienne de 1595 à 1597 et composa quelques ouvrages.

Au XVIIe siècle, D. Laurent Wartenberger, après avoir été chanoine d'Halberstadt, entra à la Chartreuse de Gaming en 1643, et, cinq ans plus tard, devint prieur de Waldilz, puis d'Erfurt, de Schnals et de Ratisbonne. A une érudition remarquable il sut unir une grande patience qui se manifesta surtout pendant ses dernières maladies. Il mourut à Gaming en 1667, laissant de nombreux écrits qui manifestaient sa doctrine et sa piété, ainsi que son attachement à notre Ordre et à notre saint fondateur. D. Jean Bilstein († 1693), profès de Dantzig, fut en 1661 prieur de Schnals et Visiteur de l'Allemagne inférieure. Il fit de nombreux voyages pour le service de notre famille religieuse. Nommé en 1670 prieur de sa Maison de profession, il fut remplacé au Mont-de-tous-les-Anges par D. Jacques Nentwich († 1690), dont l'administration se prolongea pendant 20 ans en méritant de grands éloges. En somme, l'existence de cette Chartreuse perdue au milieu des Alpes paraît avoir été très paisible; elle ne cessa de jouir de la protection des princes de la Maison d'Autriche, entre autres de l'archiduc Maximilien (1620) qui laissa aux Chartreux 10,000 ducats et de l'archiduc Léopold (1632) reconnu comme un grand bienfaiteur.

Supprimée en 1782 par l'empereur Joseph II, la Chartreuse de Schnals se transforma en village tyrolien, comptant à la fin du XVIIIe siècle quarante familles. Les cellules s'agrandirent pour la commodité des acquéreurs. Une chapelle, qui était à l'usage des domestiques du monastère, fut choisie pour le service paroissial, parce qu'étant assez restreinte on pouvait l'entretenir à moins de frais que la belle église de nos Pères. Celle-ci devint malheureusement une étable et une grange : les fragments de son pavé de marbre furent employés comme devants de cheminées. Malgré cela, les souvenirs des moines restèrent vivants et respectés dans la région si catholique qu'ils avaient édifiée. Leurs livres et leurs manuscrits les plus précieux se conservèrent à la bibliothèque publique d'Inspruck, tandis que des spécimens de leurs travaux artistiques, comme une armoire ornée de pilastres ciselés et une magnifique pendule, étaient laissés intacts à la Chartreuse.

CHARTREUSE DE SCHNALS, Ch⁸⁰ DU MONT-DES-ANGES. (C. MONTIS OMNIUM ANGELORUM)
Dioc. de Brixen. Tyrol autrichien.

GRUNAW

La Chartreuse de la Nouvelle-Celle de Grunaw, en Franconie, était à un kilomètre au sud de la ville de Wertheim, au diocèse de Wurtzbourg où surgirent dans la suite d'autres Maisons de notre Ordre, celles de Wurtzbourg, d'Astheim, d'Ilmbach, etc. Elle eut pour fondatrice, vers 1328, Elisabeth de Wertheim avec son neveu Rodolphe. Il faut tenir compte aussi de l'influence de D. Godefroi, prieur de Mauerbach et plus tard Visiteur de la Province d'Allemagne, qui alors n'était pas encore divisée. On le regarde comme le promoteur de plusieurs Chartreuses, parmi lesquelles figure celle de Grunaw, qui vit bientôt, d'ailleurs, arriver des novices chargés par la Providence de l'établir solidement en se donnant eux-mêmes avec leurs biens.

Un fait, qui met en scène la sévère discipline de notre Ordre, nous montre la communauté de la Nouvelle-Celle pleinement constituée en 1335. A cette époque, en effet, elle fut choisie comme résidence et lieu de pénitence pour un prieur de Seiz, appelé D. Jean, qui, ayant reçu sa démission des Pères Visiteurs, avait interjeté appel au Chapitre général, mais avait seulement obtenu la confirmation de son arrêt aggravé de peines disciplinaires. Au lieu de nuire au bon esprit de la Chartreuse de Grunaw, cet exemple tourna plutôt à son édification, car le coupable fit preuve d'un sérieux et louable amendement, si bien que le prieur de la Nouvelle-Celle reçut l'autorisation de le nommer officier de la Maison.

Nos Pères de Grunaw donnèrent une preuve éclatante de la prospérité spirituelle et temporelle de leur monastère lorsqu'ils participèrent à la fondation de la Chartreuse d'Erfurth vers 1372. Ce fut leur prieur qui, avec celui de Mayence, alla prendre possession, au nom du Chapitre général, de la Maison déjà construite par le prévôt de Dorland. Les premiers habitants de la Chartreuse d'Erfurth vinrent de Grunaw où ils avaient fait profession : c'étaient DD. Henri Rochel, premier Recteur d'Erfurth ; Hermann de Such, Vicaire ; Conrad d'Offinghem, Procureur, et Hermann, surnommé le « Statuaire ».

Plusieurs prieurs de Grunaw, qui terminèrent leur carrière dans le courant du xve siècle, ont mérité d'être loués par nos *Ephémérides*. D. Oswald († 1446), célèbre dans notre Ordre, fut un Visiteur exemplaire de la Province de l'Allemagne inférieure. D. Jean d'Isemburg († 1464), fils de Diether, comte d'Isemburg, et frère de Diether, archevêque de Mayence, avait méprisé les délices du siècle pour entrer à la Chartreuse de Mayence. Nommé prieur de Grunaw, il passa à peine quelques mois dans ses fonctions, ayant obtenu du Chapitre général une démission qui le rendit à sa chère solitude du cloître. D. Erasme de Wertheim († 1474), de l'illustre famille des fondateurs de Grunaw, naquit en 1431. Il était chanoine de la métropole de Cologne, lorsqu'à l'âge de 16 ans il foula aux pieds les honneurs et les richesses pour se fixer parmi les Chartreux de cette ville. Sa conduite, digne des plus grands éloges, le fit, en 1469, instituer prieur de Grunaw où il termina saintement ses jours. D. Hermann de Rudisheim († 1481) était maître ès arts lorsqu'il entra à la Chartreuse de Wurtzbourg. Il fut prieur de la Nouvelle-Celle de 1457 à 1464. Ses *Méditations sur la vie et la mort de Notre-Seigneur Jésus-Christ* manifestent clairement sa profonde piété.

Les prieurs du xvie siècle eurent à lutter contre l'envahissement du protestantisme. L'un d'eux, D. Mathias du Mont († 1587), eut la douleur, à peine installé, d'être contraint à la fuite par le comte Michel de Wertheim, alors hérétique, qui occupa le monastère avec ses dépendances et en pilla le mobilier. Mentionnons les persécutions qu'eut à subir, en 1555, de la part des luthériens D. André, sacristain à Grunaw, qui resta inébranlable dans la foi catholique et mourut cette même année ainsi que D. Michel Lemplin, qui fut trois fois prieur de la Nouvelle-Celle durant cette époque calamiteuse, et termina dans le cloître, après 50 années passées dans notre Ordre, une vie pleine de bonnes œuvres.

La Chartreuse d'Ilmbach servit d'abri à nos Pères fugitifs de Grunaw. En 1574, le Chapitre général nomma prieur d'Ilmbach et de Grunaw D. Gérard Agricola, institué, peu de temps après, prieur de la Chartreuse de Wurtzbourg dont il devint le restaurateur. Les Chapitres de 1615 et de 1616 confirmèrent l'union des deux Maisons de Grunaw et d'Ilmbach, union faite par les Visiteurs. Les constructions nouvelles à exécuter dans cette dernière, sous la direction des mêmes Visiteurs, furent confiées au Père Vicaire et au Père Procureur. En 1624, la Carte annonça la mort de D. Jérôme, « prieur de Grunaw et préposé aux nouvelles constructions d'Ilmbach. » Toutefois l'union ainsi sanctionnée ne dura pas très longtemps et Grunaw reprit son autonomie en 1629, à la suite du procès que les Chartreux avaient intenté à la branche protestante des comtes de Wertheim et qui les remit en possession de leurs biens, ou tout au moins d'une bonne partie, mais ils durent fuir de nouveau devant les Suédois en 1631 et ne rentrèrent qu'en 1635.

Un bienfaiteur de la Nouvelle-Celle au xviie siècle mérite une mention spéciale, c'est François-Léopold, comte de Lowenstein-Wertheim, chanoine de Strasbourg et de Cologne, appartenant à la branche catholique de la famille des fondateurs de la Chartreuse. Sa mort est annoncée dans la Carte de 1683.

Au xviiie siècle, nous relevons les noms de D. Uldaric Bungeheurs prieur de Grunaw, qui vécut *laudabiliter* 56 ans dans l'Ordre, selon l'acte de décès de 1710, et de D. Hugues Neth, prieur du même monastère, qui, en 1754, était Visiteur de la Province d'Allemagne inférieure et fut l'un des Définiteurs du Chapitre général.

C'est vers 1803 que la Chartreuse de Grunaw fut supprimée par les armées françaises. Il en restait encore quelques bâtiments en 1894, comme le montre une vue prise à cette époque; mais il n'est pas aisé de préciser l'ancienne destination de ces constructions.

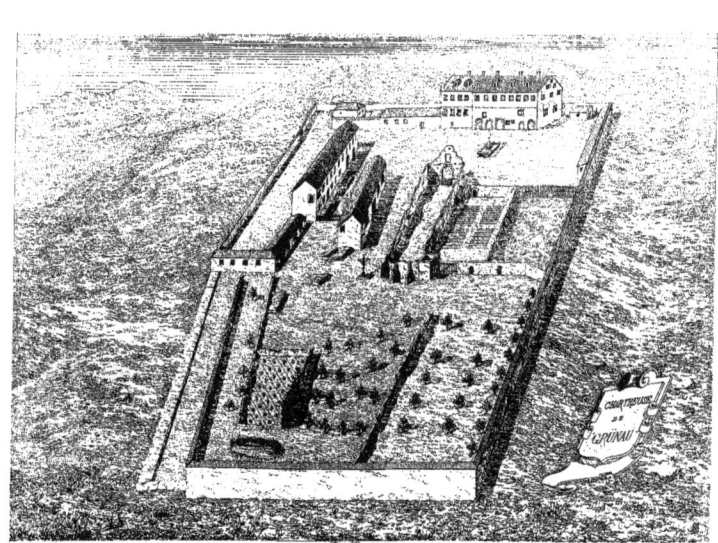

CHARTREUSE DE GRUNAU, Ch^{se} DE NOTRE-DAME DE LA NOUVELLE-CELLE. (C. NOVÆ CELLÆ)
Dioc. de Wurtzbourg, Bavière.

Chartreuse de Grunau, Ch⁾ᵉ de Notre-Dame de la Nouvelle-Celle. (C. Novæ Cellæ)
Dioc. de Wurtzbourg. Bavière.

WURTZBOURG

La Chartreuse du Jardin-des-Anges, située en Franconie, au faubourg de Wurtzbourg appelé *zum Neuendorff*, prit naissance en 1348. Deux frères, Rudiger et Wolfran de Kitzingen, se joignirent à l'évêque du lieu, Albert de Hohenlohe, pour acheter le terrain sur lequel devait s'établir le monastère. A leurs dons s'ajoutèrent ceux du doyen de la cathédrale, Eberhard de Ridern, et du chanoine archidiacre de la même église, Eberhard de Hirshorn, qui fut considéré comme le principal fondateur de cette Maison à cause de ses largesses; il fit en effet construire, en peu de temps, l'église, la sacristie, le cloître avec les autres édifices nécessaires. Des bienfaiteurs, suscités par la Providence dans les diverses régions de l'Allemagne, complétèrent l'œuvre ainsi inaugurée. On doit un souvenir spécial à deux frères, Jean et Frédéric, burgraves de Nuremberg, qui, avec des personnages de haut rang, intervinrent auprès de l'empereur en faveur de la Chartreuse pillée par des rebelles en 1400 et menacée d'être détruite. Sauvé par la protection efficace du souverain, le Jardin-des-Anges, comme le raconte son chroniqueur, se mit à refleurir peu à peu et à produire des religieux remarquables par leur sainteté et leur doctrine.

Le premier exemple cité par le même historiographe est celui d'un Dominicain, devenu évêque auxiliaire des diocèses de Bamberg et de Wurtzbourg, qui, après avoir rempli ses fonctions pendant trente ans, voulut finir sa carrière en Chartreuse comme simple religieux. Il s'appelait Walther et était évêque *in partibus* de Diagorgan (Perse); il fut, malgré son âge avancé, un modèle des plus austères vertus monastiques jusqu'à sa mort survenue le 2 février 1380.

D. Hermann de Rudisheim, après avoir gouverné la Chartreuse de Grunaw, remplit les mêmes fonctions au Jardin-des-Anges, dont il était profès. Très peu apte au maniement des affaires temporelles, il obtint sa démission en 1467, mais fut contraint, l'année suivante, d'être prieur d'Erfurt. Il termina dignement sa carrière en 1481 dans le cloître de Wurtzbourg, laissant des *Méditations* très pieuses sur la vie et la mort de Notre-Seigneur Jésus-Christ. Un de ses contemporains, D. Henri Reicher († 1466), écrivain contemplatif, s'était, dès son enfance, pénétré d'une admirable dévotion envers la Très Sainte Vierge et la voyait exaucer par des prodiges ses naïves prières. Admis dans le cloître du Jardin-des-Anges, il composa divers traités sur la vie intérieure tout en bénéficiant de grâces extraordinaires. Deux autres écrivains habitèrent la Chartreuse de Wurtzbourg vers cette même époque : un religieux anonyme qui fit des recueils de saintes aspirations, dont l'un, portant la date de 1461, a pour but de rendre plus fervente la récitation des psaumes; D. Guillaume, auteur de trente sermons sur l'oraison dominicale, imprimés en 1467 (Petreius doute que ce dernier ait été Chartreux). On peut joindre à ces noms celui de D. Conrad Merbot de Wida en résidence à Wurtzbourg († 1459), très connu comme chantre. Comme il était aussi un excellent calligraphe, il copia un grand nombre de volumes pour diverses Chartreuses. L'un de ses confrères du même cloître, D. Ulric Haan († 1487), devint prieur d'Astheim et d'Ilmbach : il se fit aimer de tous par son humilité en même temps qu'il s'attirait la vénération par la gravité de ses mœurs.

Avec le déchaînement du protestantisme au XVIe siècle commença pour nos Pères de Wurtzbourg une ère d'épreuves et d'angoisses qui mit en relief leur foi et leur courage. D. Simon, profès de Nuremberg, en résidence au Jardin-des-Anges, est loué par le Chapitre général « d'avoir supporté patiemment jusqu'à la mort, pour l'Eglise de Dieu, les nombreuses et graves persécutions des Luthériens ». Après lui, nous signalerons D. Henri de Wezel, Vicaire de Wurtzbourg, qui mourut saintement en 1539; et le prieur, D. Jean « Australis », profès de la Grande Chartreuse, qui termina ses jours en 1585 : il avait été aussi à la tête de la Chartreuse de Seiz, et s'était livré à de nombreux travaux pour notre Ordre. Mais le Jardin-des-Anges dut une reconnaissance toute spéciale à D. Gérard Agricola († 1590) et à D. Jean Mulner († 1606) qui le gouvernèrent en devenant ses illustres restaurateurs. Le premier trouva la Chartreuse réduite par les hérétiques à un état lamentable : grâce à son courage les fonctionnaires séculiers furent expulsés, et l'on restitua au monastère les biens dérobés. Le second était un modèle d'humilité et de prudence; il mérita d'être élu Visiteur de la Province.

La guerre de Trente ans fut pour les Suédois hérétiques l'occasion de regrettables excès envers nos Pères. Réfugiés en 1631 à la citadelle de Wurtzbourg et y faisant fonction de chapelains militaires, le prieur, D. Bruno Linder, D. Jean Hupman, son Vicaire, D. Philippe Pfoch, ancien Procureur d'Ittingen, furent surpris par les assaillants dans l'exercice de leur ministère et massacrés le 18 octobre, en s'offrant à Dieu comme victimes. Toutefois, D. Philippe vécut encore jusqu'au 1er novembre et put expirer au milieu de ses confrères. Ce fut aussi sous la domination des Suédois que D. Georges Weingartner, qui fut prieur de Wurtzbourg et d'Ilmbach, eut, en 1631, les oreilles coupées en haine de la religion.

Le Jardin-des-Anges continua de répandre ses parfums d'édification jusque vers la fin du XVIIIe siècle et fut alors supprimé par le gouvernement de Bavière en 1803. La propriété fut à cette époque divisée en plusieurs lots et vendue à des particuliers. A l'exception du « Moulin de la Chartreuse », situé rue des Capucins, n° 31, et d'une petite maison au n° 21 de la même rue, il ne reste plus rien du monastère qui fit place, en 1850, à la gare du chemin de fer.

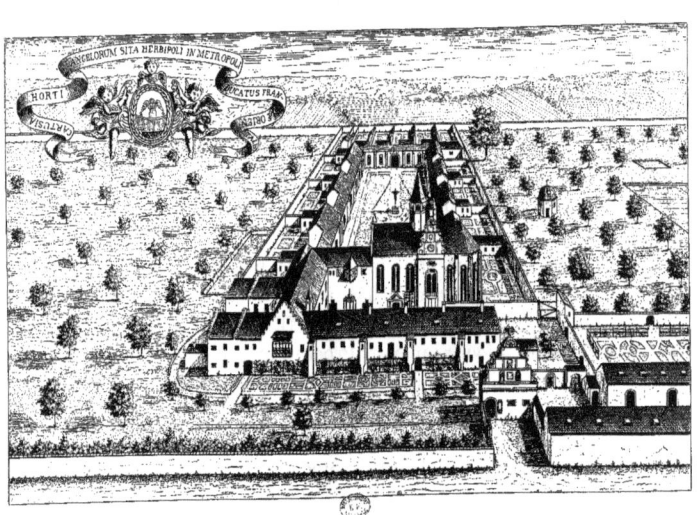

CHARTREUSE DE WURTZBOURG, Ch^{se} DU JARDIN-DES-ANGES. (C. HORTI ANGELORUM)
Dioc. de Wurtzbourg. Bavière.

TUCKELHAUSEN

S. Otton, évêque de Bamberg et apôtre de la Poméranie, avait une grande confiance dans les institutions monastiques pour étendre le royaume de Dieu. Il fonda et dota une vingtaine de Maisons religieuses soit dans son diocèse soit dans les régions environnantes. A ceux qui s'étonnaient de telles initiatives, il répondait : « On ne peut bâtir trop d'hôtelleries pour ceux qui se regardent comme étrangers en ce monde ». Lui-même voulut faire vœu d'obéissance à un abbé qui eut l'heureuse inspiration d'imposer au saint évêque la continuation de son apostolat.

Au nombre des fondations de ce pontife il faut placer vers 1120 celle de Tückelhausen, située dans le diocèse et à une lieue de Wurtzbourg, près d'Ochsenfurt, sur les bords du Main, en Franconie. Ce monastère appartint primitivement à une congrégation que nos Annales ne nous font pas connaître. Après la mort des deux premiers abbés, Walther et Echbert, il passa aux religieux Prémontrés, puis, vers la fin du XIIIe siècle, fut habité par des religieuses du même Ordre. Enfin, en 1351, il fut attribué aux Chartreux, grâce aux démarches et aux largesses du doyen de la cathédrale de Wurtzbourg, Eberhard de Ridern, dont on a déjà parlé dans la notice précédente.

Nos Pères n'eurent qu'à consentir à la cession solennellement confirmée par le Chapitre général des Prémontrés, comme on peut le voir par l'acte officiel inséré dans les Annales de cet Ordre et contenant les graves raisons qui faisaient désirer ce changement. Les sept religieuses qui formaient la communauté de Tückelhausen reçurent des pensions, et, en outre, les enfants de S. Norbert entrèrent en possession de biens proportionnés à ceux qu'ils abandonnaient.

La nouvelle Chartreuse porta le nom de Celle-du-Salut (après celui de Fontaine-du-Salut) et ne tarda pas à rencontrer de rudes épreuves. En 1395 ou 1396, elle fut incendiée et réduite par là à une grande pauvreté. Pour ce motif, elle fut dispensée l'année suivante de payer la taxe du Chapitre général. Les prieurs du XVe siècle eurent à réparer ce désastre et à mettre le monastère en état de soutenir le choc d'autres adversités. Parmi eux nommons D. Nicolas de Giengen, qui, après avoir gouverné Buxheim de 1442 à 1465, fut placé à la tête de la Celle-du-Salut : estimé pour sa doctrine, aimé à cause de son affabilité, plein de jours et de bonnes œuvres, il termina sa carrière le 5 octobre 1470. D. Jean Osterow, qui mourut trois ans plus tard, avait été prieur de Liegnitz, puis de Tückelhausen et enfin d'Erfurt, sa Maison de profession : on loue sa piété et son érudition. Il fut le contemporain de l'un de nos écrivains, profès de la Celle-du-Salut, D. Jodocus Herolt, qui florissait en 1474 et laissa des Sermons sur divers sujets († 1507).

La Providence envoya au xvi⁰ siècle à Tückelhausen des prieurs bien doués pour lutter contre les ravages du protestantisme. D. Jean Mantel († 1542), après avoir été prieur de Grunaw, fut appelé en 1519 à remplir les mêmes fonctions à la Celle-du-Salut. Sa patience se manifesta au milieu des persécutions des Luthériens qui en 1527 réduisirent en cendres son monastère. Environ trois ans après, commença la restauration louée par le Chapitre général de 1530. D. Mantel, qui désirait surtout le rétablissement de la discipline régulière, obtint la permission de bâtir un séminaire pour y préparer des adolescents à entrer dans notre Ordre, et suppléer ainsi au défaut de vocations qui se faisait alors sentir. Cette sorte de juvénat devint prospère. L'année même de son inauguration, en 1534, la Carte de Visite mentionne « avec le prieur D. Jean, deux moines, un digne recteur de l'école et dix scholastiques, de vie bien satisfaisante, qui chantaient les louanges divines selon les usages de l'Ordre ».

La nouvelle institution était encore debout sous l'administration de D. Nicolas Comitius († 1592) qui, devenu prieur de Tückelhausen, après avoir gouverné Cantave et Mayence, trouva le monastère accablé d'exactions et tellement éprouvé qu'il semblait toucher à sa fin. Il eut le mérite de le remettre dans un état de grande prospérité et d'y exercer une très charitable hospitalité envers les Chartreux de Belgique, contraints par la guerre de se réfugier en Allemagne. Un religieux de la Chartreuse de Zierikzee, D. Antoine Katerken, vint aussi chercher un abri dans le même monastère qu'il édifia par ses vertus et par sa mort survenue en 1588. L'un de ses contemporains, D. Luc Braunoldus († 1595), profès de Tückelhausen, avait un esprit très pénétrant ; il apprit tout seul la langue hébraïque et rédigea méthodiquement un excellent abrégé de trois tomes des *Controverses* de Bellarmin.

Au siècle suivant, les Chartreux de la Celle-du-Salut eurent eux-mêmes à demander un asile à leurs confrères d'autres régions. Cinq d'entre eux se réfugièrent, vers 1631, à Ittingen pour échapper aux Suédois : ils furent accueillis avec une grande bonté par le prieur, D. Bruno Müller. A leur souvenir se rattache celui de D. Michel Bender, profès et prieur de Tückelhausen, qui fut aussi prieur de Schnals et Visiteur de l'Allemagne inférieure. Ayant eu beaucoup à souffrir de la part des Suédois, il se réfugia à la Grande Chartreuse avec d'autres religieux. Il était très versé dans les lettres sacrées et profanes († 1650). En 1672, les soldats de Turenne pillèrent la Chartreuse.

Au xviii⁰ siècle, nous saluons D. Etienne Halm († 1712), profès et *antiquior* de la Celle-du-Salut, qui vécut *laudabiliter* 60 ans dans l'Ordre, et passa 54 ans de suite dans la même cellule. Son confrère du même cloître, D. Jean Rister († 1713), mérita aussi la mention *laudabiliter* pour sa carrière religieuse de plus de 63 ans.

La Chartreuse de Tückelhausen fut supprimée par le gouvernement bavarois en 1803, mais elle resta debout avec son église qui devint paroissiale et quatorze cellules dont l'une était occupée par le curé. Les autres bâtiments furent affectés à une institution charitable, qui en 1863, d'après le témoignage de D. Tappert, fut sécularisée et devint la propriété du baron Staff-Reizenstein. Les cellules servirent alors d'habitations aux domestiques de ce dernier, tandis que l'église ainsi que le logement du curé étaient néanmoins réservés au culte. Une lettre de M. l'abbé Nicklès, curé de Vallorbe (Suisse), atteste qu'en 1892 Tückelhausen subsistait encore en entier avec ses cellules.

CHARTREUSE DE TUCKELHAUSEN. Ch⁵⁵ DE LA CELLE-DU-SALUT. (C. CELLÆ SALUTIS)
Dioc. de Wurtzbourg. Bavière.

ERFURT

Un prêtre, dont on n'a malheureusement pas conservé le nom, desservait, dans le courant du xiv° siècle, une chapelle de pèlerinage sur le Mont Hilfensberg (montagne du secours) près d'Eschwege, dans l'électorat de Hesse-Cassel. Cet homme de Dieu, ayant amassé une somme assez considérable, grâce aux aumônes qui se faisaient dans ce sanctuaire, la destina par testament à la fondation d'un monastère. Il chargea de ce soin son ami, Jean Ortonis, prévôt de l'église de Dorla, qui songea aussitôt à appeler les fils de S. Bruno dans le pays et s'adjoignit comme collaborateur un autre prévôt, Herbord Sprangenberg de Bischofrode, lequel avait la charge de l'église Saint-Séverin à Erfurt. C'est dans cette dernière ville qu'on résolut de bâtir une Chartreuse. Les consuls désignèrent l'emplacement dont le choix fut approuvé, dit la chronique, par un messager céleste, apparaissant à Henri Mulisundorff, architecte chargé des travaux, et lui disant ces seuls mots : *Incipe et perfice*.

Le 30 novembre 1371, Jean, archevêque de Mayence, donna les permissions requises, et, l'année suivante, le Chapitre général envoya deux délégués pour accepter la fondation. La première pierre de l'édifice fut posée le 12 mars 1372, et le tout achevé au bout de trois ans : ce qui fut regardé comme une merveille de promptitude ; il est juste toutefois de dire que le cloître et les cellules n'étaient qu'en clayonnage et en torchis.

Les premiers habitants de la nouvelle Maison furent envoyés de Grunaw, au nombre de quatre : D. Henri Rœckel, Recteur et ensuite prieur, D. Berthold, Vicaire, D. Conrad de Uffingen, Procureur, et D. Hermann, dit le « Statuaire », Sacristain.

L'église fut consacrée en 1375 sous le titre de *Montis Sancti Salvatoris*, en souvenir du pèlerinage de Hilfensberg et du saint prêtre dont nous avons parlé. Il est à noter que la cérémonie se fit en silence et presque à huis clos, parce qu'à ce moment un interdit pesait sur la ville.

La petite communauté prit un rapide développement : de nombreux postulants se présentèrent tant pour les religieux de chœur que pour les Frères, de sorte qu'il devint nécessaire d'agrandir les bâtiments. On profita de l'occasion pour les reconstruire plus solidement. Ces dépenses étaient d'ailleurs approuvées par le fondateur lui-même, Jean Ortonis, qui laissa, dans ce but, toute sa fortune aux Chartreux. Il mourut en 1376 et fut enterré devant le maître-autel. Le défunt avait, en outre, stipulé que l'argent qui resterait serait employé à établir un hôpital ; mais nos Pères, peu soucieux vraisemblablement d'assumer cette charge, obtinrent du légat du Saint-Siège, le cardinal Pileus, alors en Allemagne, d'affecter la somme disponible à la fondation d'une Chartreuse à Eisenach. Dès l'année 1378, ils avaient acheté une maison près de cette ville; ils purent donc envoyer de suite six religieux profès sous la conduite de D. Hermann de Wolfhagen pour occuper le local.

A cette même époque eut lieu la fondation de Nuremberg, et le prieur d'Erfurt, D. Rœckel, ayant été choisi pour diriger le nouvel établissement, c'est D. Conrad de Ringleben qui le remplaça : ce dernier acheva la reconstruction de l'église du Mont-Saint-Sauveur et la fit de nouveau consacrer en 1380.

Les aumônes et les dons des habitants d'Erfurt continuant à affluer, la Chartreuse devint très opulente et ne posséda pas moins de 900 arpents (360 hectares environ) à Kircheim, sans compter 85 arpents autour du monastère, exploités directement par les moines, et de vastes propriétés à Ringleben, sur la Géra, dans le landgraviat de Saxe, etc.

Malheureusement, les guerres vinrent entraver notablement cet état prospère. D'abord en 1430, lors des troubles occasionnés par les Hussites, les Pères durent céder une partie de leur terrain pour les fortifications qui englobèrent même la plupart des bâtiments, ce qui nuisait notablement à l'esprit de solitude. Puis, durant les guerres de religion, la Chartreuse fut plusieurs fois rançonnée et pillée par les luthériens. Dès 1511, des difficultés ayant surgi entre le monastère et les paysans du village de Ringleben, ceux-ci, soutenus par le landgrave qui était gagné aux idées nouvelles, finirent par s'emparer de tout ce que possédaient les moines dans cette région.

La guerre de Trente ans éprouva grandement les Chartreux du Mont-Saint-Sauveur, surtout dans leurs possessions matérielles. Ils purent néanmoins se relever en partie de leurs pertes au commencement du XVIIIe siècle, sous le priorat de D. Ambroise Kummer qui fit reconstruire les bâtiments essentiels (1702-1713). Son successeur, D. Léopold Wolgemuth (1713-1732), compléta la restauration. On lui doit le portail d'entrée et la façade de l'église, de style italien et contrastant, par conséquent, avec les édifices primitifs de style gothique; néanmoins, le travail a été exécuté avec intelligence, et des connaisseurs s'y sont trompés, prenant cette transformation pour une construction toute neuve de l'époque de la Renaissance.

La Chartreuse d'Erfurt fut supprimée en 1803. Les bâtiments demeurèrent intacts assez longtemps; mais, en 1845, un incendie en détruisit une partie et d'autres furent démolis. Les touristes visitent avec intérêt le côté sud du cloître encore bien conservé ainsi que le portail de l'église et le Chapitre surmonté d'une petite tourelle qui abritait autrefois une horloge.

Nous possédons une chronique intéressante de la Maison d'Erfurt; commencée au XVe siècle par D. Jean Wida et continuée par D. Jean d'Aldendorf, elle fut reprise au commencement du XVIIe siècle par D. Jean Arnoldi qui retoucha ce qu'avaient dit ses devanciers et en poursuivit le récit jusqu'à son temps, († 1638). Ensuite D. Jean Lothey, profès de Cologne, prieur d'Erfurt (1655-1667), a refondu ces chroniques et les a conduites jusqu'à la fin de son priorat. Un séculier, M. Oergel, protestant, a dernièrement publié sur la Chartreuse une brochure qui, malgré certaines réserves nécessaires, décrit fort bien l'état actuel du lieu et ne manque pas de valeur.

Une des gloires de la Maison est de compter parmi ses profès et ses prieurs D. Jean Hagen de Indagine, un des plus célèbres religieux de notre Ordre et dont on a déjà parlé dans d'autres notices.

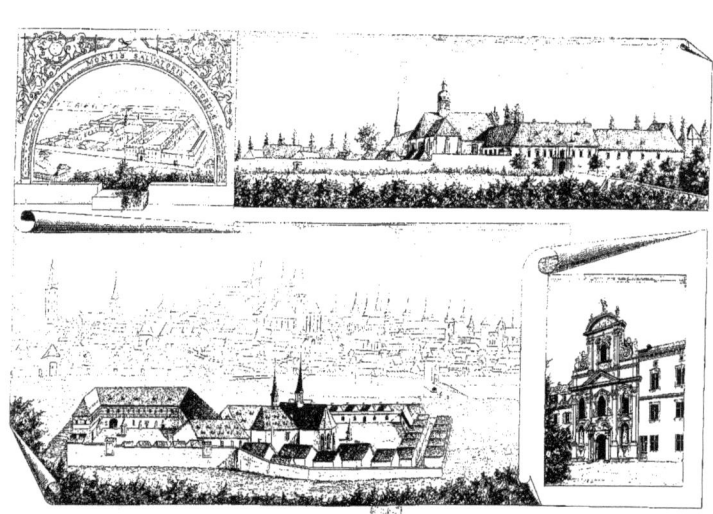

Chartreuse d'Erfurt, Ch^{se} du Saint-Sauveur. (C. Sancti Salvatoris)
Dioc. de Mayence. Allemagne.

EISENACH

La ville d'Eisenach avec son château de la Wartbourg est célèbre par le souvenir de Sᵗᵉ Elisabeth, qui y vécut au commencement du xiiiᵉ siècle. Trois cents ans plus tard, la Wartbourg acquit une célébrité d'un autre genre, par le séjour qu'y fit Martin Luther. Quant aux Chartreux, ils vinrent s'établir à Eisenach en 1378, d'abord provisoirement, dans un bâtiment que la Chartreuse d'Erfurt avait acheté. Deux ans après, Balthasar et son frère Guillaume, landgraves de Thuringe, leur firent don d'un terrain et d'une ferme et les autorisèrent à construire un monastère auprès de la porte Notre-Dame *(Frauenthor)*. Avec les ressources de la Maison d'Erfurt et moyennant les droits et les privilèges que leur accordèrent les landgraves, les Pères furent à même de construire une petite Chartreuse où vinrent s'installer les six religieux qui étaient logés en ville depuis l'année 1378. La nouvelle fondation fut dédiée à Sᵗᵉ Elisabeth (1380). En même temps eut lieu un partage de biens meubles, livres, vêtements, argent, entre la Maison d'Erfurt et la colonie d'Eisenach; mais, comme des difficultés surgirent à ce sujet, les Visiteurs provinciaux, D. Henri de Cologne et D. Jean de Wurtzbourg, intervinrent comme arbitres et concilièrent les droits de l'une avec les exigences de l'autre. Hélas! le nouvel édifice ne devait pas avoir une longue durée : en 1392, le jour même de la Pentecôte, une formidable inondation ravagea le monastère jusqu'à le rendre absolument inhabitable. Force fut de le rebâtir, et, pour le mettre à l'abri de pareils désastres qui restaient toujours à craindre, on dut acheter un terrain situé sur le penchant d'une colline et y faire des terrassements considérables, surtout pour donner des fondements solides à l'église conventuelle. Cette reconstruction fut achevée en 1397. L'ensemble des bâtiments avait 66 mètres de long sur 44 de large. Grâce à la bonne administration du premier prieur, D. Hermann de Wolfhagen, grâce surtout aux libéralités du landgrave Balthasar, le monastère prit un développement rapide. Après la mort de ce prince en 1406, c'est la ville d'Eisenach qui s'intéressa à nos solitaires et les secourut de son mieux.

En 1419, les Chartreux d'Eisenach furent impliqués dans un procès au sujet d'une propriété appelée Lubnitz, que le monastère de Fulda leur avait vendue pour 1000 florins d'or, mais sur laquelle les seigneurs d'Erffa, résidant à Friedrichswert, revendiquaient des droits. Ce procès dura jusqu'en 1504 et ne put se terminer que par un arrangement à l'amiable suggéré par l'abbesse de Saint-Nicolas d'Eisenach.

Notre Chartreuse de Sainte-Elisabeth fut illustrée par un homme d'une science remarquable, D. Jean de Hagen, profès d'Erfurt, dont on a déjà parlé dans d'autres notices; il gouverna la communauté de 1453 à 1467. On a de lui 492 écrits, parmi lesquels *le Livre de la Perfection* et des *Exercices cartusiens*. La bibliothèque universitaire de Leipzig conserve plusieurs de ses manuscrits. On aura une idée de l'assiduité que notre prieur montrait pour l'étude, d'après le trait suivant : D. Jean, désireux de se procurer un peu plus de luminaire que les ressources de la Maison ne le permettaient, avait soin de presser les aliments qu'on lui servait et d'en extraire l'huile. Cette huile, il la mettait dans sa pauvre lampe afin de pouvoir prolonger davantage ses veilles et ses études !

Un autre religieux, D. Michel Faerber, s'est aussi distingué parmi les solitaires d'Eisenach par ses écrits nombreux et substantiels, tandis qu'un autre, nommé D. Cyprien, comme le raconte un vieux manuscrit conservé au gymnase d'Eisenach, avait un don d'éloquence si merveilleux, que non seulement il touchait le cœur de tous ses auditeurs, mais que les oiseaux du ciel et les animaux des forêts venaient se rassembler devant la porte du monastère lorsqu'il donnait un sermon !

La Maison de Sainte-Elisabeth, située pour ainsi dire près du berceau de la Réforme, ne tarda pas à subir les conséquences de ce mouvement désastreux. Il y eut une défection, — une seule, dit-on, — du moins l'histoire ne parle que de D. Jérôme Plunder, qui se serait laissé circonvenir par la nouvelle doctrine, aurait quitté le monastère et composé plus tard un écrit contre l'état religieux. Les autres, restés fidèles à la foi de leurs pères, souffrirent la persécution.

Ce fut le 24 avril 1525 qu'une bande de paysans armés envahirent la ville d'Eisenach et se permit toute sorte d'excès dans les monastères et les églises. Le conseil de ville, qui était déjà gagné au Luthéranisme, profita de ces troubles pour en finir avec les religieux fidèles. Tous ceux qui ne voulaient pas professer l'erreur (et nos Chartreux étaient de ce nombre), furent tirés de leurs couvents et conduits hors de la cité par la porte Saint-Nicolas. Pour augmenter encore l'ignominie d'un pareil procédé, on mit en branle, à leur départ, la « cloche des pauvres pêcheurs » qu'on avait l'habitude de sonner pour l'exécution des malfaiteurs.

Le monastère abandonné fut en partie détruit. Les biens des Chartreux, considérés pendant un certain temps comme propriété de la ville, furent bientôt convoités par le prince-électeur Jean-Frédéric devenu luthérien, qui trouva le moyen de se les faire adjuger par une commission instituée *ad hoc*. Ce qui resta des bâtiments lui servit de greniers pour ses récoltes.

En 1694, un orphelinat y fut installé, lequel fit place, en 1819, à une maison de correction. L'endroit où se trouvaient l'église et la partie supérieure de l'ancienne clôture est encore à présent la propriété du prince de Thuringe. On en a fait un jardin public.

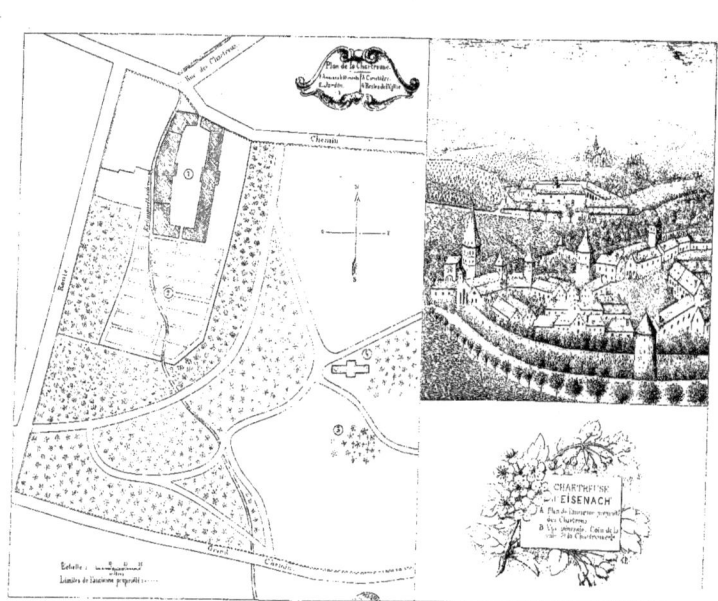

Chartreuse d'Eisenach. C^{ne} de Sainte-Élisabeth. (C. Sanctæ Elisabeth)
Dioc. de Mayence. Allemagne.

NUREMBERG

C'est à la générosité de Marquard Mendel, riche patricien de Nuremberg, qu'est due la fondation d'une Chartreuse dans cette ville, en 1380.

Comme on était en plein schisme d'Occident, on n'eut garde de demander de permission à la Grande Chartreuse qui était Clémentiste, mais on s'adressa directement au pape de Rome, Urbain VI, pour lequel Nuremberg tenait. Le cardinal Pileus, légat du Saint-Siège en Allemagne, servit d'intermédiaire, et l'affaire fut bientôt conclue. Marquard s'empressa donc d'acheter un vaste terrain, situé le long des remparts, entre le cloître des Clarisses et l'église des Chevaliers Teutoniques, et fit commencer les constructions qui ne coûtèrent pas moins de 9,000 florins, somme énorme pour l'époque (1381). Quelques Chartreux étaient déjà arrivés et demeurèrent dans une maison particulière jusqu'à ce que leur monastère fût en état de les recevoir.

Les magistrats, du moins au début, ne se montrèrent pas très favorables à cette fondation, à en juger par les clauses qu'ils firent figurer dans la Charte : à savoir que le nombre des religieux de chœur, outre le prieur, ne dépasserait jamais douze, et celui des Convers six; que nul ne pourrait être reçu dans la Chartreuse ou y habiter contre le gré des membres du conseil de la cité. Ceux-ci, il est vrai, s'engageaient à protéger les moines et leur accordaient certaines exemptions, mais ils leur imposaient un régisseur que le prieur devait consulter dans la gestion du temporel, pour toutes les affaires d'importance. Le Chapitre général des Urbanistes tenu à Rome en 1382 finit, malgré sa répugnance, par accepter cette dernière condition et dès lors on put terminer l'église cette même année et la consacrer. Elle avait trois travées et un jubé à gauche duquel se trouvait la loge du fondateur; on avait accès à cette dernière par un escalier en spirale qui excite encore aujourd'hui l'attention des archéologues.

La Maison reçut le nom de *Marienzell* (cellule de Marie). Marquard obtint l'autorisation d'habiter à l'intérieur du monastère et se distingua par son assiduité aux Offices : ce qui ne l'empêcha pas cependant de faire plusieurs voyages à Rome pour le bien de la communauté; mais le dernier qu'il entreprit, en 1385, lui fut fatal. Il mourut à Venise et son corps fut ramené à la Chartreuse. Voici l'épitaphe gravée sur son tombeau :

> A. D. MCCCLXXXV nona mensis ivnii obiit Venitiis
> Markardus Mendel, fundator hujus domus Norimberg.

Le défunt laissa, par testament, tous ses biens aux Pères de Marienzell, qui devinrent très riches, surtout après que d'autres citoyens eurent ajouté de nouvelles largesses à celles déjà octroyées. Parmi ces bienfaiteurs, citons les noms des Tucker, des Kœler et des Pirkamer dont un des membres embrassa la vie cartusienne dans cette même Maison, et en fut ensuite prieur pendant vingt-sept ans (1477-1504). Il laissa, comme témoignage de sa dévotion envers la Mère de Dieu, une prière qu'on écrivit en lettres d'or au bas de la statue de Sainte Anne, dans l'église Saint-Sébold, à Nuremberg. Cette prière, trop longue pour être citée ici, est conservée dans nos archives. La Sainte Vierge y est invoquée sous le nom de *Regina mundi*.

Lorsqu'éclata, en Allemagne, la révolution religieuse, l'hérésie pénétra aussi, hélas! dans les cloîtres, et celui de Marienzell succomba un des premiers, sous l'influence pernicieuse de deux malheureux prieurs, D. Blaise Stœckel (1524) et D. Georges Heberer (1525), qui embrassèrent la soi-disant Réforme et entraînèrent la plupart de leurs subordonnés dans l'apostasie. Ceux qui restèrent fidèles furent chassés de leurs cellules. Parmi eux, D. Simon Pesold paya de sa vie sa résistance à la tyrannie : il est considéré comme martyr († 1526); les autres consentirent à céder aux magistrats la Chartreuse avec ses revenus, à condition qu'on les employât comme prédicants dans la ville ou dans la banlieue, ou même qu'on leur permît de reprendre la vie séculière, moyennant une pension qu'on leur payerait leur vie durant.

La remise du monastère aux autorités locales, le 5 juillet 1525, suivit cet accord. En 1528, la municipalité affecta les bâtiments confisqués au logement des veuves des prédicants et des maîtres d'écoles. Dans l'église eut lieu tous les dimanches un prêche du soir et, tous les mercredis, dans l'après-midi, une classe d'enfants. Le Visiteur de la Province, D. Mathias von Berg, muni d'une recommandation impériale, fit des démarches pour obtenir la restitution des biens volés; elles furent inutiles, ainsi que celles qui furent tentées dans la suite.

En 1784, l'ancienne église des Chartreux fut cédée pour quelque temps aux catholiques pendant qu'on réparait leur chapelle de Sainte-Elisabeth; mais, au siècle suivant, les protestants la reprirent et la transformèrent en Musée vers 1860. C'est là qu'est installé aujourd'hui le célèbre « Musée Germanique », dans lequel sont accumulés des sculptures, peintures, œuvres d'art et souvenirs archéologiques de toutes provenances. On y remarque un tableau des Maisons de l'Ordre des Chartreux et un vitrail du xviie siècle, mentionnant la date de la fondation, 1381.

Outre l'église, qui est intacte, subsistent encore trois côtés du cloître très bien conservés, les vestiges de trois cellules du côté nord, un vieux puits et une chapelle gothique qui est un modèle d'architecture : c'est probablement l'ancien Chapitre. Reste aussi le mur d'enceinte, qui n'est autre que l'ancien rempart avec des tours carrées dont l'une se nomme *Karthauserturm,* donnant accès dans la *Karthausergasse* (rue de la Chartreuse). L'entrée primitive du monastère se trouvait à cinquante mètres de là, sur la droite. Après avoir franchi cette porte, on entre dans une petite cour et ensuite dans le Musée.

CHARTREUSE DE NUREMBERG, Ch^se DE LA CELLE DE NOTRE-DAME. (C. CELLÆ BEATÆ MARIÆ)
Dioc. de Bamberg, Bavière.

NORDLINGEN

A une demi-heure de marche de la ville de Nordlingen, en Souabe, au diocèse d'Augsbourg, s'établit vers 1384 une Chartreuse appelée le Jardin-du-Christ ou *Christgarten*. Elle eut pour fondateurs les comtes d'Œttingen, ainsi que nous l'apprenons par la Carte du Chapitre général de 1388. Les Définiteurs de ce Chapitre ordonnèrent au prieur et au Procureur de la Chartreuse de Nuremberg de se rendre auprès de ces nobles seigneurs et de les prier d'achever ce qu'ils avaient promis par les chartes de 1383 et 1384, autrement le monastère ne serait pas incorporé à l'Ordre et le Recteur qui s'y trouvait déjà depuis 1385 serait envoyé ailleurs avec ses religieux. Les deux frères, Louis « le Barbu » et Frédéric, comtes d'Œttingen, s'empressèrent donc d'obéir à cette injonction. D'autres membres de cette famille se firent les bienfaiteurs de Christgarten, comme on le voit dans les Cartes des Chapitres jusqu'en 1522, où l'on annonce la mort « du généreux et magnifique seigneur Wolfgang, comte d'Œttingen, bienfaiteur et protecteur de la Maison du Jardin-du-Christ ».

Au nombre des autres personnes qui donnèrent la même destination à leurs libéralités nommons le prêtre Conrad, dit « Hamer » ; Barthélemi Rost, citoyen de Nordlingen ; dame Barbe de Lieutessen ; André Riessman, plébain de Nordlingen ; Georges, plébain de Dukelpuhel ; Jean Felbert ; et Georges Kaiser, citoyen de Reutlingen, qui légua mille florins à la Chartreuse.

En 1403, le prieur de Christgarten était D. Jean Kesseler, qui fut élu cette même année par les Chartreux de Mayence pour gouverner leur Maison où il avait fait profession. Le Chapitre général aurait confirmé cette élection s'il n'avait pas reçu des lettres de l'évêque et des chanoines d'Augsbourg, des comtes d'Œttingen et des cités de Nordlingen et de Memmingen, qui sollicitaient le maintien de D. Kesseler à Christgarten, en faisant prévoir de grands dangers, dans le cas contraire, pour la Chartreuse de Nordlingen et pour celle de Buxheim. Les Définiteurs ne purent résister à tant d'instances qui témoignaient du mérite exceptionnel de ce prieur, et ils exhortèrent les Chartreux de Mayence à prendre patience en laissant leur ancien confrère là où il était si nécessaire. D. Kesseler gouverna donc Christgarten jusqu'en 1409 et devint alors prieur de Mayence, puis Visiteur de la Province du Rhin. Il mourut en 1425.

Quelques années plus tard, la Chartreuse de Perth, nouvellement fondée par le roi d'Ecosse, eut pour premier prieur un profès de Nordlingen, D. Oswald de Corda († 1434), bien digne d'établir sur une base solide l'édifice spirituel du Val-des-Vertus.

Deux prieurs de Christgarten moururent en 1446. L'un d'eux s'appelait aussi D. Oswald et fut en outre à la tête des Chartreuses de Wurtzbourg et de Grunaw :

il mérita d'être Visiteur de la Province d'Allemagne inférieure. L'autre était D. Albert Harhusen, pasteur très vigilant, qui gouverna aussi nos monastères de Strasbourg et de Buxheim : il représenta notre Ordre aux conciles de Constance et de Bâle.

Dans le même siècle, la Chartreuse de Nordlingen abrita D. Conrad Merbot de Wida († 1457), calligraphe émérite dont nous avons parlé dans la notice de Wurtzbourg. Signalons aussi D. Ambroise Alentsee († 1506), prieur de Christgarten et auteur d'un traité intitulé *Fœdus Christianum*, imprimé à Augsbourg et conservé jadis à la Chartreuse de Buxheim.

L'invasion du protestantisme eut pour le Jardin-du-Christ, comme pour d'autres Chartreuses, de funestes conséquences. Le 24 juin 1557, le comte Louis d'Œttingen s'empara du monastère fondé par ses ancêtres. C'était un acte arbitraire qui allait contre les décisions du traité de Passau (1552) et la paix religieuse d'Augsbourg (1555). Aussi notre Ordre protesta et le tribunal de l'empire qui se trouvait à Spire eut à juger de l'affaire. L'arrêt ne fut rendu que le 16 janvier 1599, c'est-à-dire 35 ans après le commencement du procès. Le comte d'Œttingen était obligé par cette sentence de rendre Christgarten aux Chartreux et de payer les frais de justice. Au lieu de s'exécuter, notre adversaire demanda la révision du procès, et 30 ans s'écoulèrent encore sans que l'Ordre eût repris possession de la Chartreuse confisquée.

Enfin, le 6 mars 1629, l'empereur Ferdinand II publia son édit de restitution et, le 31 janvier 1631, le monastère fut rendu au prieur de Buxheim chargé alors de représenter notre famille religieuse. D. Jean Jung, profès de Wurtzbourg, devint prieur de Christgarten. Il s'installa dans la Chartreuse avec son Procureur, mais ils eurent de la peine à y vivre, surtout lorsque les Suédois firent leur apparition dans la contrée au printemps de 1632. Ces terribles soldats s'abattirent sur le monastère le 12 avril de la même année, et enlevèrent tout ce qui avait quelque valeur. Les deux moines, en même temps que leur régisseur et sa famille, furent emprisonnés dans le château de Niederhaus jusqu'à ce qu'ils eurent payé une rançon de 100 écus de l'empire. Une autre fois les Suédois revinrent et tuèrent le régisseur d'un coup de feu.

La lutte continua entre les seigneurs du lieu et les Chartreux. D. Henri Stumpf, nommé prieur en 1635, put cependant en 1644, avec l'appui de l'empereur, faire consentir le comte Joachim d'Œttingen à un arrangement favorable; mais, quatre ans après, la guerre de Trente ans se termina par le traité de Westphalie qui livra Christgarten à notre adversaire en même temps que deux autres monastères.

Les cellules de la Chartreuse de Nordlingen sont démolies depuis longtemps. De l'église il ne reste plus que le chœur des moines, et les travaux artistiques qui l'ornaient sont en partie détériorés ou bien ont disparu sous l'influence du culte protestant.

Chartreuse de Nordlingen, Ch^{se} du Jardin-du-Christ. (C. Horti Christi)
Dioc. d'Augsbourg. Bavière.

BUXHEIM

L'ancienne Chartreuse de Buxheim apparaît encore aujourd'hui presque intacte, au milieu du village de ce nom, non loin de Memmingen en Souabe, au diocèse d'Augsbourg (Bavière). La contrée est arrosée par l'Iller qui féconde une plaine agréable à habiter tant à cause du caractère pittoresque du paysage que de la salubrité de l'air.

Le fondateur de cette Maison est Henri de Ellerbach, prévôt d'une communauté de prêtres séculiers, vulgairement appelés chanoines, mais qui n'avaient rien de commun avec l'Ordre de S. Augustin. Leur nombre étant réduit à quatre, et sans espérance d'augmentation, Henri voulut changer « ce qui était caduc en durable, dit la chronique, et appeler à leur place des religieux destinés à chanter les louanges du Tout-Puissant ». Les Chartreux furent choisis pour réaliser ce pieux dessein. C'est pourquoi en 1402 le prévôt leur abandonnait ses possessions de Buxheim avec tous ses droits et la juridiction afférente.

Cette donation fut faite entre les mains de D. Jean Kesler, prieur de Nordlingen, délégué du Chapitre général, et en présence des consuls et du Sénat de Memmingen. Rien ne fut épargné pour faire de ce monastère une demeure digne du Roi des cieux et les édifices actuellement subsistants témoignent encore du soin et de la solidité avec lesquels ils avaient été construits. L'Ordre en prit définitivement possession en 1406, sous le vocable de « La Cour-de-la-Vierge-Marie ». Après plus d'un siècle de tranquillité, nos Pères eurent la douleur de voir la famille de leur fondateur passer à l'hérésie et devenir leur ennemie. La Chartreuse fut envahie et pillée alors que le prieur, D. Théodore Loer, et le Procureur, D. Simon Krauff, étaient absents. On y installa un administrateur laïque et marié qui, avec son personnel, séjourna deux mois dans la cellule du Procureur, mangeant et buvant tout à son aise aux frais des religieux. Ceux-ci furent maltraités, mis en prison; enfin on leur permit de demeurer dans leurs cellules à condition de ne pas revêtir l'habit monastique et de ne pas chanter l'Office divin (1546).

Sur ces entrefaites, le Procureur adressa une supplique à l'empereur Charles-Quint qui l'accueillit favorablement et prit cette Maison sous sa protection, après avoir châtié les envahisseurs. Il fit restituer les objets volés et rétablir la vie conventuelle (1548). Le prieur, qui était alors en Autriche occupé à visiter nos monastères, revint avec joie pour reprendre ses fonctions, lutta énergiquement contre les empiétements des hérétiques et rendit à sa Chartreuse son ancienne prospérité ; il en est regardé comme le second fondateur et mourut pieusement en l'année 1554. Son successeur, D. Guillaume Triphæus, continua son œuvre avec zèle, et l'on disait vulgairement que « pour voir un bon prieur, un bon Procureur et une communauté bien unie, il fallait aller à Buxheim ».

Au siècle suivant, durant l'invasion suédoise, le Procureur, D. Bénigne Reich, ayant cherché à apaiser les agresseurs par de bonnes paroles, n'en reçut pour toute réponse qu'un coup de sabre à la tête. L'arme était empoisonnée et la plaie s'envenima à ce point que la mort s'ensuivit peu après (1633). Les Pères durent s'exiler momentanément ; sept d'entre eux se réfugièrent à Ittingen où ils retrouvèrent plusieurs de leurs confrères d'autres Chartreuses, expulsés comme eux. Ils furent très bien accueillis par le prieur, D. Bruno Müller.

Durant la Révolution française, la Cour-de-la-Vierge-Marie ouvrit ses portes à un bon nombre de nos Pères exilés ; elle eût même le privilège d'échapper à la suppression générale qui frappa les Maisons de Bavière en 1803 ; ce n'est qu'à la fin de l'Empire qu'elle devint la propriété de l'Etat, et, malgré cela, un vieux moine chartreux, D. Michel, put y vivre en paix jusqu'à la fin de sa vie. Un autre, D. Alois, vécut jusqu'en 1855 et reçut une pension annuelle de 150 florins, payée par le nouveau propriétaire de la Chartreuse, le comte de Waldbott Bassenheim qui y habite et l'empêche de se détériorer. On peut visiter avec intérêt l'église conventuelle bien qu'elle ait été dépouillée de ses magnifiques stalles, achetées par un anglais pour un hôpital protestant de Londres (St. Saviour's Hospital, Osnaburgh Street). Puis viennent le Chapitre, le Réfectoire, les habitations des Frères et les obédiences. Plusieurs cellules du grand cloître subsistent encore et servent de logement à des ouvriers. On regrette de voir la bibliothèque dépouillée de ses précieux livres et manuscrits : ils ont été vendus à la fin du siècle dernier au libraire Rosenthal de Munich pour 25,000 marks (30,000 fr.). Ont été vendus aussi aux enchères plusieurs autres objets mobiliers, parmi lesquels un calice que les Chartreux ont acheté et qui se trouve aujourd'hui à Hain.

Signalons en outre quelques ouvrages publiés par les moines de Buxheim : entre autres les très estimées *Collationes Capitulares* de D. Marc Creutzer ; *de Objectionibus Bibliæ* de D. Jean Institor ; enfin les méditations sur la vie et la Passion de Notre-Seigneur, de D. Jean Weidman. A côté des érudits, qu'il nous soit permis de réserver aussi une place aux humbles tels que ce Frère Convers, Jean Hipp, qui sut si bien allier l'emploi de Marthe avec celui de Marie, que pendant de longues années, malgré ses fonctions absorbantes de cuisinier, il ne manqua jamais à Matines auxquelles il assistait avec une grande ferveur.

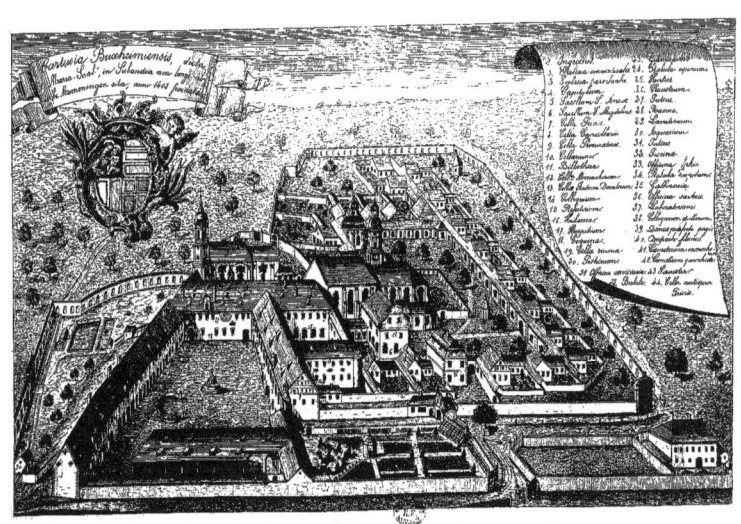

Chartreuse de Buxheim, Ch^{se} de la Celle de la Vierge-Marie. (C. Cellæ Beatæ Mariæ Virginis)
Dioc. d'Augsbourg. Bavière.

ASTHEIM

C'est à Astheim, en Franconie, à trois kilomètres à l'est de Wurtzbourg, siège épiscopal de la région, que s'élevait jadis la Chartreuse de Pont-Sainte-Marie. Elle fut établie par le chevalier Erckinger de Saunsheim et Anne de Bibra, son épouse, qui passèrent l'acte de fondation en 1409, devant les prieurs des Maisons de Nuremberg, de Tückelhausen et de Wurtzbourg. Ces religieux reçurent en même temps le serment de fidélité des vassaux du noble seigneur qui devenaient ainsi ceux de la nouvelle communauté. Erckinger dota magnifiquement le monastère, et ses descendants imitèrent sa générosité, comme l'attestent de nombreuses Cartes de nos Chapitres généraux. Lui-même fut honoré par l'empereur Sigismond du titre de baron de Schwartzenberg, dignité devenue depuis héréditaire dans sa famille. L'un de ses fils, nommé comme lui Erckinger, après avoir été chanoine d'Eichstatt, se fit *Prœbendarius* à la Chartreuse d'Astheim vers 1486 et y mourut saintement en 1503.

Le premier Recteur du Pont-Sainte-Marie fut, en 1410, D. Pierre, qui eut pour successeur D. Bernard. D. Ulric Haan, d'abord chanoine de la collégiale Saint-Etienne à Bamberg, devint Chartreux, puis prieur d'Astheim vers 1440. Plein de prudence et de sollicitude pour les intérêts de son monastère, il obtint de la famille de Schwartzenberg le droit de patronage sur l'église paroissiale d'Astheim, et, avec le concours de ses anciens collègues de Bamberg, il fit construire et doter six cellules. Un autre prieur, D. Pierre Eisenhut († 1503), sut par ses entretiens gagner à la vie religieuse l'illustre chevalier Otto de Steinruck, qui devint Convers de la Chartreuse et fit en 1521 une mort très édifiante.

Nommons parmi les prieurs du xvie siècle D. Benoît Eichel qui plaça son monastère sous la protection des évêques de Wurtzbourg; D. Jodocus Hess, docte écrivain, qui composa un recueil de sermons capitulaires et un poème sur les origines de notre Ordre. D. Jacques Heil, Recteur, dont le présageait son nom, le sauveur de la Chartreuse alors presque réduite à la dernière extrémité; D. Jean Hauptius († 1591) mérita, comme Visiteur, d'être appelé le conservateur, le restaurateur et le réformateur de toute la Province. Astheim lui dut la reconstruction de l'église, du Chapitre, du vestiaire, de la bibliothèque, du priorat et d'autres édifices.

D. Louis Hager († 1615), profès et prieur de Pont-Sainte-Marie, fut aussi Visiteur de la Province : on loue sa sagesse, sa piété et son entière réserve dans les conversations. L'un de ses successeurs, D. Bruno Fleischmann († 1639), recouvra, en 1634, en qualité de Visiteur, la Chartreuse de Nordlingen; mais, en cette même année, il eut la douleur de voir son propre monastère tomber au pouvoir des Suédois. Il se réfugia alors avec quelques religieux à Coronach, ville fortifiée où il était né, et où l'accueillit sa sœur Hélène. Les autres Pères se retirèrent en divers lieux. Le Frère Valentin, Convers d'Astheim, obtint par ses instances de rester dans la Chartreuse dont il fut reconnu pendant quelque temps comme l'administrateur. Trois des Pères fugitifs vinrent le rejoindre et partager courageusement avec lui une situation qui s'annonçait comme pleine de périls. Le sort de ces quatre religieux devint, de fait, très pénible lorsque le monastère fut placé sous la domination d'un fonctionnaire protestant, assisté d'un ministre qui exerçait son culte hérétique dans l'église conventuelle. Le Frère Valentin mourut à la suite des vexations et des tortures qui lui avaient été infligées pour le contraindre à révéler l'endroit où restaient cachés les objets précieux de la Chartreuse. Les Pères qui étaient avec lui furent moins maltraités et purent se réunir à leurs confrères en 1634, après la retraite des Suédois. Le digne prieur, D. Bruno Fleischmann, revit enfin son monastère, dont il avait ardemment désiré et préparé le recouvrement; toutefois, il le trouva dans un état de désolation bien différent de la prospérité remarquable où il l'avait lui-même placé avant ces années de confiscation. Après lui, D. René Reich († 1660), mis à la tête de Pont-Sainte-Marie, déploya beaucoup d'activité pour en faire la restauration spirituelle et temporelle. Il réussit à avoir successivement quatorze nouveaux profès, et fit recommencer le chant des offices interrompu depuis douze ans.

Le XVIIe siècle s'acheva sous le priorat de D. Georges Mœring qui prit, en 1670, le gouvernement de la Chartreuse dont il était profès et le garda jusqu'à sa mort en 1712, donnant l'exemple des plus hautes vertus. S'il avait un grand soin des intérêts de sa Maison où il fit rebâtir presque entièrement sept cellules, il se montrait en même temps le père des pauvres, et saisissait l'occasion de pratiquer lui-même la pauvreté. Un jour que l'on célébrait la fête de N. P. S. Bruno, il ne put se rendre au réfectoire à cause d'une légère indisposition. Or on oublia de lui porter en cellule le dîner qu'il attendait. Il prit patience jusqu'au soir et alla trouver les Frères pour leur demander quelques restes de cuisine, en faveur d'un pauvre qu'il voulait secourir lui-même. On le servit selon ses désirs, et il se contenta de ce régal tardif qui était assez modeste pour une si grande solennité. Lorsque enfin la méprise eut été reconnue, les Frères accoururent pour demander pardon ; mais, au lieu de reproches, ils ne reçurent que des paroles douces et paternelles. Cela n'empêchait pas le bon prieur de montrer à l'occasion une virile fermeté pour le maintien de la discipline et aussi pour faire respecter les droits du monastère par ceux qui en étaient les vassaux. Sa biographie, parsemée d'anecdotes, met en lumière une figure digne de servir de modèle aux supérieurs de notre Ordre.

En 1726, le cardinal de Schœnburn, évêque de Spire, visita la Chartreuse d'Astheim et y fit une retraite de quatre jours qui se termina pour la fête de la Toussaint. Le prieur était alors D. Gaspard Hœpfner qui, de 1721 à 1751, exerça ses fonctions avec une grande édification et une vive sollicitude pour ses religieux, comme le témoigne l'un d'eux, D. Augustin Fleischmann, latiniste distingué, auteur d'un précieux travail historique sur Astheim. Nous avons mis à profit dans la présente notice cet ouvrage manuscrit heureusement parvenu jusqu'à nous.

La Chartreuse de Pont-Sainte-Marie fut supprimée par le gouvernement bavarois en 1803. L'église est devenue paroissiale.

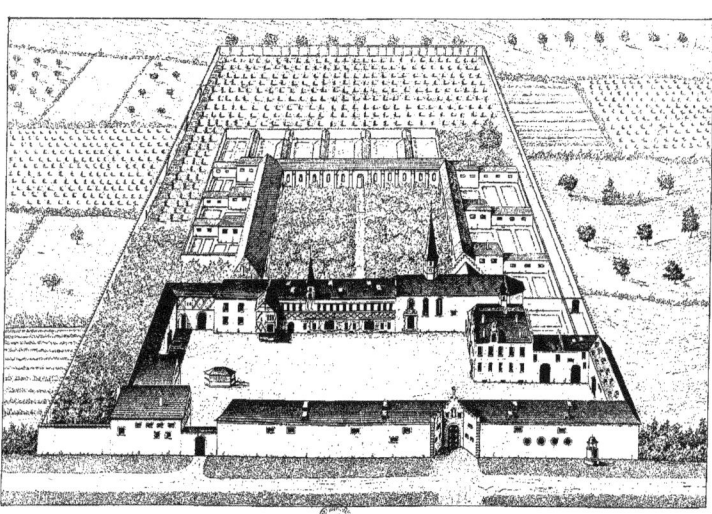

Chartreuse d'Astheim, Ch^{se} du Pont-Sainte-Marie. (C. Pontis Mariæ)
Dioc. de Wurtzbourg. Bavière.

LIEGNITZ

Il ne faut pas confondre cette Chartreuse avec celle de Lechnitz, en Hongrie, appelée le Val-Saint-Antoine. Notre monastère de Liegnitz, qu'on nomme aussi Lignitz ou Legnitz, fut placé sous le vocable de la Passion du Christ, et s'établit en Silésie, au diocèse de Breslau, grâce à l'initiative et aux largesses de Louis II, duc de Liegnitz et de Brigen, auquel nos Chartes donnent parfois le titre de duc de Silésie.

Ce prince, qui jouissait d'une grande faveur auprès de l'empereur Sigismond, paraît avoir été préparé providentiellement à son rôle de fondateur par le pèlerinage qu'il fit en Terre-Sainte à une date restée incertaine. Les pieuses impressions qu'il recueillit sur le théâtre des souffrances du divin Rédempteur durent s'accentuer pendant la dure captivité qu'il subit à son retour de Palestine, captivité partagée par le chevalier Stibitz, son fidèle compagnon et serviteur. Revenu à Liegnitz, le duc fonda une Chartreuse près de cette ville importante, chef-lieu de ses possessions, et choisit ou approuva pour elle le beau titre de Passion du Christ. Il voulut même manifester spécialement sa dévotion en faisant figurer, parmi les donations assignées au monastère et comprenant plusieurs villages, cinq florins destinés à honorer les cinq plaies de l'Homme-Dieu.

La Chronique de la Chartreuse d'Erfurt indique l'an 1416 comme date approximative de la fondation de Liegnitz, tandis que d'autres récits reculent cette date jusqu'à 1423. On peut mettre d'accord ces deux assertions en disant que la première parle de l'origine du monastère et que la seconde s'entend de l'époque où fut rédigée la charte de dotation.

Le premier Recteur de la Passion-du-Christ fut D. Henri Frolich, Procureur d'Erfurt, qu'accompagnèrent d'autres prêtres et profès de la même Maison. Le Chapitre général de 1427, informé de tout ce qui avait été exécuté par le duc Louis pour compléter les édifices et les revenus nécessaires à la Chartreuse, incorpora cette Maison à notre Ordre et institua comme prieur D. Pierre Andernac, profès d'Erfurt.

Cinq ans après, Liegnitz, qui faisait partie de la Province d'Allemagne inférieure, fut annexé à celle de Saxe, à cause de sa proximité. Mais l'année suivante (1433) le Chapitre général réunissait de nouveau la Maison de la Passion-du-Christ à la Province d'Allemagne inférieure, « selon l'affectueuse demande du très illustre prince, duc de Brigen, son fondateur ». En 1438, le Chapitre général parla encore du même prince, mais c'était pour annoncer sa mort et pour lui accorder, en retour de ses bienfaits, un monachat et un anniversaire.

Nos Pères de Liegnitz donnèrent, dans leur église, une honorable sépulture à leur fondateur, mais ce fut pour eux l'occasion d'une singulière et pénible épreuve. Ils reçurent, de l'évêque de Constance, l'ordre d'exhumer le corps du duc Louis II, parce que celui-ci avait été excommunié par ce prélat pour n'avoir pas soldé certaines dettes contractées dans cette même ville de Constance à l'époque du Concile général. Notre Chapitre général fut saisi de la question et ordonna une enquête. Heureusement, on put arriver à s'entendre, soit que les héritiers du prince aient accepté de satisfaire les créanciers, soit que la communauté de Liegnitz ait elle-même payé au moins une partie des sommes réclamées. L'affaire n'était pas encore terminée en 1445, puisque les Définiteurs enjoignirent alors au prieur D. Jean Osterow et à ses religieux, de satisfaire le plus tôt possible Henri Wanhoff, citoyen de Constance, « afin d'éviter le scandale et les plaintes des séculiers ». Il semble du moins que ces tristes difficultés avaient pris fin sous l'administration de D. Marc, antérieurement prieur de Seiz, lorsque l'église de la Chartreuse fut consacrée par l'évêque de Breslau, Pierre de Nowack, la veille de la Fête-Dieu de l'année 1449. Le 31 octobre suivant mourut Elisabeth, la seconde épouse du duc Louis, que le Chapitre général recommanda aux prières comme étant la fondatrice de la Chartreuse de Liegnitz.

On a conservé le souvenir d'un Vicaire du même monastère à cette époque, D. Henri de Wimaria, venu d'Erfurt : c'était un religieux d'une piété insigne et d'une vie très austère, qui s'endormit dans le Seigneur en 1453. D. Jodocus Christen, qui se fit estimer par sa doctrine, son esprit monastique et son habileté administrative, passa du gouvernement de la Chartreuse de Liegnitz à celui de la Chartreuse d'Erfurt, puis devint le premier Recteur de la Maison de Conradsbourg, et fut encore à la tête d'autres communautés de notre Ordre avec beaucoup de sagesse et de succès. Il mourut le 1er juillet 1500, précédé dans la tombe par D. Bernard de Egra († 1494), profès de la Passion-du-Christ, écrivain de mérite, dont Eisengrein loue la vie sainte et les connaissances étendues. Jean Trithème cite de lui un Dialogue imprimé à Leipzig en 1480 et intitulé : *De laudibus et miraculis B. Mariæ*. Un autre religieux de la même Maison, D. Jérôme Broenick, écrivit vers la même époque, sur l'ordre du R. P. Général, des sermons capitulaires d'un beau style qui dénotaient beaucoup de science et de piété. On les conserva manuscrits à Buxheim.

Les héritiers du fondateur de la Chartreuse de Liegnitz continuèrent à protéger le monastère et à lui venir en aide par leurs dons. D'autres bienfaiteurs suivirent leurs exemples et la Maison put ainsi entretenir quinze moines ou religieux de chœur et six frères Convers.

Au XVIe siècle, Frédéric II, duc de Liegnitz, avait pendant plusieurs années imité la générosité de ses devanciers envers nos Pères ; mais, lorsque le protestantisme s'étendit en Silésie, il s'empressa de s'affilier aux hérétiques. Il s'empara de la Chartreuse, la démolit et en fit servir les matériaux à la restauration d'un mur d'enceinte. Auparavant il avait fait transporter au temple protestant les restes des princes inhumés dans le monastère. Son décès eut lieu le 17 septembre 1547.

Un quartier de la ville de Liegnitz occupe aujourd'hui l'emplacement de la Chartreuse. Le dessin ci-contre représente le monastère tel qu'il était en 1776.

CHARTREUSE DE LIEGNITZ, Ch^{se} DE LA PASSION-DU-CHRIST. (C. PASSIONIS CHRISTI)
Dioc. de Breslau. Silésie.

GUTERSTEIN

Gûterstein, situé dans un endroit très agréable près de la ville d'Urach, dans le Wurtemberg, était à l'origine un petit monastère cistercien, fondé en 1254 par Rodolphe, comte d'Urach, avec l'approbation du pape Innocent IV. Cet établissement ne fut pas de longue durée. Après la mort du fondateur qui s'était fait moine à Gûterstein, la propriété avec l'église, dédiée à Notre-Dame, passa aux comtes de Wurtemberg. En 1279, le comte Ulric la donna aux Bénédictins de Zwiefalten, qui y installèrent plus tard une prévôté dépendante de leur abbaye. En 1439, les comtes Louis et Ulric de Wurtemberg voulant en faire une Chartreuse engagèrent, non sans difficultés, les Bénédictins à retirer leurs religieux de Gûterstein et à le céder à notre Ordre. Les moines de Zwiefalten stipulèrent cependant, dans le contrat passé en 1439, que si la Chartreuse ne s'établissait pas, toute la propriété de Gûterstein leur serait rendue. Le 21 août 1439, le Concile de Bâle, auquel le projet des comtes de Wurtemberg fut soumis, confirma la cession qu'avaient faite les Bénédictins en faveur des Chartreux, et chargea l'abbé Renhard (Régnier), de Bebenhausen près Tubingue, de préparer les bâtiments de Gûterstein pour servir d'habitation à un prieur et douze religieux. L'évêque de Constance, Henri, donna son approbation le 12 octobre 1439, et, le 17 novembre de la même année, on procéda à l'érection de la Chartreuse, sous le nom de Notre-Dame-du-Bon-Caillou.

Sous le premier prieur, Henri de Grüningen, profès de Fribourg, la jeune colonie ne tarda pas à gagner les sympathies de la ville d'Urach, située à proximité de la Chartreuse, et obtint de la commune et des bourgeois de nombreux dons et privilèges; mais ses plus insignes bienfaiteurs furent évidemment les comtes Louis et Ulric, qui l'exemptèrent des impôts, dîmes et servitudes et promirent de la défendre en toute circonstance.

Le 30 janvier 1442, D. Henri fit de nouveau confirmer la fondation par l'évêque de Constance, et, en 1449, l'évêque de Grenoble, Aymon, en sa qualité de protecteur de l'Ordre de S. Bruno (titre qui avait déjà été accordé à son prédécesseur par Jean XXII), confia la garde de la Chartreuse au doyen de l'église majeure de Constance, au prévôt de Saint-Martin de Sindelfingen et au doyen du Chapitre de Heidelberg. Sous ce même prieur, un lieu de sépulture fut réservé, dans le monastère, à la famille princière d'Urach, et, d'après le livre des anniversaires, le premier qu'on y enterra fut André, le fils aîné du comte Louis.

Le second prieur qui gouverna la Chartreuse fut D. Conrad Münchinger, également profès de Fribourg. C'est à lui surtout que Gûterstein doit sa prospérité. Le comte

Louis étant mort en 1450 après ses deux fils, le prieur Conrad trouva en Mechtilde, la veuve du défunt, une insigne bienfaitrice. Elle eut d'un second mariage un fils, Eberhard, qui imita la générosité de sa mère et devint pendant toute sa vie le plus grand soutien de nos Pères.

Lors de la cession de Güterstein faite par les Bénédictins aux Chartreux, plusieurs paroisses étaient déjà incorporées au monastère. D. Conrad fit confirmer cette incorporation et obtint qu'on y ajoutât la paroisse d'Ehingen, dont bénéficiait Frédéric Sœlr, chanoine de Constance. La donation fut ratifiée par l'évêque de Constance qui accorda également plusieurs faveurs spirituelles à notre Chartreuse, notamment des indulgences pour ceux qui visiteraient l'église et les chapelles. En 1451, S. Jean de Capistran, vicaire général des Franciscains, concéda aux Chartreux de Güterstein la participation aux prières et aux bonnes œuvres de son Ordre. En 1476, la même faveur leur fut accordée par le vicaire général des Dominicains, Léonard de Mansuetis de Pérouse.

Parmi les profès de Güterstein nous remarquons deux écrivains : D. Jean Hülling, un savant assez renommé, et D. Jean Messkircher, qui a écrit : *De vita et honestate clericorum* et *Lavacrum conscientiarum omnium sacerdotum*.

Sous le prieur D. Albert Hummel de Donzdorf plusieurs constructions furent exécutées et, le 17 juillet 1486, Daniel, évêque auxiliaire de Constance, consacra l'église conventuelle ; mais, la même année, la Chartreuse fut envahie et rançonnée par le comte de Wurtemberg, créé duc en 1493.

Un des derniers prieurs fut D. Benoît. Sous son gouvernement l'esprit de la Réforme avait pénétré dans le cloître. Deux religieux quittèrent le monastère et ce fut en vain que D. Benoît chercha à les ramener par des exhortations paternelles. Bientôt la perte de la Maison fut inévitable. Le duc Ulric était gagné par les luthériens et nos Chartreux avaient encore eu la malheureuse idée de donner la sépulture dans le monastère au Dr. Lampater, ennemi mortel du duc. Lorsque celui-ci revint de son expédition, après la bataille de Lauffen sur le Necker, il ordonna la suppression de la Chartreuse (1535), alors gouvernée par D. Tillemann Mosen. Les religieux qui étaient restés fidèles trouvèrent un asile dans d'autres Maisons ; ceux qui avaient apostasié reçurent une pension ou furent employés dans le service protestant.

L'Ordre cependant fit faire des démarches par les Pères Visiteurs pour recouvrer le monastère. L'empereur Charles-Quint, qui était lui-même saisi de la question, écrivit une lettre à ce sujet au duc Ulric, mais sans succès. Après la mort d'Ulric, son successeur consentit, en 1551, à une sorte d'arrangement : il jouirait de la propriété de Güterstein pendant cinq ans, supporterait les frais d'entretien et s'engageait à payer aux Pères Visiteurs la somme de 500 florins chaque année. Après cinq ans les Chartreux reprendraient Güterstein. Le contrat fut accepté par le Père Général, D. Jean. Mais, dès l'année suivante, le Père Visiteur résidant à Buxheim avait à se plaindre du retard qu'on mettait à lui payer la somme convenue. En 1555, la diète d'Augsbourg déclara que les biens confisqués par les protestants avant l'année 1552 devaient leur appartenir sans contestation, de sorte que la Chartreuse de Güterstein était définitivement perdue pour l'Ordre.

CHARTREUSE DE GÜTERSTEIN, Ch^{se} DE NOTRE-DAME DU BON-CAILLOU. (C. BONI LAPIDIS B. V. M.)
Dioc. de Constance. Wurtemberg.

EPPENBERG

La Maison du Mont-Saint-Jean-Baptiste, que nos annalistes appellent vulgairement Chartreuse de Hesse, à cause du duché de Hesse-Nassau dont elle faisait partie, est connue aussi sous les noms de Chartreuse d'Eppenberg, de Vogelsberg ou de Felsberg, suivant que l'on considère le domaine sur lequel le monastère fut bâti, ou le groupe montagneux au milieu duquel il se trouvait, ou enfin la ville qui en était la plus proche.

Il y avait d'abord là un couvent de religieuses Augustines, dont la fondation remontait à l'année 1213 ou environ, lequel s'était conservé assez florissant jusqu'au commencement du xv° siècle; mais, à la suite des guerres de cette époque, il était tombé en décadence. Les terres, bien que considérables, ne rendaient plus rien, les bâtiments menaçaient ruine et, ce qui était pire, la discipline intérieure laissait beaucoup à désirer. Dans ces conjonctures, le landgrave de Hesse-Nassau, Louis Ier, dit « le Pacifique », résolut de supprimer ce couvent et de le donner aux Chartreux. Muni de l'autorisation du Souverain Pontife et assisté d'un conseil d'enquête, il ordonna aux cinq religieuses qui restaient, d'avoir à se séparer et de se rendre dans d'autres établissements de leur Ordre.

On a conservé aux archives de Marbourg une lettre du landgrave, datée de 1438, où il traite de cette affaire avec le R. P. D. François Maresme, Général des Chartreux; mais les habitantes d'Eppenberg ne montrèrent vraisemblablement pas grand empressement à obéir, car elles étaient encore là en 1442. En ce moment, sans doute à bout de ressources, elles appelèrent de leur plein gré le prieur d'Erfurt, D. Jean Rotlos, qui, en vertu d'instructions reçues précédemment de ses supérieurs, n'hésita pas à venir avec trois ou quatre de ses moines prendre possession du local. Le délabrement des édifices était tel qu'une reconstruction presque totale fut jugée nécessaire. Pendant ce temps, nos Pères durent se loger comme ils purent et vivre dans la gêne jusqu'à l'achèvement des travaux en 1446. C'est alors seulement que le Chapitre général décréta l'incorporation.

D. Jean Rotlos était retourné depuis longtemps à Erfurt, mais il venait quelquefois revoir sa nouvelle plantation. C'est là que la mort le surprit durant une visite qu'il y fit en 1448. Le fondateur vécut jusqu'en 1458, et son fils, Louis II, se montra de même libéral envers les Chartreux; il compléta leur dotation par le don du château de Heiligenberg avec ses « appartenances » (1471), à condition qu'on dirait pour lui et pour les siens une messe chaque semaine dans la chapelle du château. Celle-ci était en fort mauvais état; aussi accorda-t-on une Indulgence de cent jours à tous ceux qui voudraient bien contribuer à sa réparation. Les archives de Marbourg contiennent près de 500 documents relatifs à la Chartreuse et à ses propriétés. On en trouve un, entre autres, daté de 1484, par lequel le landgrave Guillaume et sa mère Mechtilde donnent aux Chartreux le droit de pêche dans la rivière poissonneuse qui passe à proximité du monastère; mais ce privilège fut aboli en 1498.

D. Le Vasseur nous a gardé les noms de deux profès de cette Maison : l'un, D. Bernard Meppis, qui eut beaucoup à souffrir de la part des hérétiques et mourut à Wesel en 1533, pendant qu'il chantait l'Office divin; l'autre, D. Tillemann Mosen, a acquis une certaine notoriété dans notre Ordre. Wurtembergeois d'origine, il fut d'abord professeur à l'Université de Trèves, puis, ayant pris l'habit de S. Bruno à Eppenberg, il se distingua dès le début entre ses frères par la sainteté de sa vie et son zèle pour l'observance, de sorte qu'on ne tarda pas à lui confier la charge priorale, soit à Guterstein, soit à Buxheim. Il gouverna aussi sa Maison de profession et celle de Crimmitschau et fut longtemps Visiteur de la Province († 1543). Le Chapitre général lui accorda des éloges pour son zèle à lutter contre l'hérésie.

Plusieurs auteurs assignent la date de 1532 comme étant celle de la destruction du Mont-Saint-Jean-Baptiste, tandis que d'autres la reculent jusqu'en 1586, et cette dernière opinion est assez vraisemblable, étant donné que la Chartreuse était située sur un lieu élevé et éloigné des communications. Les détails manquent sur les circonstances qui ont amené la suppression. On sait cependant que trois ou quatre des derniers prieurs se sont faits protestants. L'un d'eux est devenu le premier pasteur de Melsungen « vir monstruosus tam in corpore quam in anima ».

Aujourd'hui, le monastère n'est plus qu'une simple grange faisant partie du domaine de Mittelhof qui appartient à un particulier. On reconnait assez bien l'ancienne église, bien que les murs aient été en partie démolis pour les abaisser, de façon qu'il ne reste plus rien de l'entablement primitif de la toiture, ni trace de voûte. Par contre, du côté de l'abside, les châssis des fenêtres garnis de colonnettes sont encore conservés ainsi que quelques chapiteaux. On voit aussi deux grandes portes, de style roman de transition et paraissant avoir appartenu au couvent primitif de l'an 1213. Perpendiculairement à l'église se trouve un autre bâtiment qu'on croit avoir été l'hôtellerie; enfin, en face, est une troisième construction dont la destination est inconnue.

CHARTREUSE D'EPPENBERG, Ch^{se} DU MONT-SAINT-JEAN-BAPTISTE. (C. MONTIS SANCTI JOANNIS BAPTISTÆ)
Dioc. de Paderborn, Westphalie.

ILMBACH

Ilmbach tire son nom du mot allemand *Ulme* (orme), sans doute à cause des nombreux ormes qui se trouvaient dans la contrée. C'était un hameau se composant d'un ancien château et d'une dizaine de maisons. Il faisait partie du village de Rüdern, dans la Basse-Franconie, et de la paroisse de Kirchschœnbach (diocèse de Wurtzbourg). A l'époque de la fondation de la Chartreuse, le château, qui avait plusieurs fois changé de propriétaire, appartenait au chevalier Balthazar de Berg et à sa femme, Madeleine de Vestenberg. L'acte de donation fut fait le 28 novembre 1453. Les pieux seigneurs, « considérant que rien n'est plus certain que la mort, rien aussi de plus incertain que l'époque de sa venue, et qu'en quittant ce monde périssable nos bonnes œuvres seules nous suivent », cédèrent aux Chartreux leur château avec des revenus pour y établir un monastère de leur Ordre qui porterait le nom de Jardin-de-Marie. La donation fut ratifiée le même jour par l'évêque de Wurtzbourg et acceptée par le Chapitre général de l'année suivante.

Quelque généreuse que fût la donation de la part des fondateurs, elle ne permettait pas néanmoins d'entretenir une communauté de plus de huit religieux. Aussi la Maison avait-elle peine à se développer ; d'autant plus qu'elle n'avait aucun autre bienfaiteur insigne. Jusqu'en 1525, nous ne trouvons que les *obiit* de cinq ou six Pères et d'autant de Frères, profès du Jardin-de-Marie. Cette même année, par suite de la propagation de l'hérésie et de la révolte des paysans, les religieux furent dispersés et leur monastère saccagé et brûlé. Y en eut-il parmi ces derniers qui passèrent aux Luthériens? Nous l'ignorons. Quoi qu'il en soit, deux années plus tard, l'évêque Conrad de Thüngen chassa les hérétiques et remit les Chartreux en possession de leur Maison ainsi que d'une partie de leurs anciennes propriétés. Mais ils vécurent dans un état précaire pendant tout le reste du xvie siècle et jusqu'au commencement du xviie. En dépit de leur misère, ils purent néanmoins donner, vers 1574, l'hospitalité à leurs frères de Grunaw et cet état de choses subsista jusqu'en 1629, les deux communautés, dit Molin, malgré leur pénurie, se trouvant heureuses de vivre ensemble. L'union des deux Maisons, faite par les Visiteurs, fut confirmée par le Chapitre général de 1615. De 1609 à 1629, les prieurs portèrent le nom de prieur de Grunaw et de Recteur d'Ilmbach ou de *Præfectus novæ fabricæ Ilmbach*. En 1629, nos Pères rentrent à Grunaw et Ilmbach reprend sa vie normale.

Dès 1609, on avait commencé à reconstruire le monastère, d'abord l'église, puis le grand cloître et une partie des cellules. Mais la tranquillité fut de courte durée, car, en 1631, les Suédois, avec l'aide de Richelieu, envahirent le pays, et le pauvre

Recteur, D. Georges Weingærtner, fut fort maltraité par ces bandits, qui lui coupèrent les oreilles et furent ainsi cause de sa mort arrivée la même année. La Maison fut de nouveau dévastée, les religieux dispersés, tous les manuscrits et documents brûlés ; seuls le prieur et le Procureur continuèrent à séjourner dans le voisinage.

Enfin, en 1648, après la paix de Westphalie, commença pour Ilmbach une ère de prospérité et de tranquillité, qui ne fit que s'accroître, surtout durant le priorat de D. Pierre Noves († 1719), auquel a été rendu ce témoignage *unique* dans les Cartes des Chapitres généraux : *Obiit D. Petrus Noves, professus domus Ratisbonæ, prior domus in Ilmbach, qui 58 annis « valde laudabiliter » vixit in Ordine, in quo primigenium patrum nostrorum spiritum ad extremum vitæ halitum semper retinuit, pauperculam domum in Ilmbach suscepit regendam et per 40 annos eam rexit et mire tum in ædificiis tum in redditibus ampliavit, habens missam de Beata Maria per totum Ordinem.*

Les Cartes des Chapitres généraux font encore une mention honorable de plusieurs autres religieux d'Ilmbach, qui ont exercé l'office de prieur et de Visiteur, ou qui se sont distingués par leurs vertus et leur sainteté. Nous citerons seulement quelques noms : D. Hugues Neth, profès d'Ilmbach, prieur de Grunaw et de Tückelhausen, Convisiteur († 1756), *habens missam de Beata per totum Ordinem*, D. Jérôme Krafft, profès d'Ilmbach, prieur de Grunaw, Convisiteur († 1772), D. Frédéric Sendner, profès d'Ilmbach, *qui 55 annis laudabiliter vixit in Ordine* († 1773), D. Anthelme Wildinger, profès et prieur d'Ilmbach, Visiteur († 1778), *habens plenum cum psalteriis monachatum et missam de Beata et anniversarium perpetuum per totum Ordinem, in quo 51 annis laudabiliter vixit.*

Le dernier prieur enfin fut D. Joseph Schwab, profès de Wurtzbourg, prieur de Grunaw et de Wurtzbourg, Convisiteur, Visiteur, puis prieur d'Ilmbach (1786-1803), mort en 1814 à Astheim après 58 ans de vie religieuse.

Lors de la sécularisation des couvents de Bavière en 1803, les propriétés de la Chartreuse d'Ilmbach furent aliénées, et le monastère lui-même est devenu la possession d'un baron Friedel, qui y a établi une sucrerie et une fromagerie. Des anciennes constructions il ne reste plus rien.

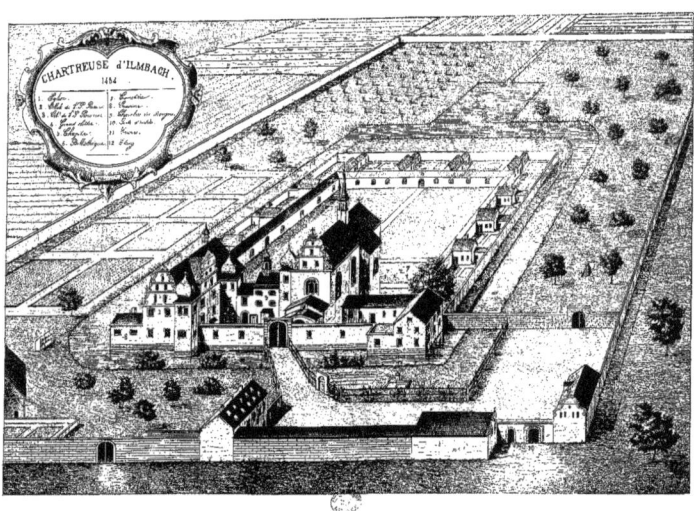

CHARTREUSE D'ILMBACH, Chse DU JARDIN DE NOTRE-DAME. (C. HORTI BEATÆ MARIÆ)
Dioc. de Wurtzbourg. Bavière.

ITTINGEN

La Maison de Saint-Laurent à Ittingen, près de Frauenfeld, en Thurgovie (Suisse), est la dernière parmi les Chartreuses qui furent établies dans cette contrée. Elle fit d'abord partie de la Province de l'Allemagne supérieure, puis on la joignit à celle de Franconie ou Allemagne inférieure.

Dès le ve siècle existait sur l'emplacement du futur monastère un château fort, converti, en 1155, en une résidence de Chanoines réguliers; ceux-ci, à leur tour, vendirent la propriété à nos Pères de Freudenthal et de Plétriach dont les Turcs avaient saccagé tous les biens (1461). Le dernier prévôt des Chanoines, Wilhelm Neidhord, remit le contrat d'aliénation entre les mains de D. Jean de Strasbourg, qui devint ensuite Recteur et premier prieur de la nouvelle fondation. Bientôt on vit surgir de nombreux bienfaiteurs, désireux de soutenir l'œuvre commencée. Parmi eux, Henri Meysener, citoyen de Nuremberg († 1471), sa parente Catherine Meysener († 1492) et Ursule Brunner († 1504) méritent une mention spéciale.

De son côté, l'abbaye de Saint-Gall renonça en faveur des Chartreux à certains revenus dont elle bénéficiait. Ceux-ci furent aussi mis en possession des cures de Huttwylen et de Ueslingen avec droit de basse justice sur plusieurs localités, ce qui leur donna une grande influence dans le pays.

La prospérité spirituelle ne le cédait en rien au bien-être temporel et les annalistes nous ont conservé entre autres le nom d'un Frère Convers, Jean Wagners, qui, avec la permission du pape Innocent VIII, se retira dans un ermitage de la forêt de Hergottswald, près de Lucerne, où il passa le reste de ses jours dans une austérité digne des premiers anachorètes. Vers la fin de sa vie, on lui construisit là une petite chapelle où il fut enterré et qui devint un lieu de pèlerinage.

Le temps des épreuves allait venir : la peste éclata sous le priorat de D. Louis Moser (1482-86) et presque tous les religieux moururent. Au mois de juillet 1524, la Chartreuse fut complètement pillée et incendiée par les Zwingliens, déjà assez nombreux dans le district. Sous prétexte de vouloir délivrer un de leurs pasteurs qui avait été emprisonné au monastère par le bailli du gouvernement, pour avoir répandu de fausses doctrines, ils forcèrent la clôture et commirent toute espèce d'horreurs. C'est alors qu'arriva à Ittingen, de notre Maison de Bâle, D. Philippe Stauffer, pour y remplir les fonctions de prieur. Il n'y trouva que deux Pères et un Frère, les autres s'étant enfuis en Allemagne. Parmi ceux-ci se trouvait D. Josse Hess, qui devint prieur d'Astheim et d'Erfurt, après avoir été, sans preuve, accusé d'hérésie; quoi qu'il en soit, D. Josse fut toujours un religieux exemplaire.

Quand la paix fut rétablie, on s'empressa de restaurer les édifices et la Providence suscita de nouveaux bienfaiteurs, notamment les membres de la famille Pfiffer d'Altishofen ; l'un d'eux, Louis, était, à cause de ses richesses, surnommé « le roi de Suisse ». Son fils cadet, né en 1594, fut particulièrement généreux envers la Chartreuse, où il fit construire six cellules et pourvut à l'entretien de leurs habitants. Il donna, en outre, le corps de Ste Victoire, martyre, qu'il avait obtenu de Rome. Cette magnifique relique fut, par ses soins, revêtue d'étoffes d'or et d'argent, ornées de pierres précieuses. Quand il mourut, le 24 novembre 1626, il fut enterré, suivant son désir, avec l'habit des fils de S. Bruno. Grâce à l'appui de cette famille, D. Jean Eckstein, prieur de 1595 à 1611, réussit à acquitter les dettes de la Maison, en augmenta les propriétés et fit plusieurs constructions importantes. Ce n'est cependant qu'après lui, sous le priorat de D. Christophe Schmid (1685-1708), que furent achevés l'église, le Chapitre et les obédiences.

Durant les guerres de la Révolution et l'occupation française, Ittingen eut beaucoup à souffrir. Les religieux s'enfuirent, emportant avec eux ce qu'ils avaient de plus précieux. L'un d'eux eut la mauvaise idée de cacher une assez forte somme d'argent dans un petit tonneau, sur lequel il mit comme étiquette « clous de souliers » ; mais les douaniers découvrirent la supercherie, prirent l'argent et, mettant de vieux clous à la place, eurent soin de laisser l'étiquette qui cette fois ne mentait pas, de sorte qu'il fut impossible de faire aucune réclamation.

Les Pères purent rentrer dans leur demeure après la tourmente, et jouirent de la tranquillité jusqu'en 1836. Alors le gouvernement cantonal commença à s'immiscer dans leurs affaires, leur imposa un régisseur civil et leur défendit de choisir un supérieur en dehors de leur Maison. Enfin la Chartreuse fut supprimée en 1848, et ses habitants, au nombre de dix, durent se disperser. On vendit le mobilier, mais les bâtiments toutefois ont été conservés intacts : on admire, dans l'église, des boiseries d'une grande richesse. Le réfectoire et la salle du Chapitre sont comme au jour où les Pères s'y réunissaient : on y voit les bancs sur lesquels ils s'asseyaient, de nombreux tableaux dont l'un représente S. Laurent sur son gril ; les autres sont, pour la plupart, des portraits d'anciens dignitaires du monastère. C'est le colonel Fehr qui est le propriétaire actuel. Il a, en 1912, donné l'hospitalité à l'empereur d'Allemagne venu pour assister aux grandes manœuvres de l'armée suisse.

A la Valsainte, on conserve un manuscrit provenant d'Ittingen. Le texte, dû au prieur, D. Antoine de Seilern, retrace l'abrégé de l'histoire de la Chartreuse. On y a intercalé des miniatures qui ne sont pas dépourvues de mérite. Elles ont été reproduites dans un article qu'a fait paraître notre confrère, D. Louis de Massiac, dans l'*Indicateur des Antiquités suisses,* année 1908.

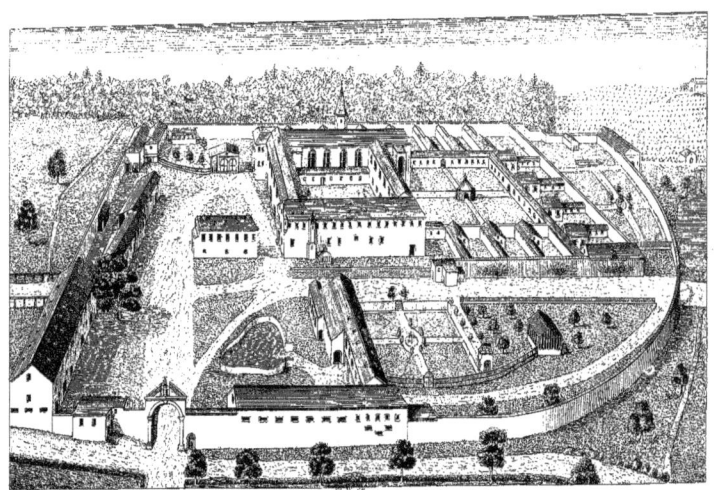

CHARTREUSE D'ITTINGEN, Ch⁹⁰ DE SAINT-LAURENT. (G. SANCTI LAURENTII)
Dioc. de Constance. Canton de Thurgovie. Suisse.

CRIMMITSCHAU

Dans les Chroniques de l'Ordre se trouve mentionnée, sous le nom de Rimschau, une Maison dont le nom véritable ou du moins officiel, tel qu'il est consigné dans la Charte de fondation, serait Crymptzchau ou Crimmitzschau. Située à 2 kilomètres au sud de la ville actuelle de Crimmitschau, sur la paroisse de Neukirchen, cercle de Zwickau, dans la Saxe royale, c'était primitivement, sous le vocable de S. Sixte, une résidence de Chanoines réguliers, fondée par le chevalier Henri de Crimmitschau vers 1222 et qui fut prospère pendant deux siècles; mais, en 1430, les Hussites firent irruption dans le couvent et y mirent le feu. Dès lors il ne fit que végéter et ne put se relever de ses ruines. Dans ces conjonctures, Marguerite d'Autriche, veuve du duc de Saxe, de concert avec Jean Federangel, gouverneur militaire du château fort de Crimmitschau, adressa, en 1378, une demande aux Chanoines, pour les engager à céder leur maison avec ses dépendances aux Chartreux. La motion fut acceptée par les habitants de Saint-Sixte qui étaient au nombre de sept, y compris leur président, Maître Othon ; ce dernier mit pour conditions qu'on lui laisserait la jouissance de certains droits paroissiaux et que nos Pères le garderaient dans leur monastère jusqu'à sa mort. Jean Federangel devait aussi donner l'hospitalité à un des Chanoines, à son choix.

L'évêque de Naumbourg ayant donné son autorisation, l'établissement fut remis à D. Josse Christen, prieur d'Erfurt, qui vint l'occuper en qualité de Recteur, avec quatre de ses religieux. Jean Federangel vécut encore assez pour voir le couronnement de son œuvre. Le Chapitre général de 1480, « pour l'honneur et la révérence des illustres ducs et princes de Saxe et d'autres personnages pieux », déclara incorporée à l'Ordre cartusien la nouvelle fondation, « qui désormais devra s'appeler dans tout l'Ordre la Maison de la Transfiguration-de-Jésus-Christ, du Val-Saint-Martin, en terre de Misnie », et éleva D. Josse, son Recteur, à la dignité de prieur. Jean Federangel s'endormit dans le Seigneur le 18 juin 1486, et le Chapitre de l'année suivante, en le présentant à l'Ordre comme « fondateur et dotateur de la Maison de la Transfiguration-de-Jésus-Christ », lui accorda les suffrages accoutumés *(plenarium cum psalteriis monachatum et anniversarium perpetuum)*.

L'histoire de ce monastère ne nous fournit plus dès lors que quelques noms clairsemés, échappés à l'oubli qui a recouvert tout le reste. Outre D. Josse Christen, le premier prieur, dont nous avons déjà parlé, et que recommandaient une science remarquable, une piété et une habileté singulières, les Ephémérides de l'Ordre mentionnent D. Gerlac, son successeur († 1485) et D. Tilmann Mosen, ancien professeur et Recteur de l'Université de Trèves, devenu Chartreux à Vogelsberg (*alias* Eppenberg, Hesse), prieur de différentes Maisons, et qui joua un grand rôle dans la Province d'Allemagne à l'époque de la Réforme. Le Chapitre général de 1525 fait miséricorde à D. Tilmann et nomme prieur D. Henri Tilburg, qui ne tarde pas à disparaître et est remplacé par un Recteur, lequel est nommé prieur en 1526. Puis nous trouvons tout à coup la Maison sans supérieur; c'est l'*antiquior*, D. Jean, qui en fait fonction. Le Chapitre général de 1527 le nomme prieur, puis D. Jean disparaît à son tour. On ne peut manquer d'être mal impressionné à la vue de mutations si fréquentes qui font, hélas! soupçonner des défections.

Cette même année 1527 devait être témoin de la ruine de la Chartreuse, envahie par les hérétiques, pillée et enlevée aux possesseurs légitimes. En 1528, il y a un administrateur laïque, nommé par le grand Electeur. Plus tard, la propriété fut vendue et passa en tant de mains que c'était la coutume dans le pays de dire que « les mânes des anciens Chartreux ne permettaient pas aux nouveaux acquéreurs d'avoir le temps de se réchauffer dans leurs lits ». De 1348 à 1360, Crimmitschau fut entre les mains de Jean de Bora, père de la trop fameuse Catherine, concubine de Luther.

Aujourd'hui, veuve de son église, de ses cloîtres et de ses bâtiments conventuels, l'ancienne Chartreuse ne laisse pas de présenter au voyageur, sur la route de Crimmitschau à Wedan, à main gauche, entre la route et la Pleisse, un ensemble imposant de constructions plus ou moins hétérogènes. La maison du propriétaire, M. Mummert, deux moulins, des maisons privées, des étables, voire un restaurant qui, en souvenir des anciens hôtes, s'est intitulé « Restaurant de la Chartreuse », le tout formant une sorte de carré long, mais, comme on pense bien, moderne ou modernisé, çà et là des fragments plus anciens, témoins de l'antique passé, le mur d'enceinte sur trois côtés, des substructions, une porte d'entrée et le vieux moulin des Chartreux, c'est tout ce qui reste de la Maison de la Transfiguration.

CHARTREUSE DE CRIMMITSCHAU, CH^se DE LA TRANSFIGURATION DE JÉSUS-CHRIST. (C. TRANSFIGURATIONIS JESU CHRISTI)

Dioc. de Dresde. Saxe.

CONRADSBOURG

On lit dans le recueil de Schwengel l'Ordonnance suivante du Chapitre général de 1477 : « Nous incorporons à notre Ordre une plantation nouvelle près de Falkenstein, au nom du Père et du Fils et du Saint-Esprit. Cette plantation, nous l'appelons la Maison de l'Annonciation de la Bienheureuse Vierge Marie sur le Mont-Saint-Sixte près de Falkenstein et nous voulons qu'elle soit ainsi appelée dans tout l'Ordre. Nous l'associons aussi à la Province de l'Allemagne inférieure, et nous nommons comme prieur de la même Maison D. Josse Christen, prieur de Leignitz, déchargé de cette dernière fonction. »

C'est à bon droit que Morozzo place la Chartreuse de l'Annonciation dans le diocèse d'Halberstadt en Saxe, contre Aubert le Mire qui la place dans celui de Paderborn en Westphalie. Deux écrivains allemands, Grössler et Brevikmann, dans un ouvrage publié en 1893, nous apprennent qu'elle était à 2 kilomètres d'Ermsleben, à 14 kilomètres au nord-ouest de Hettstadt, et qu'elle avait été d'abord le château des comtes de Falkenstein-Conradsbourg, lequel fut démoli et remplacé par un monastère dédié à S. Sixte.

Les Bénédictins l'occupèrent dès 1120 ou 1133, mais au xve siècle ils l'abandonnèrent, nous ne savons pour quel motif, et, pendant une vingtaine d'années, l'administration en fut confiée à un personnage séculier qui s'appelait Arnold Rammer. Puis on offrit cette Maison à notre Ordre qui l'accepta. D. Neutfrid Baldwin, prieur de la Chartreuse d'Erfurt, succéda à D. Josse et agit de concert avec son frère, Werner Baldwin, prêtre séculier et docteur en l'un et l'autre droit, pour l'établissement de la nouvelle Chartreuse. Au point de vue temporel, ce dernier eut le titre de fondateur, car c'est lui qui fournit les ressources nécessaires; il voulut ensuite prendre place parmi les Donnés de Conradsbourg où il mourut le 16 mai 1488. Avec lui il faut signaler l'un des principaux bienfaiteurs de la même Chartreuse, Othon, recteur de Sainte-Catherine, à Brunswick, décédé en 1479 ou l'année précédente. Quant à D. Neutfrid Baldwin, il fonda l'édifice spirituel du monastère sur la base solide d'une parfaite discipline et le gouverna, comme il avait fait précédemment pour la Maison d'Erfurt, avec toutes les qualités d'un excellent prieur jusque vers la fin de sa carrière. Il mourut simple religieux le 20 mai 1501.

Conradsbourg fut détruit le 2 mai 1525, et les moines se dispersèrent. Cinq ans après, le calme étant revenu, Charles-Quint rappela les fugitifs et promit de leur rendre leurs biens, mais ceux-ci déclinèrent cette offre. Notre devoir d'historien nous oblige à dire que tous ces malheureux avaient apostasié et se livraient au désordre à l'exception, toutefois, d'un ou peut-être de deux d'entre eux, D. Hoso et D. Henning. Celui-ci se retira à la Maison de Lubeck et en devint prieur en 1538, à une époque pleine de calamités par suite des progrès de la réforme luthérienne. Il eut beaucoup à souffrir de la part des hérétiques qui ne purent ébranler sa persévérance dans la foi catholique, et termina sa vie en 1571, plein de jours et de bonnes œuvres, après avoir vécu dans l'Ordre plus de 56 ans, dont 33 écoulés dans la charge priorale. Notre Maison-mère n'ayant pas jugé à propos d'envoyer d'autres religieux à Conradsbourg, le cardinal Albert, archevêque de Mayence-Magdebourg et administrateur du diocèse d'Halberstadt, donna la Chartreuse au Chapitre de Halle (juin 1530). Cet acte fut confirmé le 1er septembre de la même année par le légat du Saint-Siège, le cardinal Compeggio, et le 6 octobre suivant par Charles-Quint.

Dans la suite, les Chanoines abandonnèrent aussi Conradsbourg qui devint propriété particulière avant de passer plus tard au domaine du gouvernement prussien.

L'ouvrage allemand dont nous avons parlé plus haut contient des dessins sur ce qui reste des constructions du monastère. En les considérant avec attention il est facile de reconstruire par la pensée un ensemble monumental dont l'architecture n'était dépourvue ni de grandeur ni d'élégance, tout en demeurant fidèle à la gravité monastique.

Chartreuse de Conradsbourg, Ch⁾ᵉ de l'Annonciation de la Sᵗᵉ-Vierge. (C. Annuntiationis Bᵗᵃᵉ Mariæ Virginis)
Dioc. de Paderborn, Westphalie.

RATISBONNE

Le monastère de Prüel, près de Ratisbonne, fondé par Gebhard Ier, évêque de cette ville, avait été une abbaye de Bénédictins pendant cinq siècles environ et devint, en 1483, la Chartreuse de Saint-Vite. En effet, le duc de Bavière, Albert IV, surnommé le « Sage », obtint du pape Sixte IV une bulle, datée du 11 novembre de la même année, enlevant ledit monastère aux Bénédictins qui se trouvaient dans des circonstances critiques, pour l'incorporer à l'Ordre de S. Bruno.

Henri d'Absperg, évêque de Ratisbonne, y introduisit les Chartreux la veille de la Saint-Jean-Baptiste 1484 et leur confirma tous les droits et privilèges accordés autrefois aux Bénédictins. Ils devaient cependant payer le tribut annuel de 8 florins rhénans pour l'exemption dont ils jouissaient vis-à-vis de l'Ordinaire. Ce tribut se soldait habituellement la veille de Noël. L'évêque, en retour, invitait à dîner le jour de la Saint-Etienne tous les supérieurs ecclésiastiques de la ville et des environs, qui lui offraient quelques cadeaux à la même occasion, et, par égard pour le prieur des Chartreux, leur servait du maigre, même lorsque la viande était permise ce jour-là. Cette coutume, qui existait encore en 1601, fut abolie dans la suite.

Les premiers religieux avec leur Recteur, D. Michel Schreppler, profès de Nuremberg, eurent d'abord beaucoup de privations à supporter jusqu'à ce que les dettes, dont la propriété bénédictine était grevée, fussent payées. Petit à petit les bâtiments de l'ancienne abbaye furent transformés et adaptés à nos usages. On laissa cependant les deux belles tours qui ornaient la façade de l'église et qui, tout en étant étrangères à la simplicité cartusienne, ne laissèrent pas de donner à l'ensemble un cachet bien monacal. La première cellule commencée au mois de mars 1489, et, neuf ans plus tard, on posa la première pierre de l'église, qui fut consacrée en 1513; le cloître ne fut terminé qu'en 1587. C'est D. Georges Fasel, profès et prieur de la Maison jusqu'en 1615, qui s'est le plus dépensé pour les constructions. En même temps, malgré les mauvaises années qu'on avait à traverser, il trouva moyen, à l'aide des bienfaiteurs et des protecteurs de la Maison, de procurer à sa communauté une existence convenable. Après son départ pour Mauerbach où il fut envoyé sur les instances de l'empereur Mathias pour y exercer la même charge, la guerre de Trente ans éclata et vint mettre la désolation dans la demeure paisible de nos solitaires. Ils furent chassés et durent chercher un refuge provisoire dans d'autres Chartreuses. Le monastère restait ouvert à tout venant. Bientôt il n'y eut plus ni portes ni fenêtres. Les livres de la bibliothèque furent dispersés; les soldats suédois se servaient de précieux manuscrits pour charger leurs mousquets. La culture des terres fut abandonnée et il fallut que le gouverneur de Ratisbonne nommât un régisseur étranger et laïque pour préserver la propriété d'une ruine complète. Cet état se prolongea encore plusieurs années après la conclusion de la paix, en 1648, et c'est à peine si cinq religieux trouvèrent dans le monastère le strict nécessaire pour vivre. Ce n'est qu'en 1663, avec l'arrivée du prieur D. Arnold Münzenshaler, et sous son successeur, que la communauté put se remettre de ses épreuves, payer les dettes et réparer les ruines. Parmi les bienfaiteurs de cette époque, nous trouvons le nom du baron Isaac de Vollmar († 1662), docteur *utriusque juris,* conseiller secret de sa Majesté Impériale. Il eut sa sépulture au Chapitre des Pères. Un autre, le comte Octavien Fugger, mort en 1634 pendant le siège de Ratisbonne, avait été enterré à l'entrée du chœur.

Parmi les religieux illustres, outre les deux prieurs que nous avons nommés, il faut citer D. Mathias Schach († 1515), prieur de la Maison et plus tard évêque auxiliaire de Frisingue (Freising). C'était un homme remarquable par sa haute intelligence et son zèle apostolique. Les prieurs écrivains sont représentés par D. Laurent Wartenberger qui possédait sept langues et laissa une vingtaine d'écrits et par D. Martin Braumüller († 1678) (la bibliothèque de Parkminster possède un des manuscrits de ce dernier : *Chronicon Cartusiensis Ordinis*). Un autre prieur, D. Sigismond Diez (1677-1719), mérite une mention spéciale pour sa longue administration de 42 ans.

En 1653, la Chartreuse eut pour hôte l'empereur Ferdinand III. Il prenait plaisir à visiter le monastère en compagnie de l'impératrice et s'arrêta même dans l'humble laboratoire d'un religieux où il essaya de tourner un grain de chapelet, pendant que l'impératrice faisait marcher le volant. Le religieux, édifié de la simplicité des illustres visiteurs, consigna le récit de cet événement sur le pauvre siège en bois dont le souverain s'était servi.

D'après Schwengel, la Chartreuse possédait une belle bibliothèque (7000 volumes). La salle elle-même était remarquable par son ornementation en stuc. Les tableaux qui s'y trouvaient représentaient plusieurs scènes de la vie claustrale et quelques écrivains de marque de l'Ordre cartusien. Mais c'est surtout l'église conventuelle qui attirait l'attention des visiteurs. Il y avait environ quinze peintures, œuvres de l'artiste Fleiss, représentant des scènes de la vie et de la Passion de Notre-Seigneur (la descente de Croix était surtout remarquable). Ces tableaux étaient plus nombreux autrefois, mais les Suédois en avaient enlevé un certain nombre et pas des moindres. Le chœur des Frères était également orné de douze magnifiques toiles dont elles étaient l'œuvre du célèbre peintre flamand Victor Jonson et représentaient la vie de S. Jean-Baptiste. Ces peintures avaient été données au monastère par les évêques de Wurtzbourg et d'Eichstætt ainsi que par d'autres dignitaires ecclésiastiques : c'est l'ambassadeur de Bourgogne, Neuveforge, qui, pendant son séjour à Ratisbonne, de 1673 à 1697, s'était chargé de les faire exécuter. On lui érigea un monument au réfectoire.

Cette Chartreuse, supprimée en 1803, est actuellement une maison d'aliénés.

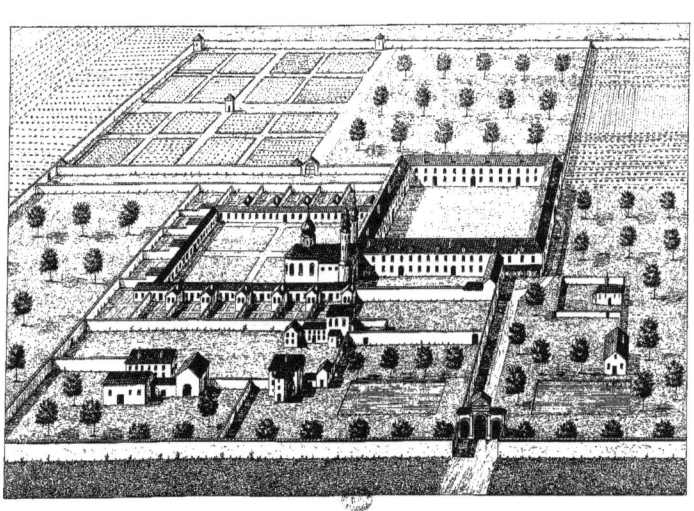

Chartreuse de Ratisbonne, Ch^{se} de Saint-Vite. (C. Sancti Viti in Prül)
Dioc. de Ratisbonne. Bavière.

PROVINCE DE SAXE

STETTIN	273	RUGENWALD	290
DANTZIG	277	ROSTOCK	293
HILDESHEIM	281	SCHIVELBEIN	297
FRANCFORT-SUR-L'ODER	285	LUNDEN	301
LUBECK	289	GRIPSHOLM	302

STETTIN

Barnim III, duc de Poméranie, surnommé « le Grand » à cause de ses exploits, avait témoigné déjà en 1346 de ses sentiments religieux par l'érection d'une église en l'honneur de S. Otton. Il fonda en 1360 la Chartreuse de la Grâce-de-Dieu dans les environs de Stettin, sa capitale, non loin de la mer Baltique, près du village de Grabow, sur les rives de l'Oder, au diocèse de Camin. L'emplacement choisi était une hauteur d'un aspect ravissant. Ce fut de notre Maison de Prague que, dès 1354, vinrent les premiers religieux du nouveau monastère, dont le fondateur mourut en 1368.

La Chartreuse de la Grâce-de-Dieu appartint d'abord à la Province de l'Allemagne supérieure, mais, en 1412, elle passa à la Province de Saxe créée par l'Ordonnance suivante du Chapitre général : « Ayant appris que plusieurs Maisons, affiliées jusqu'à présent à la Province de l'Allemagne supérieure ou à celle de l'Allemagne inférieure, sont situées à une trop grande distance des autres Maisons des mêmes Provinces, et ne peuvent par conséquent être visitées qu'avec de grandes difficultés, surtout celles qui sont dans le voisinage de la mer..., nous voulons qu'elles constituent une Province spéciale qui portera le nom de Province de Saxe. » La Chartreuse de Stettin était à la tête de cette nouvelle Province par rang d'ancienneté; puis venaient les Chartreuses de Dantzig, d'Hildesheim, de Francfort, d'Ahrensbock, de Rostock, de Rugenwald, de Schievelbein et de Gripsholm (ces deux dernières fondées après l'érection de la Province).

Un fait digne d'être rapporté eut lieu au moment de la fondation de Rugenwald : le prieur de la Chartreuse de Stettin fut désigné avec celui de Dantzig pour examiner s'il y avait lieu d'accepter cette fondation; par un zèle trop ardent, les deux commissaires dépassèrent les instructions du Chapitre général et reçurent une peine disciplinaire qui consistait pour le prieur de Stettin à rester toute une année en dehors de sa stalle au chœur et à se priver une fois par semaine, durant le même temps, de vin et de pitance. Une telle pénitence, acceptée avec soumission par un supérieur, ne pouvait que faire croître le respect de ses religieux envers lui-même et leur attachement à la règle. Peu après, la Maison de Stettin fut gouvernée par D. Jean de Rode, profès de Prague et écrivain distingué († 1439).

Une association spirituelle se contracta dans le même siècle (à une date qui n'est pas précisée) entre cette Chartreuse et celle de Dantzig. Dans cet acte, renouvelé en 1443, on voit que le bénéfice accordé aux défunts de notre Ordre comprenait une *Brève* (c'est-à-dire un Office complet des morts), une Messe, deux psautiers à réciter pour chaque religieux de chœur, psautiers qui pouvaient être remplacés par des

Messes, et enfin un Anniversaire qu'on devait inscrire pour le jour même du décès. Les Convers avaient à dire trois cent trente oraisons dominicales, en prenant *veniam* (c'est-à-dire en baisant la terre) pour la moitié de ces prières. Pour les Donnés défunts les moines récitaient un *Placebo;* les Convers sept *Pater* et *Ave.* Un Tricenaire du Saint-Esprit s'ajoutait chaque année dans les deux communautés à la série des obligations stipulées.

Un autre document nous fait connaître l'un des bienfaiteurs de la Chartreuse de Stettin, Jean Marsan, que nos Pères appellent « leur très cher confrère et prébendier ». Il fit, en 1449, donation de 400 florins « du Rhin *(Rynenses)* », sous l'administration du prieur D. Gaspard Rathman, profès de Lubeck, qui mourut en 1477.

Nous ne pouvons manquer de citer parmi les prieurs de Stettin, D. Jean Hagen de Indagine, bien qu'on ait déjà parlé de lui plusieurs fois dans les notices précédentes. Issu d'une noble famille, et profès de la Chartreuse d'Erfurt, qu'il fut aussi chargé de gouverner ainsi que celles d'Eisenach et de Francfort, ce religieux, merveilleusement doué pour la composition des ouvrages de spiritualité, écrivit plus de 450 livres ou traités, adressés à divers princes, évêques ou autres prélats qui l'avaient interrogé sur des questions variées. Par ces productions on peut juger à la fois de sa science prodigieuse et de son éminente piété. Humble et ami de la pauvreté, se faisant tout à tous, il laissa la réputation d'un saint. Nos *Éphémérides* contiennent une sorte d'autobiographie recueillie dans ses écrits, qui s'achève par le récit de sa démission et de son retour à sa chère solitude du cloître († 1475).

De 1466 à 1486, la Chartreuse de la Grâce-de-Dieu eut à sa tête D. Jean Kummerow, qui avait auparavant gouverné celle de la Paix-de-Dieu. Sur ses instances pressantes et à cause de sa vieillesse le Chapitre général lui fit miséricorde. Tout adonné aux œuvres de piété, il acheva dignement sa vie le 21 septembre 1496.

Vers le milieu du xvie siècle, les hérétiques remplacèrent la Chartreuse de Stettin par le château d'Oderburg, appelé aussi Aderburg, où mourut, en 1573, Barnim IX, duc de Stettin et de Poméranie. La communauté de Stettin avait probablement cessé d'exister, avec d'autres Chartreuses de la même région, vers 1524, comme le montre une Ordonnance capitulaire à laquelle Schwengel donne pour titre « De la ruine de la Province de Saxe ». Mais notre Ordre revendiqua ses droits aussi longtemps qu'il put, en nommant encore des prieurs pour les monastères confisqués.

Le château d'Oderburg fut détruit par les Suédois pendant la guerre de Trente ans. Son emplacement est compris dans le village de Grabow, devenu une ville. Au commencement du xixe siècle, on voyait encore quelques murs et les caves d'Oderburg. Vers la fin du même siècle, il y avait là une école, et, à côté, la villa d'un marchand de Stettin avec un grand jardin. Dans cet espace se retrouvait à peu près tout le terrain de la Chartreuse.

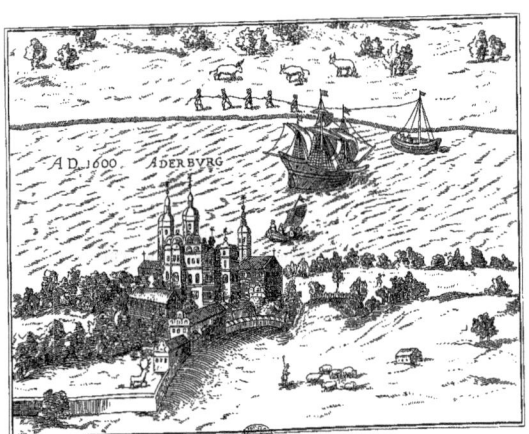

CHATEAU CONSTRUIT SUR LES RUINES DE LA CHARTREUSE DE STETTIN-SUR-L'ODER.

DANTZIG

C'est à une lieue et demie à l'ouest de Dantzig et à 800 mètres au nord de la rivière de la Radaune, dans une solitude entourée d'agréables forêts et d'étangs poissonneux, à l'endroit même où, selon la tradition, une femme fut, à cause de ses blasphèmes, emportée par le diable, que se trouvait la Chartreuse du Paradis-de-Marie, appelée aussi, au xv° siècle, la « Couronne de l'Ordre », à cause de la ferveur qui y régnait. Elle fut fondée le 8 août 1381 par le fils même ou peut-être le frère de la malheureuse blasphématrice, le polonais Jean Russenczin, qui donna, comme dotation, les seigneuries de Culpin (aujourd'hui Kelpin) et de Czapel sur la Radaune, et de Gdingen sur la Baltique. La Charte de fondation date du 30 juin 1382. Jean Russenczin mourut le 8 décembre 1398 et fut inhumé à la Chartreuse avec l'habit religieux. L'église fut construite aux frais de Jean Tiergart, riche habitant de Dantzig, et consacrée le 7 octobre 1403. D'autres personnes firent élever le réfectoire et les cellules : une plaque commémorative, placée dans chaque cellule, indiquait le nom du bienfaiteur. Des dons très importants furent faits aussi par les chevaliers de l'Ordre teutonique et, après eux, par les rois de Pologne.

Les débuts furent donc très heureux et, en 1395, cette Maison était déjà assez florissante pour envoyer plusieurs religieux fonder la Chartreuse de la Couronne-de-Marie à Rugenwald en Poméranie. Quelques autres partirent aussi plus tard, en 1494, avec le prieur D. Nicolas Lange, pour se rendre à la Chartreuse de la Paix-Notre-Dame à Gripsholm en Suède.

L'heure de l'épreuve allait sonner. Déjà saccagée par les soldats en 1465, pendant la guerre avec la Prusse, la Chartreuse du Paradis-de-Marie le fut de nouveau en 1524 par les Luthériens de Dantzig, qui firent de plus subir aux moines d'affreuses tortures : le prieur, D. Jean Konicz, mourut en 1533 des suites de ses blessures. N'ayant pas trouvé les richesses qu'ils espéraient, les Luthériens s'emparèrent du mobilier et de tous les papiers de valeur; mais le Vicaire, D. Georges Rathe, en l'absence du prieur qu'il avait fallu transporter à Dantzig ainsi que le Procureur, avertit le roi Sigismond Ier. Celui-ci renouvela, en 1526, tous les privilèges obtenus par nos Pères depuis la fondation et nomma un de ses officiers protecteur de la Chartreuse.

Il semble que tout aurait dû désormais marcher à souhait; malheureusement, les guerres et surtout l'hérésie avaient tari les vocations. Le nombre des religieux diminua tellement que, vers 1540, le prieur, D. Jean Hamer, n'ayant pu obtenir de renfort des autres Maisons également dans l'indigence et ne voulant pas se résigner à voir cesser la *laus perennis*, engagea, moyennant finance, quelques étudiants à venir, jour et nuit, chanter l'Office divin. La noblesse du pays, en grande partie gagnée à l'hérésie, demanda alors au roi de vouloir bien, vu le nombre si restreint des religieux, donner leurs revenus à l'Ecole de Culm; mais Sigismond Ier refusa énergiquement.

Son successeur, Sigismond II, devait, hélas! se montrer plus faible et l'on vit l'évêque de Vladislaw, André Zebrzydowski, demander et obtenir, en 1550, la possession du monastère avec tous les revenus. Ce prélat profita largement de la concession royale et emporta tout ce qui était à sa convenance. Il fut transféré, l'année suivante, sur le siège de Cracovie et abandonna son prétendu titre de propriétaire. Cependant l'exemple était parti de haut, et comme la place ne laissait pas d'être lucrative, trois autres personnages, tout aussi désintéressés que le premier, furent successivement et sur leur demande nommés administrateurs de la Chartreuse. Le dernier en date (1565 environ) et le plus connu fut D. Gaspard Gesckkow, Abbé cistercien d'Oliva, auquel le prieur, D. Jean Spier, essaya de résister *manu militari*. En 1569, D. Spier, trouvant insupportable le joug de l'Abbé, se retira à la Chartreuse d'Hildesheim, en Saxe, emportant avec lui les sceaux et les Chartes de sa Maison. Quant à D. Gesckkow, il ne pensait qu'à s'enrichir et, ayant obtenu subrepticement de Rome, en 1578, les pouvoirs pour incorporer à son abbaye le monastère cartusien, il chassa les Chartreux en 1582 et dilapida les biens. Ce triste état de choses dura jusqu'au 2 juillet 1589, époque où D. Lambert Ningle, prieur de Mayence, parvint à force de patience et d'habileté à rentrer en possession du Paradis-de-Marie; il fut puissamment aidé par l'évêque de Vladislaw, Jérôme Rozrazow, qui est considéré comme le second fondateur de cette Maison. D. Lambert mourut en 1602 en Russie, où il avait été envoyé pour une nouvelle fondation. Les Ruthènes avaient ce religieux en si grande vénération qu'ils insérèrent son nom dans leurs litanies.

La paix ne fut pas de longue durée. De 1626 à 1705 les Chartreux eurent à subir trois invasions de Suédois et se virent pillés sans pitié. Ils versèrent en outre par deux fois de fortes sommes aux Suédois et aux Polonais, afin d'épargner au monastère les horreurs de l'incendie, et, en 1703, du 7 janvier au 3 juillet, ils durent loger chez eux, *intra muros*, deux cents soldats et mille chevaux! Les immeubles qu'ils possédaient à Dantzig furent détruits en 1734, lors du bombardement de la ville par les Russes et les Saxons. D. Georges Schwengel, le fameux annaliste, élu prieur en 1735, restaura ces immeubles, releva deux fermes brûlées, construisit plusieurs cellules, augmenta les revenus et remit la Maison dans un état florissant. Il mourut en 1766. L'hôtellerie, la brasserie et quelques dépendances avaient été bâties au siècle précédent, après 1624, par le prieur D. Jean Repff.

Le gouvernement prussien ordonna, en 1810, de fermer le Noviciat. Le Paradis-de-Marie fut supprimé en 1823 et son église devint paroissiale l'année suivante. Le village qui s'est formé là, auprès de l'ancienne Chartreuse, porte aujourd'hui le nom de *Karthaus*.

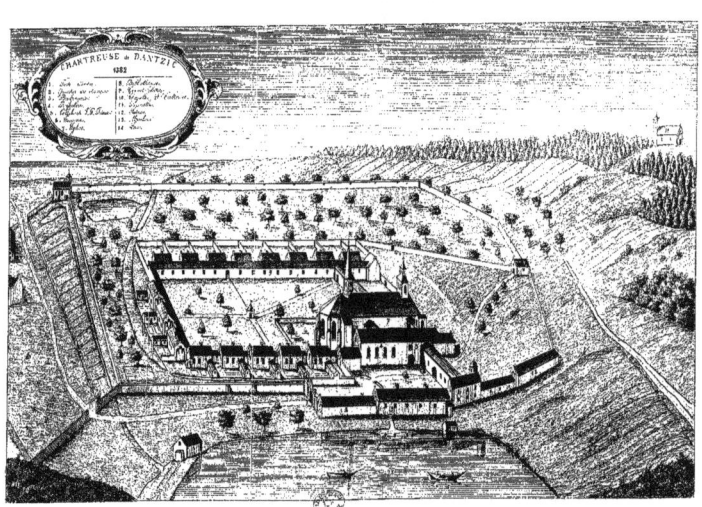

CHARTREUSE DE DANTZICK, Ch⁹⁶ DU PARADIS DE NOTRE-DAME. (C. PARADISI BEATÆ MARIÆ VIRGINIS)
Dioc. de Vladislaw, Pologne.

HILDESHEIM

Gérard, baron de Minden, évêque de Hildesheim dans le duché de Hanovre, ayant remporté une grande victoire sur le duc de Brunswick et d'autres injustes agresseurs, voulut, en action de grâces, consacrer une partie de l'or provenant du butin de guerre à la fondation d'une Chartreuse. Il l'établit au pied du mont Saint-Maurice, à l'ouest de la ville épiscopale et près des fossés. Des religieux de notre monastère d'Erfurt, ayant à leur tête D. Henri d'Eschwen, furent envoyés en 1387 dans la nouvelle plantation qui prit le nom de Cloître-Notre-Dame, et, en 1393, une Ordonnance du Chapitre général l'incorpora à notre Ordre, en lui donnant, pour premier prieur, D. Jean qui s'y trouvait déjà depuis quelque temps comme Recteur.

Le fondateur, décédé en 1398, fut inhumé dans l'église de la Chartreuse. Personne ne songea à l'incriminer d'avoir pris les armes pour défendre la contrée dont il était chef temporel en même temps qu'évêque, mais on le loua surtout pour les efforts qu'il fit afin de rétablir l'observance dans les monastères, notamment dans l'abbaye de Hildesheim. D'après Tappert, c'était principalement dans ce but qu'il avait voulu avoir des Chartreux auprès de lui, et, de fait, ils exercèrent constamment une salutaire influence non seulement sur les moines, mais aussi sur le peuple et le clergé du pays.

Parmi les bienfaiteurs du Cloître-Notre-Dame, on remarque trois autres évêques de Hildesheim : Magnus, de la famille des ducs de Saxe, Hemnengus et Berthold de Lansberg; plusieurs chanoines de la même ville et spécialement Thierry de Dussel, qui fut comme un second fondateur, au témoignage de la Carte de 1421 ; un grand nombre d'habitants de Hildesheim, dont les plus notables sont Jean Hoyen chevalier, Thierry Quirer et son épouse, le seigneur Brandes, Jean Welscheland et son épouse.

D. Jean Rotlos († 1448), profès d'Erfurt, fut pendant quelques années prieur du Cloître-Notre-Dame, où il fit admirer sa sagesse, puis, en 1413, il remplit les mêmes fonctions dans sa Maison de profession et fut enfin le promoteur de la fondation d'Eppenberg. L'un de ses contemporains, D. Godefroi Basedow († 1457), profès et prieur de Lubeck, Visiteur de la Province de Saxe, fut aussi placé à la tête de la Chartreuse de Hildesheim; une sainte mort couronna une vie non moins remarquable par la pratique de l'humilité que par les succès de son administration. Après lui, il faut citer D. Henning († 1536), qui gouverna le Cloître-Notre-Dame, pendant une quarantaine d'années environ, avec une prudence et un esprit religieux dignes de mémoire. Il restaura son monastère incendié et, en 1539, le laissa très prospère entre les mains de son successeur, D. Thierry Loer. Ce dernier, bien connu par ses travaux pour l'édition des œuvres de Denys le Chartreux, dont il se fit le biographe, ne se distingua pas moins par son zèle infatigable pour la cause de Dieu que par son talent d'écrivain. Mais les épreuves ne pouvaient lui manquer de la part des protestants. Ceux de Hildesheim se ruèrent en grand nombre, le dimanche 27 août 1542, sur la Chartreuse, en brisèrent les portes, en pillèrent presque tous les ornements et revinrent un mois après pour chercher ce qu'ils n'avaient pu emporter la première fois, entre autres les registres du monastère. S'emparant alors du prieur, D. Thierry Loer, et de ses religieux, ils les enfermèrent dans le réfectoire où ils les gardèrent pendant cinq jours et cinq nuits. On ne rendit la liberté à nos Pères que lorsque leur supérieur, contraint par la nécessité, eut donné à ses ennemis une cassette contenant des pièces importantes. Les religieux ayant été ensuite expulsés de leur Maison, le R. Père Général confia en 1543 à D. Pierre († 1551), prieur de Francfort, le soin de rétablir cette communauté. Très zélé pour la foi catholique et pour la prospérité de notre Ordre, ce digne Chartreux parvint, en effet, à introduire dans le Cloître-Notre-Dame des moines avec un nouveau prieur, après avoir lui-même gouverné quelque temps ce monastère qui fut encore dévasté en 1546 et en 1572.

Dans le même siècle vivait D. Jean de Munster († 1573), que le Catalogue des prieurs de Hildesheim appelle « pasteur très vigilant et ouvrier inconfusible ». Il eut pour successeur D. Jean Spier († 1611), qui fut envoyé à la Chartreuse de Dantzig pour la délivrer de ceux qui l'occupaient injustement. N'ayant pu réussir, il revint en 1584 à Hildesheim, qu'il gouverna encore longtemps en y fortifiant la discipline régulière. D. Pierre Wintren († 1619) qui le remplaça, avait appartenu à l'Ordre de Cluny avant d'entrer à la Grande Chartreuse : on admirait en lui non seulement sa science, mais encore son humilité, sa simplicité et sa mortification dans les repas.

En 1626, puis en 1632, le Cloître-Notre-Dame fut de nouveau pillé et incendié. Ses religieux se retirèrent alors en d'autres résidences, que l'obéissance leur assigna. Seul le prieur, D. Conrad Horst, renommé pour sa doctrine et sa piété, resta dans la ville de Hildesheim sous un vêtement séculier. Il confia l'administration de l'un des domaines du monastère à son Procureur, D. Mathias Scappert. Ce dernier, à cause de la persécution, se vit forcé de se cacher dans les forêts et dans les cavernes; puis il voulut revoir son prieur à Hildesheim, mais on l'arrêta et on le retint dans la prison de la ville alors occupée par les Lunebourgeois. Là il eut beaucoup à souffrir pendant quelque temps de la faim et de la soif. Ne pouvant payer la rançon exigée, il mourut saintement dans cette captivité le 2 janvier 1635.

Nos Pères rentrèrent dans leur Maison en 1641, mais se trouvant dans l'impossibilité d'en relever les ruines, ils achetèrent un terrain dans l'intérieur de la ville et y bâtirent un petit monastère où ils vécurent jusqu'en 1777, époque de la suppression. A la demande de l'évêque, on érigea là un séminaire remplacé dans la suite par divers hôpitaux qui subsistent encore aujourd'hui et dont les revenus servent à l'entretien du séminaire.

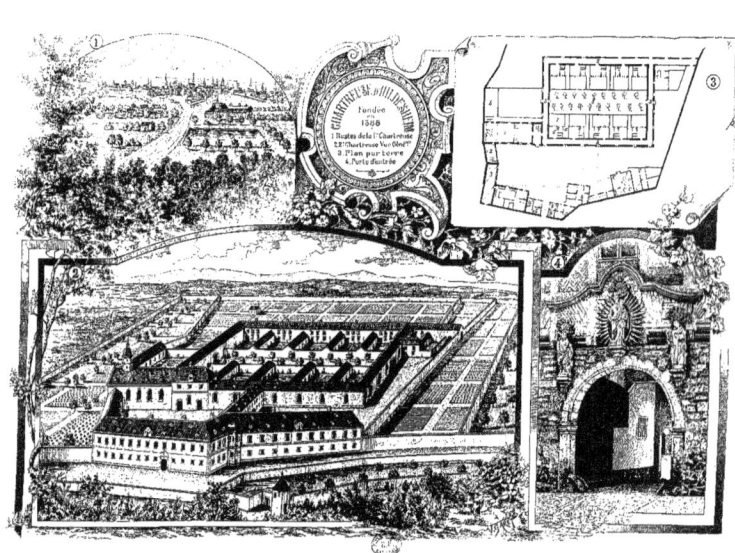

CHARTREUSE D'HILDESHEIM, Ch⁹⁰ DU CLOÎTRE DE NOTRE-DAME. (C. CLAUSTRI BEATÆ MARIÆ VIRGINIS)
Dioc. d'Hildesheim. Hanovre.

FRANCFORT-SUR-L'ODER

Le Chapitre général réuni à Seiz, en 1396, chargea les prieurs de Stettin et de Dantzig de se rendre le plus tôt possible auprès du roi des Goths, Eric, et des citoyens de Francfort-sur-l'Oder, qui avaient écrit pour offrir à notre Ordre de nouvelles fondations. Le premier de ces projets ne fut pas réalisé, c'est du second que nous avons à nous occuper. La ville même de Francfort-sur-l'Oder devint la fondatrice de la Chartreuse connue d'abord sous le vocable de l'Exaltation-de-Notre-Dame, puis sous celui de la Miséricorde-de-Dieu. Etabli dans le voisinage de la cité, au diocèse de Lebus, ce monastère était situé près d'un ruisseau descendant d'une colline couverte de vignes, ruisseau qui avait la propriété de pétrifier tout ce qu'il recevait, comme l'atteste Wolfgang Jopstus. C'est l'évêque du lieu qui donna la charte.

En 1397, les Définiteurs de Seiz prirent la décision suivante : « Sur les instantes et humbles prières des proconsuls et autres citoyens de la ville de Francfort, qui, pour la seconde fois, ont sollicité le Chapitre général de consentir à une nouvelle fondation... nous désignons comme Recteur de cette fondation D. Jacobini, Vicaire de la Maison de Stettin, lui accordant le pouvoir de s'adjoindre deux moines et un Convers, si ceux-ci le veulent ainsi ; le bénéfice d'un tricenaire leur sera réservé s'ils persévèrent dans le lieu susdit. »

Six ans plus tard, les Pères Visiteurs, ayant reçu de bons rapports sur la prospérité de la Maison de Francfort, l'incorporèrent à notre Ordre et nommèrent prieur celui qui auparavant avait le titre de Recteur. Alors il fut décidé que la Chartreuse s'appellerait la Maison de la Miséricorde-de-Dieu. Le vocable antérieur se trouve dans l'annonce faite en 1399 de la mort du chevalier Frisler Boccow, citoyen de Francfort, qui est désigné comme « fondateur de la Maison de l'Exaltation-de-Notre-Dame près de Francfort ». Ce personnage est le même que le seigneur Friez Belliko, citoyen de Francfort, également honoré du nom de fondateur dans la Carte de 1400, bien que Le Couteulx ne le dise pas clairement. Ajoutons qu'Anna, épouse de Belliko, est appelée du nom de fondatrice par le Chapitre général.

Parmi les autres citoyens de Francfort qui ont été les bienfaiteurs de notre monastère nous signalons Conrad Huppener, Georges Berhensede, plébain de Wibessen, André Hornunck, Simon Teutzmann, prêtre. A leurs libéralités il faut ajouter celles de l'évêque de Lebus, Thierry de Bulow, et de l'évêque de Havelberg, Conrad de Lintorff. Il ne faut pas oublier non plus le marquis de Brandebourg, Jean, fils du premier électeur de Brandebourg, qui eut pour imitateur, dans sa bienveillance envers les Chartreux, son frère Frédéric.

Le plus célèbre des prieurs de Francfort fut D. Jean Hagen « de Indagine », que nos lecteurs connaissent déjà. Nous nous contenterons ici d'emprunter à cet auteur si fécond, si docte et si religieux, un témoignage précieux sur l'esprit de nos Pères du xve siècle. Dans son autobiographie on lit ce qui suit : « Dans notre Ordre il n'y a pas d'ambition, d'injuste oppression, de domination tyrannique. Il est rare d'entendre dire que parmi nous quelqu'un cherche à être prieur ou à obtenir une autre dignité. Au contraire chacun s'efforce de rester en cellule, paisible, doux, pieux et modeste. »

D. Nicolas Wiscok († 1491), qui fut aussi prieur de Francfort, avait tellement conquis l'affection de sa communauté qu'elle demanda et obtint le privilège de le garder à sa tête, malgré les droits que pouvaient revendiquer les Chartreux de Rostock parmi lesquels le bon supérieur avait fait profession. Mais lorsque l'occasion se présenta, ceux-ci n'en élurent pas moins leur ancien confrère, et le Chapitre général revint sur sa décision précédente pour leur donner gain de cause.

Au début du xvie siècle, la Chartreuse de la Miséricorde-de-Dieu avait à sa tête D. Grégoire, dont nos *Ephémérides* louent le profond esprit religieux. Il reçut sa démission en 1513 et mourut en 1539 au sein de la paix du cloître, après avoir persévéré pendant 60 ans dans la fidélité à notre Règle. En 1532, D. Pierre, prieur de Poméranie, devint prieur de Francfort. C'était un religieux plein d'érudition et de piété, renommé pour son attachement à la foi catholique et à notre Ordre. Il exerça les fonctions de Visiteur de la Province de Saxe, et c'est à ce titre qu'il fut chargé, en 1543, par le R. P. Général de repeupler Hildesheim. Après le succès de cette mission difficile et d'autres grands travaux entrepris pour conserver les observances de l'Ordre et pour défendre la saine doctrine contre les Luthériens, D. Pierre reçut du Chapitre général de 1546 des encouragements avec des félicitations. Les Définiteurs l'exhortèrent « à marcher virilement en persévérant dans ce qu'il avait si bien commencé, et en attendant de Dieu une magnifique récompense ». C'est en 1551 que se termina cette honorable carrière.

Dès 1540, l'électeur de Brandebourg, Joachim II, gagné au protestantisme, avait donné la Chartreuse de la Miséricorde-de-Dieu à l'Université de Francfort. Les religieux néanmoins ne furent pas immédiatement expulsés de leur demeure : on leur concéda l'autorisation d'y achever leur vie, à condition de ne pas recevoir de novices ni d'autres personnes de l'Ordre, et de n'augmenter leur nombre d'aucune manière. Par suite de ce régime d'extinction, il arriva qu'en 1562 il n'y avait plus dans cette Maison qu'un seul religieux, qui était le prieur, D. Georges Printz. A la mort de celui-ci, en 1568, la Chartreuse passa au pouvoir de l'Université, malgré les démarches faites antérieurement auprès de l'empereur qui avait adressé à l'électeur un rescrit resté sans le résultat attendu. Les édifices du monastère reçurent pour la plupart une destination profane. L'église devint une brasserie dont les ouvriers habitèrent les anciennes cellules du cloître.

Chartreuse de Francfort-sur-l'Oder, Chse de la Miséricorde-de-Dieu. (C. Misericordiæ Dei)
Dioc. de Bamberg. Bavière.

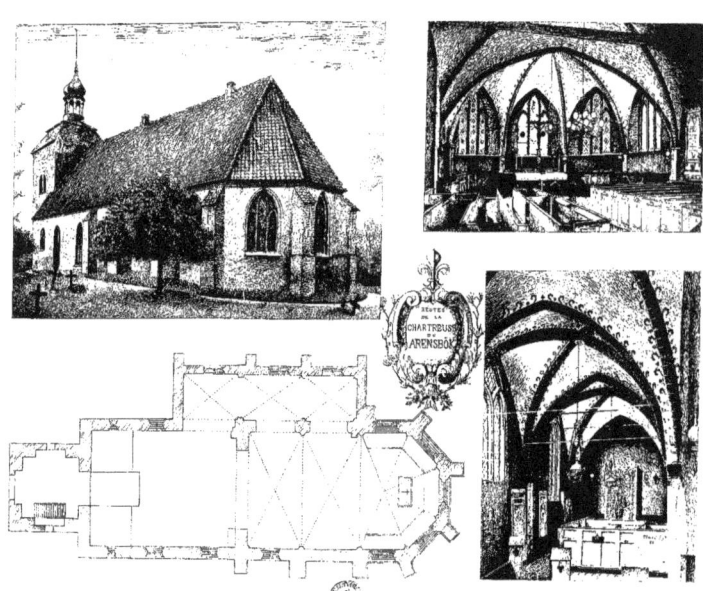

CHARTREUSE D'AHRENSBOCK, Ch^{se} DU TEMPLE DE LA SAINTE-VIERGE. (C. TEMPLI BEATÆ MARIÆ)

Dioc. de Lubeck. Busse-Saxe.

ROSTOCK

Sur la rive gauche de la Warnow, qui est large et navigable dans cette partie de son cours, entre la ville hanséatique de Rostock et Warnemunde, on voit une ferme modèle qu'on appelle Marienehe. Là se trouvait au moyen âge la Chartreuse de la Loi-de-Marie (en allemand *Marienehe*), qui se nomma d'abord *Mœnia cœli (Himmelszinnen)*, comme on le voit dans la charte de confirmation octroyée par Rodolphe, évêque de Schwerin (grand duché de Meklembourg).

Les deux principaux fondateurs de ce monastère sont Winold Baggel, proconsul ou bourgmestre de Rostock, et son beau-père Mathias de Borcken, bourgeois de la même ville. Dans leur acte de donation, daté du 2 février 1396, ces généreux personnages cèdent aux Chartreux toutes les possessions du manoir de Merghene, y compris ses édifices, ses champs, ses forêts, ses lieux de pêche, ses moulins, ses étangs, ses troupeaux, en un mot, tous ses biens meubles et immeubles, avec un plein droit de propriété et l'exemption des redevances. En échange de ces libéralités, ils demandent que les religieux intercèdent à perpétuité pour eux et pour leurs héritiers.

Le 27 février 1396, Albert, duc de Meklembourg, ex-roi de Suède, donne son approbation à la fondation. On peut joindre à son souvenir celui du prince Guillaume de Wenden, qui voulut se charger de la construction d'une cellule et de l'érection d'un autel. Pour lui et ses parents la communauté reconnaissante de Marienehe décida, le 12 janvier 1436, la célébration d'un anniversaire.

On ne connaît pas la date du décès de Winold Baggel, mais il mourut avant son beau-père, et c'est sa veuve, Marie de Borcken, qui continua son œuvre avec le concours de ses deux fils, Winold et Henri. Au premier de ceux-ci nos Pères de Rostock accordèrent, en retour de ses bienfaits et des largesses de son père, une prébende et la cellule de pierre située près de la porte cochère, à droite de l'entrée, ainsi que le chauffage. Ces privilèges lui furent assurés jusqu'à sa mort, qui eut lieu en 1448.

Le premier Recteur de Marienehe fut D. Jean Schelp, nommé prieur au Chapitre de 1403 qui incorpora le nouveau monastère à notre Ordre. Neuf ans plus tard, en formant la province de Saxe, les Définiteurs lui agrègent notre Maison de Rostock qu'ils ordonnent d'appeler « Loi-de-Marie ».

D. Marquard Behr est le plus célèbre prieur de ce monastère. Issu d'une noble famille du duché de Poméranie, il entra à Marienehe vers 1317 et prit le gouvernement de la communauté en 1526, époque où la Réforme étendait ses ravages dans la contrée. Les autorités de Rostock, qui abolirent le culte catholique en 1531, eurent, l'année suivante, à intervenir selon la coutume du temps, au sujet d'un Convers fugitif de la Chartreuse, réclamé par son supérieur. On vit alors se présenter à Marienehe deux commissaires du Conseil, accompagnés d'une quarantaine de bourgeois et autres, avec le Frère dont ils voulaient entendre les plaintes par devant le prieur, assisté de son Vicaire et de son Procureur. Lorsque les trois religieux eurent compris de quoi il s'agissait, ils se retirèrent, D. Marquard ayant déclaré qu'il n'était pas disposé à discuter avec eux. Très offensés de ce qu'ils regardaient comme une injure, les interlocuteurs portèrent leurs doléances au Conseil de Rostock, qui interdit aux Chartreux l'entrée de la ville. Mais cette défense fut rapportée par l'ordre du duc Henri, saisi de l'affaire. Ce duc avait embrassé la Réforme, ce qui ne l'empêchait pas d'être ennemi des mesures violentes. Son successeur, Jean-Albert, voulut, au contraire, en finir avec les Ordres contemplatifs qui subsistaient encore dans son duché. Le 15 mars 1552, trois cents hommes d'armes cernèrent la Chartreuse, la prirent d'assaut et la pillèrent. Le duc fit chasser le prieur et la communauté par ses soldats, qui jetèrent ensuite aux proscrits leurs vêtements et leurs draps de lit. D. Marquard, après un voyage entrepris pour les intérêts de sa Maison, revint à Rostock au mois d'octobre suivant et fit dresser plainte contre son persécuteur qui se trouvait alors dans cette ville, mais qui n'écouta pas la demande de restitution. Le prieur s'adressa ensuite à la cour impériale de Spire. Son dernier acte connu est du 1er juin 1553; et, d'après une lettre du duc, il termina ses jours à Lubeck à la fin de septembre de la même année : c'était bien mourir sur la brèche. D. Christian Westhof, son Procureur, lui succéda et continua ses revendications, mais ce fut en vain; le procès de Spire traîna en longueur sans aboutir à l'issue désirée.

Les derniers Chartreux de Marienehe semblent être restés dans la ville de Rostock. D. Christian y était en 1557 et mourut probablement chez les Dominicains avant le 22 juin 1565, car à cette date le prieur de la Chartreuse d'Hildesheim, Visiteur de la Province, écrivit au prieur des Frères-Prêcheurs pour le remercier de l'hospitalité charitable et amicale qu'il avait donnée aux religieux de Marienehe, parmi lesquels il lui recommande les Frères Servatius et Mathias. Celui-ci, dont le nom de famille était Sasse, se retira ensuite à Hildesheim : son décès est annoncé par le Chapitre de 1581. C'était le dernier Chartreux de Rostock.

Le monastère de Marienehe fut entièrement démoli en 1559 pour rebâtir le château ducal de Gustrow, brûlé en partie deux ans auparavant. Des habitants de Rostock eurent aussi la permission d'y prendre des pierres : on cite un docteur qui en emporta une quarantaine de chars. La ferme, dont nous avons parlé en commençant, n'a que des bâtiments de construction légère, sans aucun vestige de la Chartreuse, sinon des décombres et des restes de fondements. Le terrain vaste et plat, impropre à la culture, qui se trouve par derrière et à côté, dans la direction de la Warnow, est couvert de gazon et il y pousse quelques arbres fruitiers. Il s'appelle aujourd'hui « le désert » et occupe l'emplacement de Marienehe. Au-dessous se voit un étang appelé « l'étang du moulin ». Là était le moulin du monastère, alimenté par un ruisseau qui allait se jeter dans la Warnow.

Chartreuse de Rostock, Ch⁹⁵ de la Loi-de-Marie. (C. Legis Mariæ)
Dioc. de Schwerin. Mecklembourg.

SCHIVELBEIN

Dans l'une des vallées parallèles à la côte de la mer Baltique, s'élève la petite ville de Schivelbein, sur les bords de la Rega. Ce cours d'eau se dirige d'abord vers le nord-est, puis se détourne tout à coup vers l'est, à une demi-lieue de la cité, et parcourt la vallée, dont la conformation ferait facilement croire à l'existence d'un ancien lac. Schivelbein s'enfonce si bas dans cette vallée que du plateau voisin on aperçoit à peine la flèche de sa tour. Le pays est très humide et assez malsain.

La Chartreuse appelée la Paix-de-Dieu était établie à quelques milliers de pas de la ville, à l'endroit où une petite colline s'est élevée, par suite des décombres, au-dessus de la terre marécageuse. Sa fondation est surtout l'œuvre collective du grand maître de l'Ordre teutonique, Conrad de Erlichshausen, et de la ville de Schivelbein, avec son prévôt, Walter Kerskorff. On voit, par un acte de 1443, que la famille Borck peut aussi revendiquer sa part dans cette généreuse initiative. Henri Borck, propriétaire de Lobes, accorde aux Chartreux, déjà venus à la date précitée, de prendre à Keynevelde autant de chaux et de bois qu'il est nécessaire pour construire leur monastère. Outre cela, il promet de se montrer toujours l'ami, le patron et le défenseur des moines.

La Chartreuse fut incorporée à l'Ordre en 1445, « en témoignage de respect pour son fondateur », le grand maître de l'Ordre teutonique. Deux ans plus tard, en la fête de S. Matthieu, la ville de Schivelbein rédigea une charte en faveur de la communauté naissante qui avait alors pour prieur D. Henning, pour Vicaire D. Barthélemy, pour Procureur D. Jean. D'après cet acte, les édiles, en présence de Conrad de Erlichshausen, leur seigneur très clément, grand maître de l'Ordre teutonique, et du vénérable Walter Kerskorff, seigneur et prévôt de Schivelbein, déclarent qu'ils ont cédé aux Chartreux, avec le consentement de leur commune, « pour la plus grande gloire de Dieu, de la Très Sainte Vierge et de toute la cour céleste », un emplacement, voisin de la Rega, aussi long et large que l'indiquent les palissades qui le limitent. Ce territoire, appelé Paix-de-Dieu, est destiné à la construction d'une Chartreuse selon les coutumes de l'Ordre. De plus, les mêmes religieux reçoivent un autre emplacement dans la ville, pour y élever une maison à l'usage de leur monastère et assurer plus commodément le règlement de leurs affaires. La municipalité de Schivelbein prend finalement sous sa protection la Chartreuse et prie les habitants de la cité de se montrer favorables et serviables à nos Pères, afin qu'ils puissent mener une vie paisible au service du Dieu tout-puissant.

Conrad de Erlichshausen, qui avait été élu en 1441 grand maître de l'Ordre teutonique, mourut en 1449. C'était un prince pieux et pacifique, grand ami des

Chartreux, comme l'atteste ce qu'il fit non seulement pour notre Maison de Schivelbein, mais encore pour celle de Dantzig dont il fut l'insigne bienfaiteur. Peu avant d'expirer, il voulut une dernière fois exprimer son estime pour nos Pères. Il eut pour successeur, en 1450, Louis de Erlichshausen qui reçut aussi du Chapitre général le titre de fondateur de la Chartreuse de la Paix-de-Dieu, mais il se vit obligé, en 1454, par suite de revers de fortune, de vendre la Neumarche et bientôt Schivelbein à l'électeur de Brandebourg, Frédéric II, de la maison de Hohenzollern. Celui-ci octroya une charte datée de Custrin, où il disait que le pauvre monastère de la Paix-de-Dieu avait été à plusieurs reprises attaqué et lésé dans ses biens, de sorte que le service divin si bien commencé se ralentissait et menaçait de se ralentir davantage. Afin de prévenir ce malheur, il prenait sous sa sauvegarde le monastère avec les religieux et leurs possessions. Plût à Dieu que ses successeurs eussent imité sa conduite.

Un autre bienfaiteur, Nicolas de Baysen († 1503), gouverneur de Prusse, construisit et dota trois cellules.

Après le prieur D. Henning, dont fait mention l'acte cité plus haut de la municipalité de Schivelbein, nous trouvons à la tête du monastère, d'après Schwengel, D. Erasme († 1469), D. Laurent († 1482), et enfin D. Jacques († 1537), qui mérite d'être spécialement remarqué, car il fut aussi Recteur de Mariefred en Suède et vécut *laudabiliter* 70 ans dans l'Ordre.

En 1536, la Neumarche fut soumise à la domination du margrave Jean, favorable à la Réforme qu'il embrassa publiquement en 1538. Les monastères de la région, qui en grande partie étaient déjà déserts, à cause du nouvel esprit des populations, furent peu à peu confisqués. D'après l'opinion généralement admise à Schivelbein, c'est en 1552 que le margrave déclara propriété civile la Chartreuse, dont les biens disséminés çà et là occasionnèrent à leurs acquéreurs et possesseurs beaucoup de disputes et de troubles. Loin de s'enrichir, ces divers personnages furent, dit-on, réduits à la pauvreté.

Les Etudes Baltiques, auxquelles nous devons une notable partie des renseignements qui précèdent, parlent assez longuement de ce qui est resté de la Chartreuse. D'après cette description, dont la date précise ne nous est pas connue, il y a surtout à remarquer au nord-ouest une grande maison en pierres avec des ornements d'architecture, qui renfermait peut-être les logements du prieur et du Procureur. Les faîtes de ce bâtiment sont élevés, surtout celui de l'ouest qui, avec ses étroites ogives, offre un aspect imposant. Une croix en fer surmonte le tout; c'est le seul signe qui indique son ancienne destination. Trois fossés, dont deux au moins étaient des viviers, entourent l'espace occupé par le monastère et en forment la clôture, au sein de laquelle étaient les cellules qui furent ensuite remplacées par des frênes gigantesques ; ces arbres comptaient peut-être 150 ans d'existence, quand ils furent enlevés pour l'installation d'un jardin.

Chartreuse de Schievelbein, Ch^{se} de la Paix-de-Dieu. (C. Pacis Dei)
Dioc. de Camin. Poméranie.

LUNDEN—GRIPSHOLM

Notre Ordre a possédé jadis deux Maisons dans les Etats scandinaves : une à Lunden, dans la partie de la Suède appartenant alors au Danemark, et l'autre à Gripsholm, dans la Suède proprement dite.

La fondation de Lunden, due au zèle de l'archevêque de cette ville, remonte au XIIe siècle. Ce prélat, nommé Eskil et désigné parfois aussi sous l'appellation d'« Apôtre du Nord », ayant un jour visité la Chartreuse du Mont-Dieu, avait été très édifié des vertus qu'il y avait vues en honneur; il résolut donc de demander à notre Ordre une colonie de moines pour son diocèse encore rempli d'idolâtres. Il chargea un Français de ses amis, Pierre, Abbé de Celle, de présenter sa requête au Chapitre général. Il sollicita en même temps, pour présider à la fondation, l'envoi de D. Roger qu'il avait connu au Mont-Dieu : ce religieux d'élite lui fut accordé en effet et partit pour le Danemark vers 1162. On ignore le lieu où il résida avec les confrères désignés pour cet héroïque labeur; on sait seulement que les nouveaux venus rencontrèrent de grands obstacles, si bien que Pierre de Celle, devenu alors Abbé de Saint-Remi de Reims, dut intervenir une seconde fois auprès du R. P. D. Basile, afin d'obtenir de nouveaux renforts pour la colonie d'outre-mer. C'est alors que le Frère Aynard, âgé de près de cent ans, reçut du Chapitre général l'ordre d'aller au Danemark. Ce Convers, issu d'une illustre famille Dauphinoise, avait déjà rendu de grands services à l'Ordre, et fait preuve en diverses circonstances, notamment en Espagne, d'un courage digne de tout éloge; mais cette fois, l'esprit d'indépendance de l'ancien preux reprenant le dessus, il refusa d'obéir, prononçant ces paroles demeurées célèbres par leur rusticité : *a Danemarcha libera me, Domine*. En même temps il priait humblement qu'on ne l'exposât pas à son âge à la cruauté des Danois. Cette rébellion, quoique irréfléchie peut-être, lui valut d'être expulsé du monastère et il ne put y être admis de nouveau qu'après avoir quêté des lettres de recommandation auprès des prieurs des autres Chartreuses. Rentré en grâce et ayant achevé la pénitence qu'on lui avait imposée, il partit pour l'Angleterre où le fondateur de Witham avait besoin de son zèle et de son dévouement. S. Hugues de Lincoln ne craignit pas de le prendre pour compagnon, quand il alla parler au roi Henri II. Quant au monastère du Danemark, il ne put se relever malgré les nouvelles recrues qu'on y envoya et fut bientôt abandonné. Lunden fait aujourd'hui partie de la Suède méridionale.

Une autre tentative eut lieu vers 1428. D. Goswin Comhair, qui de prieur de Diest était devenu Procureur de la Maison-mère, fut envoyé dans ce but au Danemark, par le Chapitre général. Nos *Ephémérides*, qui nous attestent ce fait, ne nous disent rien du succès de l'entreprise; nous savons seulement que notre Chartreux se fit grandement estimer par les populations et que l'évêché de Skalholt, en Islande, étant devenu vacant, il se vit élire pour occuper ce siège. Après avoir manifesté dans cette dignité son humilité et son attachement à notre Règle, il revint ensuite dans notre Maison-mère où il mourut saintement en 1447.

Gripsholm fut bâti sur les terrains avoisinant la résidence royale de ce nom, aujourd'hui transformée en Musée. C'était un site enchanteur, sur les bords du lac Mälar, à l'ouest de Stockholm. Les Chartreux y furent appelés par Sten Sture (l'ancien), régent du royaume de Suède depuis la mort de son oncle Charles VIII. Parmi les premiers religieux, quelques-uns vinrent de notre Maison de Rostock en 1493 et se nommaient D. Vick Dessin, Vicaire, et D. Jean Sandere, Procureur. Dès le début, l'archevêque d'Upsal et l'évêque de Strangnas s'étaient déclarés les protecteurs des nouveaux venus que le Sénat du royaume ne tarda pas à reconnaître, et notre Chapitre général de 1499 confirma la fondation, sous le nom de Chartreuse de la Paix-de-Marie *(Mariefred)*.

Nous connaissons les noms des quatre premiers Recteurs ou prieurs : D. Hermann, profès de Hildesheim († 1496); D. Thierri Puerides, profès de Rostock (1504); D. Wessel († 1505) et D. Jacques († 1537), qui fut aussi prieur de Schiwelbein et vécut *laudabiliter* 70 ans dans notre Ordre.

Les Bollandistes ont parlé d'un religieux de Mariefred qui avait copié la biographie de S. Eskil, évêque de Strangnas, martyrisé en 1080, et l'avait envoyée à nos Pères de Hildesheim. C'est par ces derniers que les Bollandistes entrèrent en possession de ce manuscrit qui prit place dans leur recueil.

On attribue à Sten Sture l'introduction de l'imprimerie en Suède. Vraisemblablement, il y avait aussi un atelier de ce genre à la Chartreuse, car nous voyons la pieuse Engeburge, épouse de ce seigneur, faire imprimer, par les soins des Pères, un ouvrage du Bienheureux Alain de la Roche, sur le Psautier de Marie, qu'elle fit distribuer gratuitement dans les lieux où l'on pensait que cette propagande serait fructueuse.

La Chartreuse de la Paix-de-Marie fut supprimée en 1527 par Gustave-Wasa et bientôt détruite de fond en comble. Sur ses ruines on a bâti, au XVIIe siècle, une église qui fut brûlée en 1682 et relevée en 1701. Une petite ville, formée autour de la Chartreuse, garde toujours le beau nom de Mariefred.

CHATEAU DE GRIPSHOLM ET PETITE VILLE DE MARIEFRED (SUÈDE).

SUPPLÉMENT

Ainsi que nous l'avons annoncé dans la préface, plusieurs Chartreuses n'ont pas eu de notice spéciale, faute d'avoir pu nous procurer une illustration qui les accompagnât; mais cette lacune ayant provoqué des réclamations de la part de nos souscripteurs, nous la comblerons aujourd'hui en donnant, dans cet appendice, quelques détails sur les Maisons omises, en suivant l'ordre des Provinces auxquelles elles appartiennent.

VAL-DE-PAIX
(Province de Chartreuse, tome Ier)

D. Le Couteulx nous apprend que cette Maison était située non loin de notre monastère de La Lance, au diocèse de Lausanne; grâce aux recherches de notre confrère D. Albert Courtray et de M. Messonnaz, rédacteur à *La Liberté de Fribourg*, l'emplacement du Val-de-Paix, demeuré longtemps inconnu, a été approximativement localisé. Il est maintenant hors de doute qu'on doit le chercher dans le vallon de Baumes, qu'arrose le ruisseau du même nom, lequel va se jeter dans le lac de Morat à Greng, après avoir passé à Chandossel (Canton de Fribourg). On a trouvé dans ce dernier village plusieurs actes notariés où il est question de la « Chartrossa », un, entre autres, où l'on dit qu'elle était située entre le bois de Baumes et le pré des Moulins. Ceux-ci subsistent encore et peuvent aisément servir de point de repère.

Cette Maison avait été fondée, vers 1327, par le chevalier Hermann de Cressier et son épouse, Alice d'Estavayer, mais elle ne put se maintenir longtemps, faute d'une dotation suffisante. Toutefois les Chapitres généraux de 1332 et 1333 nous ont conservé les noms de deux religieux qui y habitèrent, D. Borcart et D. Perusset. Le premier est qualifié par nos annalistes de « haud incelebris »; il fut prieur de plusieurs Chartreuses et obtint à sa mort un tricenaire dans tout l'Ordre, chose assez rare à cette époque. Il avait cependant commis durant sa vie une désobéissance assez notable en prolongeant, ainsi que son confrère, son séjour au Val-de-Paix au delà de la limite fixée par le Chapitre général, et tous deux en furent blâmés sévèrement. D. Le Couteulx, il est vrai, cherche à atténuer cette faute, qu'il croit surtout imputable au fondateur. Ce dernier, en effet, voyant qu'on allait abandonner l'œuvre commencée, aurait, paraît-il, fait des promesses de secours plus abondants, afin de retenir les moines. Quoi qu'il en soit, après l'année 1333 on n'entend plus parler du Val-de-Paix, dont les biens passèrent dans la suite aux Prémontrés qui possédaient, à Morat, une chapelle, dite de Sainte-Catherine. C'est là que Hermann de Cressier fut enterré.

EYMEU
(Province de Provence, tome Ier)

Cette Chartreuse de moniales, appelée aussi Beaulieu, s'établit en 1300, près de Romans, au diocèse de Valence, à la place d'un prieuré bénédictin dépendant de celui de Saint-Robert de Cornillion, près de Grenoble. Nos religieuses de Parménie l'acquirent en échange de notre domaine des Plantées, non sans réserver pour les membres de notre Ordre le droit d'hospitalité dans ce dernier lieu. Ce fut la Bienheureuse Béatrix d'Ornacieux qui eut la charge d'inaugurer la fondation d'Eymeu, à la tête de quelques religieuses. Elle se trouva en présence d'obstacles insurmontables : d'une part son monastère était trop exposé à l'invasion des personnes du dehors; d'autre part la pénurie extrême des débuts ne reçut pas les secours qu'on avait sans doute espérés. Notre sainte amante de la croix eut donc à souffrir un supplice peut-être plus douloureux que celui de ses stigmates volontaires. Au lieu de pouvoir s'élever librement sur les ailes de la contemplation, elle se vit forcée de s'occuper à subvenir aux nécessités temporelles les plus pressantes. Elle mourut à la peine vers 1309. Deux de ses religieuses, sœur Louise Alleman et sœur Marguerite de Sassenage, ayant dignement imité leur prieure durant leur vie, la suivirent bientôt dans la mort et eurent l'honneur d'être ensevelies avec elle dans le même tombeau. Ces corps vénérés restèrent à Eymeu même après la rétrocession de ce monastère qui revint, en 1310, aux moines de Saint-Robert de Cornillion. Mais un peu plus tard les reliques de la Bienheureuse Béatrix, avec les dépouilles de ses deux compagnes, furent transportées à Parménie, comme on l'a dit dans la notice de cette Chartreuse. En 1897, les Chartreux, avec le concours de la population et du curé d'Eymeu, ont fait élever un oratoire sur l'emplacement présumé de l'ancienne Chartreuse.

VAL-D'ESPÉRANCE
(Province de France-sur-Loire, tome Ier)

Cette Chartreuse, fondée aussi pour des moniales en 1222, n'a existé que fort peu de temps. On ignore son emplacement; on sait seulement qu'elle était sur les confins de la Bourgogne, dans la partie qui est limitée par la Loire. Le nom du fondateur est inconnu.

OYRON
(Même Province)

Fondée par Pétronille d'Amboise, vicomtesse de Thouars, en 1396, au diocèse de Poitiers et abandonnée un demi-siècle plus tard; ses biens furent répartis entre d'autres Maisons de l'Ordre.

MORTEMART
(appelée à tort Mortemer.) (Province d'Aquitaine, tome II)

La Chartreuse de Mortemart *(Mortui maris)*, au diocèse de Limoges, dut son origine au testament rédigé en 1335 par le cardinal Pierre Gouin, auparavant évêque d'Auxerre, renommé pour sa science et ses vertus, qui voulut doter le lieu de sa naissance de quatre fondations simultanées. La première était en faveur des Chartreux; la seconde en faveur des Augustins, chargés d'élever douze enfants; la troisième en faveur des Carmes, appelés à diriger un hôpital; la quatrième aurait été une collégiale de douze chapelains qui, avec l'assistance des douze enfants cités plus haut, auraient eu à réciter les heures canoniales dans la principale église (ou église du milieu). Les offices, destinés à former un concert perpétuel, devaient se succéder sans interruption, mais sans apporter aucun obstacle aux observances cartusiennes qui demeuraient privilégiées. Malgré cette dernière clause, et bien que la quatrième communauté soit probablement restée à l'état de projet, nos Pères ne purent se mouvoir à leur aise au milieu d'une telle complication : leur Maison ne fit que végéter, soit à cause de l'insuffisance de la dotation, soit surtout en raison des difficultés qu'ils rencontraient pour garder leur solitude régulière.

Il y avait sûrement, en 1343, un prieur chartreux à Mortemart. Nos *Ephémérides* nous font connaître l'un de ses successeurs, D. Jean d'Arras, ancien Carme, surnommé « le bon prieur » à cause de ses vertus accompagnées d'une grande affabilité : il fut, en 1411, placé à la tête de la Chapelle d'Enghien et se fit le restaurateur de cette Chartreuse. Deux ans après, le Chapitre général abandonnait la fondation du cardinal Gouin et son acte de cession était confirmé le 7 juin 1414 par une bulle de Jean XXIII qui serait à étudier, avec une trentaine d'autres bulles pontificales (dont plus de vingt émanées de Clément VI), pour faire l'histoire exacte des trois monastères de Mortemart et des litiges soulevés à leur sujet.

KIEL
(Province de Teutonie), (voir Lierre, page 257, tome II)

MONICHUSEN
(appelée aussi Arnhem), (même Province)

Le touriste qui dirige ses pas vers les bois de Klarenbeck, aux environs d'Arnhem (Hollande), doit se souvenir, en passant devant l'humble demeure du garde-forestier, que c'est là que s'élevait jadis la Chartreuse de Monichusen *(Domus monachorum)*. On voit encore, en ce lieu, une pierre monumentale, appelée *Steenen Tafel* (table de pierre), qui est sans doute un dernier vestige du splendide monastère fondé par Reynald II, duc de Gueldre, en vue d'expier la faute qu'il avait commise en se révoltant contre son père, afin de régner à sa place, et en le retenant prisonnier après l'avoir vaincu (1328).

Les constructions étaient grandioses : commencées en 1342, elles n'étaient point achevées quand Reynald mourut, mais sa veuve continua son œuvre et les autres ducs de Gueldre se montrèrent aussi les zélés protecteurs des Chartreux, de sorte que cette Maison devint très opulente.

Parmi les hôtes de marque reçus temporairement à Monichusen on doit mentionner le duc Arnoud qui, à la suite de troubles domestiques et de déceptions éprouvées dans le gouvernement de ses Etats, vint chercher du repos à la Chartreuse. Une autre célébrité, durant le priorat de D. Henri de Kalkar, se retira pendant trois ans dans ce même monastère. C'était Gérard Groote, surnommé le grand (comme l'indique son nom), savant théologien, mais adonné aux vanités du siècle. L'heureuse influence que le saint prieur exerça sur lui le transforma en un homme nouveau; il se fit ordonner diacre, se mit à prêcher et fonda diverses congrégations. Sa doctrine ne fut toutefois pas exempte de certaines nouveautés dangereuses († 1381).

L'église de la Chartreuse reçut les dépouilles mortelles de Guillaume de Gulik, duc de Gueldre († 1402) et celles de son épouse, Catherine de Bavière. On leur éleva de magnifiques mausolées. On y voyait aussi le tombeau de Reynald IV († 1423) et du comte Charles d'Egmont († 1538) qui donna à nos Pères de riches domaines en échange de l'argent comptant que ceux-ci lui avaient procuré.

En 1572, lors de la révolte des Pays-Bas contre les Espagnols, les solitaires de Monichusen, n'étant plus en sûreté dans leur monastère, louèrent en ville une maison qu'ils occupèrent jusqu'à ce qu'ils en achetassent une dans Ketelstraat; puis enfin, en 1585, ils se retirèrent dans le Brabant et en Allemagne.

Les bâtiments de la Chartreuse furent voués à la destruction, si bien qu'il n'en reste plus pierre sur pierre, et les propriétés furent divisées entre de nombreux acquéreurs.

CADSANT
(Même Province). (voir Zirickzée, page 237)

CAMPEN
(Même Province)

La Chartreuse de Saint-Martin, qui portait aussi le nom de Mont-du-Soleil, prit naissance vers 1484 près de la ville de Campen (province d'Overyssel, Hollande), au diocèse d'Utrecht. Le Chapitre général de 1485 accorde une participation de prières et de bonnes œuvres à tous ceux qui ont contribué à cette fondation, mais ne donne pas leurs noms. On a conservé néanmoins le souvenir de quelques-uns de ces bienfaiteurs : de Roderic Kannetyem, que des auteurs regardent comme le fondateur principal, d'Othon Van Heyden, de Lambert Van Houé, d'Evrard Van Arko, de l'épouse de Géréon, qui fit bâtir et meubler trois cellules, d'une autre dame appelée Mathilde à qui l'on dut une cellule. Il ne faut pas oublier, d'ailleurs, les largesses de la Chartreuse d'Utrecht, dont celle de Campen peut être appelée la fille, et d'où sortit pour celle-ci son premier Recteur connu, D. Warinbold. Nous trouvons ensuite à la tête du Mont-du-Soleil, incorporé à l'Ordre en 1494, les prieurs suivants qui ont mérité les éloges de nos *Ephémérides* : D. Henri Ellini (1504-1513), D. Volpard (1525-1540), D. Lambert de Bryenem, mort vers 1568, D. Corneille de Groote (1568-1574) et D. Alexandre Palinck. Ce dernier était prieur en 1579 : avant son décès annoncé par le Chapitre général de 1379, il prédit l'invasion des hérétiques dans son monastère et demanda à être enterré deux fois plus profondément que ses devanciers, afin de soustraire son corps aux profanations futures. Les événements ne tardèrent pas à justifier ses paroles et l'on vit un champ de blé remplacer le cimetière de nos Pères et probablement aussi leur église, dont la beauté avait été fort admirée. D. Pierre Balen, le dernier profès de Campen, ayant été chassé par les protestants, se retira dans la Chartreuse de Cologne et mourut saintement en 1600, après avoir vécu 60 ans dans notre famille religieuse.

GUILLONÈSE
(Province de Saint-Bruno, tome III)

La Chartreuse de Guillonèse, au royaume de Naples, diocèse de Termoli, eut pour fondatrice, vers 1338, Agnès, duchesse de Durazzo (ou Duras), sœur du cardinal de Talleyrand-Périgord, qui avait épousé Jean de Sicile. Dans la charte octroyée en 1340 par cette illustre dame, on voit qu'elle avait elle-même choisi le nom de Porte-du-Paradis pour désigner le nouveau monastère, placé en même temps sous le vocable de S. Jean-Baptiste, et qu'elle avait pris soin de lui assurer des revenus suffisants, parce que, disait-elle, « la trop grande pénurie des biens temporels est parfois un obstacle aux biens spirituels, au silence, à la paix intérieure ». Malheureusement, la généreuse duchesse mourut en 1346, sans avoir eu le temps de donner le dernier complément à sa fondation. Son fils, Louis de Durazzo, confirma, il est vrai, en 1353, toutes les concessions précédentes; mais, malgré cela, la Maison de Guillonèse n'eut pas une bien longue existence. Une bulle de Martin V, datée de 1420, nous apprend qu'à cette époque les guerres et les autres calamités l'avaient réduite à un tel état de détresse qu'elle ne pouvait plus subvenir aux frais d'une communauté de notre Ordre. En conséquence elle fut incorporée à la Chartreuse de Naples qui, d'après la volonté du Pape, dut ériger une chapelle en l'honneur de S. Jean, pour conserver la mémoire de notre monastère de Guillonèse.

CATANE
(Même Province)

La Chartreuse de Notre-Dame-de-la-Nouvelle-Lumière, près de Catane, en Sicile, eut pour fondateur, à une date qui n'est pas bien précisée, Artalis (ou Artaud) d'Alagon, comte de Mistretta. Elle reçut de lui son nom qui, d'après nos Annales, rappelait qu'en 1169, après un grand tremblement de terre, une vive lumière avait brillé sur cette hauteur, pendant qu'une voix se faisait entendre. Une charte du roi de Sicile, Frédéric II, nous fait connaître que, vers la fin de 1360, cette Maison avait déjà une communauté composée d'un prieur et de douze moines. Par suite des perturbations occasionnées par le grand schisme d'Occident, Catane fut abandonnée par nos Pères de l'obédience de Clément VII, pour qui elle tenait, et échut à la branche Urbaniste qui, se souciant fort peu de conserver un monastère déjà ruiné par les guerres, le mit à la disposition de l'évêque du lieu. Celui-ci le donna aux Bénédictins (1381).

ROME
(Même Province)

Les VV. PP. Procureurs généraux de l'Ordre habitaient jadis la Chartreuse de Sainte-Marie-des-Anges, où ils occupaient des appartements séparés. En 1870, le gouvernement italien ayant pris la plus grande partie du monastère, nos Pères se trouvèrent dans une situation délicate; néanmoins ils restèrent dans la partie qu'on leur avait laissée. On prévit dès lors l'éventualité de l'abandon et, vers 1880, on achetait, rue Palestro 39, un petit immeuble destiné à devenir la résidence du V. Procureur général; mais l'installation fut différée, en partie parce que nos Pères ne pouvaient, malgré la situation de plus en plus pénible qui leur était faite, se résigner à abandonner Sainte-Marie-des-Anges, en partie aussi parce qu'alors on songea à fonder à Rome une Chartreuse, ou tout au moins une résidence régulière. Un terrain fut même acheté en dehors de la porte Saint-Pancrace. Le projet n'eut pas de suite, et, en 1886, D. Eusèbe Bergier, Procureur général, s'installait dans l'immeuble de via Palestro 39, maison bourgeoise qui n'a rien de monastique et ne mérite pas une description. Au moment où nous écrivons (1918), c'est D. Jean-Baptiste Mottini qui occupe le poste de Procureur général.

MOTTA GROSSA
(Province de Lombardie, tome III)

Motta Grossa est un ancien château, construit à 5 kilomètres de Pignerol (Piémont), à peu près à égale distance de Monte Oliveto et de la paroisse de Riva di Pinerolo. Réduit à présent aux apparences d'une maison bourgeoise ordinaire, il gardait encore en 1903 un cachet d'édifice du moyen âge. Il y avait, au nord et à l'est, deux ailes de bâtiments, et quatre tours aux angles, dont l'une percée de meurtrières, et une autre en ruines. Devant la façade s'étendait un large fossé avec un pont massif. La porte d'entrée reste ornée des armoiries en marbre de la famille de Falcombello.

Une sentence prononcée en 1429 par Amédée de Savoie, comte de Piémont, cite déjà la Motta dei Truchietti qui changea de nom avec ses divers propriétaires. L'un d'eux, le comte de Campedon, l'aurait reçue des ducs de Savoie dont elle fut, dit-on, pendant quelque temps une maison de chasse. Ce château semble avoir toujours appartenu à des familles honorables et très chrétiennes. On le constate par leur zèle pour orner la chapelle de Saint-Jean-Baptiste, fort ancienne aussi, et située dans le jardin actuel. A différentes époques des fondations de Messes furent faites dans cette chapelle.

Telle est la résidence que choisit le R. P. D. Michel Baglin pour servir de refuge à nos moniales des SS. Cœurs, contraintes de quitter la France dans les douloureuses circonstances dont parle la notice de Montauban. Le propriétaire était alors un médecin de Turin, M. le docteur Mario Scrivano, qui n'était guère disposé à vendre, mais qui céda à la demande de M. l'abbé Martin, supérieur du séminaire de Pignerol. Celui-ci, nommé plus tard protonotaire apostolique, se montra dévoué bienfaiteur de nos religieuses jusqu'à sa mort. Finalement le marché fut conclu : le château, ses nombreuses dépendances, sa vaste propriété, son enclos assez bien conditionné pour la clôture, tout passa au pouvoir de notre Ordre et au service de la communauté des SS. Cœurs qui s'y rendit en trois groupes successifs.

La V. Mère prieure, Marie-Joseph Perrier, vint d'abord le 19 juillet 1903 avec la V. Sœur Marie-Ange de Massiac, qui dans la suite devait lui succéder à la tête du monastère. Le 19 août, une caravane de sept religieuses de chœur et trois sœurs Converses s'installait à son tour à Motta Grossa. M. l'abbé de Reygnèse, qui avait accompagné ces exilées, célébra la Messe dans la chapelle du château (interdite depuis longtemps) et y laissa la Sainte Réserve. Le 2 septembre, le gros de la communauté s'éloigna définitivement de La-Bastide-Saint-Pierre, non sans beaucoup de tristesse et de larmes, pour arriver le lendemain à 10 heures du soir, dans sa Maison de refuge, en compagnie du V. Père Vicaire, D. Ferréol Charne.

On s'orienta peu à peu, et les grands travaux d'aménagement, commencés en octobre, se poursuivirent activement, avec un bon nombre d'ouvriers français et italiens, sous la direction du V. P. D. Roch Mallet, Procureur de la Grande Chartreuse, et sous la surveillance de la V. Mère prieure. Une belle horloge, qui venait du Reposoir, fut placée dans une tour carrée, à cinquante mètres environ de la Maison : là, dit-on, aurait été enfermé, pendant quelque temps, le captif mystérieux connu sous le nom de Masque-de-fer.

Comme la chapelle de Saint-Jean-Baptiste était trop exiguë, on en bâtit une autre plus spacieuse, et le R. P. D. Michel Baglin, accompagné du V. Père Scribe, vint la bénir le 12 mai 1904, jour de l'Ascension, sous le vocable de Sainte-Roseline. Notre Révérend Père n'avait pas attendu jusque là pour entrer en communication personnelle avec les religieuses dont il était alors le voisin par suite de son séjour à Monte Oliveto, ancien collège des Jésuites, qui servait de résidence provisoire à nos Pères expulsés de la Grande Chartreuse, avant leur installation à Farneta. Il aimait à surprendre ses filles et à les consoler par de pieuses récréations dans le jardin qu'il se plaisait à nommer « un petit paradis ».

Le 15 octobre de la même année 1904, Mgr Jean-Baptiste Rossi, évêque de Pignerol, entouré de plusieurs ecclésiastiques, établit la clôture canonique. Chaque religieuse avait alors sa cellule, et la vie régulière fut assurée par les nouvelles vocations qui ne tardèrent pas à surgir et à combler les vides faits par la mort. Parmi les moniales qui ont terminé leur existence à Motta Grossa citons seulement la V. Mère prieure, Marie-Joseph Perrier qui, après plus d'un demi-siècle de vie cartusienne, dont quarante années passées dans les fonctions de supérieure, est allée, le 12 septembre 1916, recevoir la couronne due à ses longs travaux.

SAN FRANCESCO
(Même Province)

La Chartreuse des moniales de San Francesco est située à trente kilomètres à l'ouest de Turin et à vingt à l'ouest de l'ancienne Chartreuse de Collegno, aujourd'hui convertie en maison de santé. Un auteur piémontais, très sérieux, prouve, par une tradition constante et par des pièces authentiques tirées des archives des ducs de Savoie et de celles des monastères franciscains, que le couvent de San Francesco fut fondé par S. François d'Assise lui-même, en 1212, lorsqu'il se rendait en Espagne. Un de ses fils, le Bienheureux Thomas d'Illizio, le restaura en 1515; il fut occupé par les Franciscains jusqu'à la Révolution. Après la Révolution, San Francesco passa aux religieux de S. Camille de Lellis, que Victor Emmanuel expropria, et le couvent devint propriété de l'Etat. Le pieux comte Martini le racheta, le restaura, agrandit l'église et en fit une villa où il venait passer l'été; un prêtre séculier desservait l'église.

M. Martini vendit San Francesco aux Chartreux en 1904, lors de l'expulsion des communautés de France. Les bâtiments, sans aucun style, mal construits, déjà bien détériorés surtout par les tremblements de terre, forment un quadrilatère de 200 mètres de circuit avec une petite cour intérieure; l'église occupe un côté et le tout est entouré d'un jardin d'un hectare. Trente-cinq religieuses sont très à l'étroit dans cette maison; les Pères surtout sont de dignes successeurs de S. François pour la pauvreté du logement. En revanche, reconnaissons que ce refuge est bâti sur les premiers contreforts des montagnes, dans un site magnifique, riche d'ombrages et sillonné de cours d'eau; à ses pieds s'étend jusqu'à Turin une plaine couverte de riants villages et le climat est excellent. A quatre kilomètres est la paroisse, Avigliana, où naquit vers 1390 un de nos Pères, Antonio Le Cocq, honoré comme Bienheureux dans la contrée. Nous avons eu là jadis une Chartreuse pendant quelque temps.

C'est à San Francesco que devait émigrer la communauté des moniales de Beauregard; une partie y arriva le 13 juin 1904, l'autre a pu rester et prospérer en France. Jusqu'en 1912 les émigrées vécurent sous l'autorité de la V. Mère prieure de Beauregard; quelques années plus tard, San Francesco devint une quatrième Maison de moniales et un rescrit de Sa Sainteté Pie X du 20 août permit d'ouvrir les deux noviciats de sœurs de chœur et de Converses. En 1917 il ne restait plus des émigrées de Beauregard que sept religieuses et une Converse; il y avait huit novices de chœur et quinze Converses, toutes Italiennes. San Francesco a été visiblement béni de Dieu et de S. François. L'église, dédiée à S. Antoine de Padoue, est ouverte aux deux cents habitants des villages voisins et desservie par les Chartreux attachés au monastère.

On s'accorde généralement à dire que, depuis les origines de notre Ordre jusqu'à nos jours, il y a eu deux cent soixante-six Maisons de fondées. Schwengel, il est vrai, Lefebvre et Vallier en comptent une dizaine de plus, mais cela tient à ce qu'ils ont considéré comme réelles des Chartreuses qui n'ont existé qu'en projet, telles que Cracovie, Tharnut, etc., ou bien qu'ils ont compté comme deux fondations distinctes celles qui, en réalité, n'en formaient qu'une : les trois monastères de Calabre, par exemple, les deux de Rome, celui de Carcassonne et de Castres. Il y a actuellement (1918) vingt et une Maisons existantes.

TABLE DES MAISONS

Aggsbach	167	Lethenkow	139
Astheim	233	Leweld	157
Axholme	37	Liegnitz	237
Bâle	95	Londres	25
Beauvale	21	Lübeck	289
Bereza	185	Lunden-Gripsholm	301
Berne	91	Mauerbach	143
Brünn	159	Mayence	61
Buxheim	229	Molsheim	115
Cantave	111	Mountgrace	41
Coblentz	69	Nordlingen	225
Cologne	73	Nuremberg	221
Conradsbourg	261	Olmütz	163
Coventry	33	Parkminster	53
Crimmitschau	257	Perth	49
Dantzig	277	Plétriach	171
Dulmen	103	Prague	153
Eisenach	217	Ratisbonne	265
Eppenberg	245	Rettel	107
Erfurt	213	Rostock	293
Francfort-sur-l'Oder	285	Rugenwald	290
Freudenthal	135	Ruremonde	87
Fribourg	81	Schivelbein	297
Gaming	147	Schnals	195
Geirach	131	Seiz	127
Gidle	181	Sheen	45
Grunaw	199	Stettin	273
Guterstein	241	Strasbourg	77
Hain	119	Tarkan	151
Hildesheim	281	Trèves	65
Hinton	13	Tuckelhausen	217
Hull	29	Walditz	177
Ilmbach	249	Warasdin	158
Ittingen	253	Wesel-Xanten	99
Kinalekin	17	Witham	9
Lechnitz	141	Wurtzbourg	205

CORRECTIONS.

Page 17, ligne 2 : Mr. Gratham Flood, *lisez* Dr. Grattam Flood ; — page 84, lignes 6 et 7 : diocèse de Cons- stance, *lisez* Constance ; — page 108, dernière ligne : Mgr Heck, *lisez* Mgr Flock ; — page 141, ligne 1 : Lechnitz, *s'écrit aussi* Lechnicz ; — page 199, ligne 23 : Dorland, *lisez* Dorla.

TABLE

DES PRINCIPAUX OUVRAGES CONSULTÉS

SUR L'ORDRE EN GENERAL. D. Clemens Bohic : *Chronica Ord. Cartus.*, 4 vol., Tornaci, 1911. — D. Carolus Le Couteulx : *Annales Ord. Cart.*, 8 vol., Monstrolii, 1887. — D. Leo Le Vasseur : *Ephemerides Ord. Cart.*, 5 vol., Ibid., 1890. — D. Nicolaus Molin : *Historia Cartusiana*, 3 vol., Tornaci, 1903. — D. Georgius Schwengel : *Propago Ord. Cartusiani*, 9 vol. Ms. — D. Ben. Tromby : *Storia del Patriarcha S. Brunone*, 10 vol., Napoli, 1773-1779. — Morozzo : *Theatrum chronologicum sacri Cartus. Ord.*, Taurini, 1681.

AGGSBACH. G. Vallier : *Sigillographie de l'Ordre des Chartreux*, Montreuil, 1891, p. 240. — D. Lempel : *Die Karthause von Aggsbach*, dans le Monatsblatt des Vereines für Landeskunde von Niederœsterreich, Wien, 1909, tom. XXIII, p. 354-61. — D. Stanislas Autore : *Aggsbach*, Dictionnaire d'histoire et de géographie de Mgr Baudrillart, Paris, 1911.

ASTHEIM. D. Aug. Fleischman : *Vita V. P. Georgii Mering, Astheimensis Cartusiæ Prioris, et chronicon hujus domus Astheimensis*, Ms. de 1750 (copie à Parkminster). — D. Denis Tappert : *Der heilige Bruno*, Luxemburg, 1872, p. 427.

AXHOLME. Dugdale : *Monasticon Anglicanum*, London, 1830, tom. VI, p. 25-29. — *History of Lincolnshire*, London, 1834, tom. I, p. 34 et s. — B. B. Stonehouse : *History of the Isle of Axholm*, London, 1839, p. 247-317. — Mackenzie and Walcott : *Church work and Life in English ministry*, tom. II, p. 439.

BALE. D. Henri Arnoldi (d'Alfeld) : *Chronicon Cartusiæ Basiliensis*, 1480. — Fechter und Schæublin : *Das Waisenhaus in Basel*, Basel, 1871. — Vischer-Heussler : *Das Karthæuser Kloster und die Bürgerschaft von Basel*, Basel, 1873. — A. Burckhardt : *Das Karthæuser Kloster in Basel*, 1878. — Abbé Nicklès : *La Chartreuse du Val-Sainte-Marguerite à Bâle*, Porrentruy, 1903. — H. Meyer : *Gründungs-Geschichte der Karthause St-Margarethental*, Basel, 1905.

BEAUVALE. Thorston : *History of Nottinghamshire*, tom. II, p. 45. — Mackenzie and Walcott : *Church work and Life in English ministry*, tom. II, p. 64. — Baron von Hube : *Greaseleya*, Nottingham, 1904, p. 98-110.

BEREZA. A. Misztold : *Historia domus Sapieha*, Vilna, 1724. — Stanislas Chodquiski : *Encyclopedia Koscielna*, Warschaw, 1877, tom. X.

BERNE. De Mulinen : *Alpenrosen*, 1882, p. 390, et *Berns Geschichte*, Bern, 1894. — Abbé Nicklès : *Thorberg ou l'ancienne Chartreuse de Berne*, Fribourg, 1894.

BRUNN. P. Gregor Wolny : *Kirchliche Topographie von Mæhren*, Brünn, 1855, 2ᵉ partie, 1ᵉʳ vol., p. 206. — D. Linder : *Verzeichnisse der... von Kaiser Joseph II, 1782-1790, aufgehobenen Klœster*, 1900.

BUXHEIM. Anonyme : *Chronicon Cartusiæ Buxiæ* (Ms.) — D. Basilius Hueber : *Chronologia buxiana* (Ms.) — M. Cau-sius : *Paralipomenon rerum Suevicarum, exponentes Sueviæ regiones, monasteria*, etc., Francfurti, 1596. — Fr. Petrus : *Suevia ecclesiastica*, Augustæ Vindel., 1699, p. 224. — D. Tappert : *Der heilige Bruno*, Luxemburg, 1872, p. 434. — W. Bonham : *The magnificent carved Oak of the ancient Carthusian Convent Buxheim*, 1886.

CANTAVE (Vogelsang). Ignace Wilden : *Chronique de la Chartreuse de la Compassion-de-la-Vierge-Marie à Cantave* (Ms.) (une copie à Hain).

COBLENTZ. J. Marx, *Geschichte des Erzstifts Trier*, Trier, 1862, tom. III, p. 338. — D. Tappert : *Der Heilige Bruno*, Luxembourg, 1872, p. 478.

COLOGNE. D. Ehrard Winheim : *Sacrarium Agrippinæ seu designatio ecclesiarum Coloniensium*, Coloniæ, 1607, p. 203. — D. Jean Bungartz : *Annales Carthusiæ Coloniensis*, (Ms. de 1750.) — *Die Kirche und das Kloster der Karthause in Kœln*, in Annal. des hist. Vereins für den Niederrhein, 1865. — J. Merlo : *Kunst und Kunsthandwerk im Karthæuserkloster zu Kœln*, 1866. — Ludwig Arntz : *La Chartreuse de Cologne*, dans le journal de l'Art chrétien, 1874. — A Maurel, S. J. : *Vie du Bienheureux Père Lefebvre*, Lyon, 1873, p. 150 et s. — Debuchy, S. J. : *Une ancienne copie des exercices de S. Ignace*, Paris, 1904.

CONRADSBOURG. Grœssler und Brevikmann : *Beschr. Darstellung der... Denkmæler in Kr. Mansfeld*.

COVENTRY. *Beauties of England*, tom. XV, part. II, *Warwickshire*, par John Britton, 1814, p. 173. — Mackenzie and Walcott : *Church work and Life in English ministry*, tom. II, p. 402.

CRIMMITSCHAU. Botteker : *Chronique de la ville de Crimmitschau*, Dresde. — Du même : *Histoire de la vallée de la Pleisse*. — Winkler : *Almanach de Crimnitschau*.

DANTZIG. D. Georges Schwengel : *Propago Ordinis Cartusiensis*, tom. IX-XI. *Historia Cartusiæ Dantisci* (Ms.) (une copie à Parkminster.)

DULMEN. A. Wormstall : *Jodocus Vredis und das Karthæuserkloster zu Wedderen*, Munster, 1896.

EISENACH. Martinus Zeillerus : *Topographia Thuringiæ*, tom. XIII. — *Annales Isenacenses* (une copie à Farneta). *Thuringia sacra, sive Historia monasteriorum quæ olim in Thuringia floruerunt*, Francofurti, 1737. — W. Rein : *Thuringia sacra, Urkund. Gesch. und Beschreibung der Thüringischen Klæster*, Weimar, 1863-1865. — G. Kuhn : *Das Karthæuserkloster zu Eisenach*, Erfurt, 1896.

EPPENBERG. Dehn-Rotfelser und Lotz : *Denkmæler im Kreis Cassel*, Cassel, 1870.

ERFURT. *Chronicon Cartusiæ Erfordiensis* (Ms. à Farneta). — N. Serarius : *Moguntiarum rerum libri quinque*, Moguntiæ, 1604, p. 472, 473, 861. — G. Œrgel : *Die Karthause zu Erfurt*, Erfurt, 1906.

FRANCFORT-SUR-L'ODER. *Archiv für Frankfurts Geschichte und Kunst*, Frankfurt, 1835.

FREUDENTHAL. Richard von Valvasor : *Ehre des Herzogthums Crain*, Laybach, 1870. — A. Wolf : *Die Aufhebung der Klœster in Innerœsterreich*, Wien, 1871.
FRIBOURG. F. Petrus : *Suevia ecclesiastica*, August. Vindel., 1699, p. 332. — H. Schreiber : *Die Karthause bei Freiburg*, in Freiburger Adress-Kalender für Jahr 1808. — K. Hartfelder : *Der Karthœuser Prior Reisch*, in Zeitschrift für Geschichte des Oberrheins, B. v. II. 2, Freiburg, 1890.
GAMING. S. Brunner : *Die Mysterien der Aufklærung in Œsterreich*, Mainz, 1869. — A. Schneider : *Der Klœstersturm in Œsterreich unter Joseph II*, Francfort, 1869. — Dr. Haselbach : *Die Karthause von Gaming*, in Blætter des Vereins für Landeskunde von Niederœsterreich, 1878, p. 244-260. — *Topographie von Niederœsterreich*, herausg. vom Verein für Landeskunde, Wien, 1890, 3. B., p. 283. — A. Roessler, C. SS. R. : *Der Karthœuser Nicolaus Kempf*, Biblioth. der Kathol. Pædag., Freiburg, 1894.
GEIRACH. M. Wischer : *Topographia ducatus Styriæ*, Viennæ, 1672. — B. Pez : *Thesaurus anecdot. noviss.*, August. Vindel., 1729, tom. VI, part. 4, p. 1-4. — Fanish : *Topograph. statit. Lexicon von Steiermark*, Gratz, 1876.
GIDLE. V. Nowicki : Notes manuscrites sur la Chartreuse de Gidle, 1854 (une copie à Farneta).
GRIPSHOLM. Léopold Delisle : *Impression d'un livre dans une Chartreuse de Suède*. Bibliothèque de l'Ecole des Chartes (1877), tom. 48, p. 638. — G. C. Williamson : *The Books of the Carthusians*, Bibliographica, London, July 1896, tom. III, p. 220.
GRUNAW. Monumenta Cartusiæ Gruneau (Ms.) (une copie à Farneta.)
GUTERSTEIN. Fr. Petrus : *Suevia ecclesiastica*, Augustæ Vindel., 1699, p. 875. — B. Pez : *Thesaurus anecdot. noviss.*, Augustæ Vindelicorum, 1729, tom. VI, part. 3, p. 239-276. — Th. Schoen : *Geschichte der Karthause Güterstein in Wärtemberg*, in Freiburger-Diœcesan Archiv, 26ᵉ vol. (1898), p. 137-192.
HAIN. Reichenlechner : *Der Kartheuserorden in Deutschland*, Wurzbourg, 1885. — A. Iserk : *Deutschlands einzige Karthause in Hain bei Düsseldorf*, Warnsdorf, s. a.
HINTON. Collinson : *History of Somerset*, 1791, tom. 3. — Mackenzie and Walcott : *Church work and Life*, II, p. 139. — Miss Mary Thompson : *Carthusians of Somerset*, London, 1895, p. 203-366.
HILDESHEIM. Dr. J. M. Kratz : *Die Karthause Hildesheim*, revue et publiée par le chanoine Bertram.
HULL. John Tickell : *History of Kingston-upon-Hull*, Hull, 1796, tom. II, p. 641. — *Beauties of England*, tom. XVI, (*Yorkshire*), by John Bigland, 1812, p. 382. — Ch. Frost : *Town and Port of Hull*, London, 1827, p. 84. — J. Greenwood : *Picture of Hull*, Hull, 1835, p. 99. — John Cook : *History of the Charterhouse of Hull*, Hull, 1882.
ILMBACH. G. Hoepfling : *Geschichte der ehemaligen Karthause Ilmbach*, Gemunden.
ITTINGEN. D. Antoine de Seilern : Chronique d'Ittingen. (Ms.) — De Mulinen : *Helvetia Sacra*, Berne, 1858-61. — K. Kuhn : *Thurgovia Sacra*, Frauenfeld, 1869, 2ᵉ vol., p. 170. — J. Scherer : *Geschichte des Wallfahrortes Hergiswald*, Luzern, 1890. — D. Louis de Massiac : Chronique de la Chartreuse d'Ittingen (dans l'Indicateur des antiquités suisses, 1908).
KINALEKIN. Rev. C. P. Megham : *The Franciscan monasteries*, Dublin, 1872. — Dr. Gratian Flood : *The Carthusians in Ireland* (Irish Ecclesiastical records), Dublin, 1907. — P. Dalton : *The abbey of Kinalahan*. Archeol. Society of Galway, Galway, 1909.
LECHNITZ. B. Pez : *Thesaurus anecdot. noviss.*, Augustæ Vindel., 1729, tom. VI, part. 3, p. 1-6. — DD. Mittarelli et Costadoni : *Annales Camaldulenses*, Venetiis, 1764, tom. VIII, p. 534 et s., tom. IX, p. 417. — A. Theiner : *Monumenta Hungariæ*, Rome, 1859, tom. I, p. 541. — C. L. Dedek : *A Karthausiah Magyarorszagban*, Buda-

Pest, 1889. — G. Vallier : *Sigillographie de l'Ordre des Chartreux*, Montreuil, 1891, p. 427.
LETHENKOW. *Fundatio Lapidis Refugii*, par un Chartreux anonyme, apud Wagner, Analecta Scepusii sacra et profano, Viennæ, 1774, part. 2, p. 72. — Hain *Chronica*, apud eumdem Wagner, part. 2.
LEWELD. G. Feier : *Codex diplomaticus Hungariæ*, Budæ, 1829-44. — I. Nagy : *Documenta patriæ Hungariæ*, 1878.
LIEGNITZ, Fr. W. de Sommersberg : *Silesiorum rei historicæ et genealogicæ accessiones*, Lipsiæ, 1730, tom. I (passim).
LONDRES. *Historical account of Charterhouse*, by a Carthusian, London, 1808. — *Chronicle of Charterhouse*, London, 1867. — W. Thornbury : *Old and New London*, s. a., tom. II, p. 380-404. — Ph. Bancroft : *The London Charterhouse*, London, 1889. — Rev. Hendricks : *The London Charterhouse*, 1889. — D. V. Doreau : *Henri VIII et les Martyrs de la Chartreuse de Londres*, Paris, 1890. — Rev. G. Davies : *Charterhouse*, London, 1941.
LUBECK. A. Jessien : *Diplomatarium des Klosters Arensbock* (1335-1565), dans Urkunden Sammlung der Schlesw. Holst. Lauenburg, tom. III, 1852. — Walroth : *Geschichte der Karthause Arensbock*, Lübeck.
MAUERBACH. D. Léopold Brunner : *Chronicon Cartusiæ Vallis Omnium Sanctorum in Mauerbach*, 1701 (éditée dans les *Scriptores rerum Austriæ*, de Jérôme Pez), Lipsiæ, 1725, tom. II, 338-374. — F. A. Scholz : *Die Karthause Mauerbach*, Wien, 1897.
MAYENCE. — Nic. Serarius : *Moguntiarum rerum libri quinque*, Moguntiæ, 1604. — Schaab · *Geschichte der Stadt Mainz*, Mainz, 1844-45. — A. Sionnet : *Mémoires du cardinal Pacca*, Paris, 1884, p. 120.
MOLSHEIM. D. Pierre Horst : *Annales Cartusiæ Molsheimiensis* (Ms. 1716, à la bibliothèque de Bosserville). — A. M. P. Ingold : *Les Chartreux en Alsace*, Colmar, 1894. — C. Seyfried : *Die Chartreuse de Strasbourg et de Molsheim* (dans la Revue Catholique d'Alsace, Novembre 1896 (en brochure), Rixheim, 1896.
MOUNTGRACE. — Brown : *History of Mountgrace* (dans Yorkshire archeol. Journal, tom. VII, p. 473-494). — John Hope : *Mountgrace Priory* (ibid., tom. XVIII, p. 244-309). — Smithson : *Guide to the ruins of Carthus. Monastery of Mountgrace*, Northallerton, 1898.
NORDLINGEN. Strichele : *Karthause Christgarten*. Bisthum Augsburg historisch und statistisch beschrieben, Augsburg, 1861-86, tom. III. — Janssen : *L'affaire des quatre couvents*, dans l'Histoire du peuple allemand (traduction de M. E. Paris), tom. V, p. 168 et s.
NUREMBERG. C. Erdtmann : *Norimberga in flore avitæ romanæ Cathol. religionis*, Norimbergæ, 1629. — J. de Indagine de Falkenstein : *Beschreibung der Stadt Nürnberg*, 1650. — J. Stein : *Nürnberg*, ibid., 1790. — Muller : *Kurze Beschreibung der Reischstadt Nürnberg*, ibid., 1801. — J. F. Roth : *Geschichte der Nürnbergischen Karthause*, Nürnberg, 1903.
OLMUTZ. Bern. Pezius : *Thesaurus anecdot. novissimus*, Augustæ Vindel., 1729, tom. IV, p. 11, tom. VI, part. 3, p. 73, 77, 114, 415, 123, 130, 216-228. — Greg. Wolny : *Olmützer Erzdiœcese* (dans Kirchliche Topographie von Mæhren), Brünn, 1855-63.
PARKMINSTER. M. Wintle : *Men with sealed lips*, Harmsworth Magazine, London, 1899. — Rev. S. Winbolt : *The Life of a Karthusian Monk*, Pall Mall Magazine, 1904. — Mrs. Bancroft-Hughes : *The Little Gate...*, Catholic Fireside (Christmas number, 1915). — D. Pacôme de Faucconnet : Annales de la Chartreuse de Parkminster, Ms., 1882-1918.
PERTH. Mackenzie and Walcott : *Scoti-monasticon*, London, 1871, tom. I, p. 266. — R. Scott-Fittis : *Ecclesiastical annals of Perth*, Perth, 1885, p. 212-264. — R. Milne : *Rental book of King's James VI hospital*, Perth, 1891. — S. Cowan : *The ancient Capital of Scotland*, London, 1904, tom. I, p. 102 et s., tom. II, p. 192, 371.

PLETRIACH. Richard von Valvasor : *Ehre des Herzogthums Crain*, Laybach, 1870.
PRAGUE. G. B. Pontanus : *Bohemia pia*, Francofurti, 1608. — Miræus : *Origines Cartusian. monasticorum*, Coloniæ, 1609, p. 42. — *Phenix incineratus, sive origo et eversio monasteriorum Ord. Cisterc. in regno Bohemiæ*, Viennæ, 1617. — Comenius : *Historia persecutionum Ecclesiæ Bohemiæ*, Amstelodami, 1648. — Bohusl. Balbinus : *Epitome historica rerum Bohemicarum*, Pragæ, 1677. — W. Hagek : *Annales Bohemorum*, Pragæ, 1763.
RATISBONNE. D. Georg. Fæsel : *Fundatio Domus S. Viti in Pruel, cis Ratisbonam*, 1662 (Ms. à la bibliothèque de Parkminster). — *Chur-Bayerische Land Beschreibung*, Munich, 1700, p. 39. — Sulzbach : *Kalendar für Katolische Christen*, Regensburg, 1882. — Comte de Walderdorf : *Regensburg in seiner Vergangenheit*, Regensburg, 1896.
RETTEL. D. Calmet : *Histoire de Lorraine*, Nancy, 1748, tom. I et III. — Viville : *Dictionnaire du départ. de la Moselle*, Metz, 1817, tom. II, p. 260, 341. — Curicque : *Essai historique sur la Bienheureuse Marguerite de Lorraine*, Metz, 1859. — J. Marx : *Geschichte des Erzstiftes Trier*, Trier, 1862, tom. III, p. 339. — Florange : *Histoire des seigneurs et comtes de Sierck en Lorraine*, Paris, 1895.
ROSTOCK. G. Lisch : *Marquard Behr, letzer Prior der Karthause Marienehe, bei Rostock*, Schwerin, 1862.
RUGENWALD. Voir les *Baltische Studien*, Stettin, 1875. — Boehmer : *Geschichte der Stadt Rügenwald*, Stettin, 1900.
RUREMONDE. Ar. Raissius : *Origines Cartusiarum Belgii*, Duaci, 1632, p. 86 — D. Arn. Havensius : *Historica relatio XII martyrum Cartusianorum,...* Gandavi, 1608. — J. Habets : *Rœrmondsche Almanak*, 1859. — Welters : *Denys-le-Chartreux*, Ruremonde, 1882. — D. A. Mougel : *Denys-le-Chartreux*, Montreuil, 1896.
SCHIVELBEIN. Histoire et description de la Maison dans les *Baltische Studien*, Stettin, 1843 et 1847. — Wirchow : *Die Karthause von Schivelbein*, Stettin.
SCHNALS. A. Lindner : *Die Karthause Schnals*, Insbruck, 1866. — Marg. Howit : *La Chartreuse de Tyrol*.
SEIZ. Pusch-Froelich : *Diplomata sacra ducatus Styriæ*, Viennæ, 1756, tom. II, p. 55-99 ; *Diplomatarium Cartusiæ Seitzensis*, p. 100-132 ; *Catalogus priorum*, p. 329-333 ; *Necrologium*. — A. Schneider : *Der Klostersturm in Œsterreich unter Joseph II*, Frankfurt, 1869. — Mgr Stepitschneg : *Das Karthæuser-Kloster Seitz*, Marburg, 1884.
SHEEN. D. Maur. Chauncy : *Historia aliquot martyrum Anglorum*, Moguntiæ, 1550. — Richard Crisp : *Richmond and its inhabitants*, London, 1866. — E. B. Chancellor : *The Antiquities of Richmond*, Richmond, 1894. — Simpson : *Illustrated guide to Richmond*, 1895. — A. Bell : *The royal manor of Richmond*, 1907.
STETTIN. J. B. Steinbruck : *Die Karthause von Gottes-Gnade und dass Schloss von Oderburg*, Stettin, 1780. — Berghaus : *Geschichte der Stadt Stettin, topographisch-statistich beschrieben*, Wriezen, 1875.
STRASBOURG. Reichenlechner : *Der Karthæuserorden in Deutschland*, Würzburg, 1885. — Cuissard : *Bongars et l'affaire de la Chartreuse de Strasbourg*, Orléans, 1893. — Seyfried : *Les Chartreuses de Strasbourg et de Molsheim*, 1896. — Grandidier : Œuvres inédites publiées par A. M. P. Ingold, Paris, 1899, tom. IV, p. 85, tom. V, p. 391. — A. M. P. Ingold : *Les Chartreux en Alsace*, Colmar, 1884 ; *les Manuscrits des anciennes Maisons religieuses d'Alsace*, Colmar, 1898, p. 31.
TARKAN. Kandra Kabos : *Cartusiani Vallis Auxilii prope Tarkány*, in Historia diœcesis Agriensis (Erlau), tom. II, p. 3-28. — C. L. Dedek : *Karthausiak Magyarorszagban*, Budapest, 1889.
TREVES. C. Brower : *Annales Trevirenses*, Leodii, 1670. — J. Marx : *Geschichte des Erzstifts Trier*, Trier, 1862, tom. III, p. 320. — D. U. Berlière : *D. Jean Rode, Chartreux, réformateur de l'Ordre bénédictin* (dans la Revue bénédictine (1895), tom. XII, p. 97-122).
TUCKELHAUSEN. L. C. Hugo : *Sacri Ordinis Præmonstratensis Annales*, Nancy, 1736, tom. II, col. mdxii et s. — Dr. Stauninger : *Notes sur la Chartreuse de Töckelhausen* (un exemplaire à Farneta).
WALDITZ. D. Tappert : *Der heilige Bruno*, Luxembourg, 1872, p. 415 et s. — D. Hugo Hartinger : Histoire abrégée des Chartreuses de Bohême.
WESEL-XANTEN. R. Scholten : *Das Karthæuserkloster Insula Reginæ Cœli, auf der Grave, bei Wesel* (dans Annalen des hist. Vereins für den Niederrhein, H. 52), Kœln, 1894.
WITHAM. Collinson : *History of Somerset*, Bath, 1791, tom. II, p. 232. — Rev. Colt Hoare : *Monastic remains of religious Houses*, Frome, 1824, p. 5-45. — Dugdale : *Monasticon Anglicanum*, London, 1830, tom. VI, p. 1-3. — D. Eucher Custer : *Vie de S. Hugues de Lincoln*, Montreuil, 1890. — Miss Mary Thompson : *Carthusians of Somerset*, London, 1895, p. 3-200. — H. Thurston, S. J. : *The Life of St. Hugh of Lincoln*, London, 1898.
WURTZBOURG. G. Link : *Klosterbuch des Diœzese Würtzburg*, 1873. — Dr. Ulrich : *Geschichte der Karthause Würtzburg*, Ms. — Janssen : *L'affaire des quatre couvents*, dans Histoire du peuple allemand (traduction de M. E. Paris), tom. V, p. 327 et s.

Imprimerie Notre-Dame-des-Prés. Parkminster, Partridge Green (Sussex).

www.ingramcontent.com/pod-product-compliance
Lightning Source LLC
Chambersburg PA
CBHW060356170426
43199CB00013B/1892